Władysław Kozaczuk
Im Banne der Enigma

Ereignisse
Tatsachen
Zusammenhänge

IM BANNE DER ENIGMA

Władysław Kozaczuk

Militärverlag
der Deutschen Demokratischen
Republik

Ins Deutsche übertragen von Otto Mallek

Originaltitel: Władysław Kozaczuk,
         W kręgu Enigmy
© Copyright by Robotnicza Spółdzielnia Wydawnicza
«Prasa – Książka i Wiedza»
Warszawa 1979

ISBN 3-327-00423-4

Ein Lehrgang in
Kryptologie

Es war in den ersten Januartagen 1929 in Poznań. Die Studenten des Instituts für Mathematik, das im Schloß untergebracht war, bereiteten sich auf Semesterprüfungen und Examen vor.

In der Seminargruppe von Direktor Professor Dr. Zdzisław Krygowski, zu der auch Marian Rejewski, ein Student des vierten Studienjahres, gehörte, waren bei den Examen Glücks- und andere Zufälle ausgeschlossen. Der Professor gab sich nicht mit eingepaukten Formeln zufrieden; vielmehr verlangte er von seinen Studenten die schöpferische Beherrschung des Stoffes, die Fähigkeit zur Formulierung von Hypothesen und originelle Lösungen.

Nach seiner Rückkehr von einem kurzen Urlaub war Professor Krygowski nur auf einen Sprung ins Institut gekommen. Er sichtete die Korrespondenz und bemerkte einen Brief, der mit Schreibmaschine auf bläuliches Papier geschrieben war. Der Briefkopf enthielt neben dem Vermerk «Vertraulich» einen länglichen Stempel: «Generalstab der Polnischen Streitkräfte, Warschau».

Der Professor las den Brief aufmerksam durch; dann rief er die Sekretärin zu sich.

«Bitte bereiten Sie mir bis morgen die Personalakten aller Studenten des dritten und vierten Studienjahres vor, die Deutsch beherrschen und während der ganzen Studienzeit mindestens die Note ‹gut› erzielt haben.»

Einige Tage darauf wurden alle Studenten, die diesen Anforderungen entsprachen, der Reihe nach ins Arbeitszimmer des Professors gebeten, wo zwei Generalstabsoffiziere, Major Franciszek Pokorny und Oberleutnant Maksymilian Ciężki, mit ihnen sprachen. Die Offiziere trugen Zivil; ihren Dienstgrad und die Dienststellung erfuhren nur die zwanzig jungen Männer, die bereit und geeignet waren, einen Lehrgang in Kryptologie zu besuchen.

Das Wort krypto stammt aus dem Griechischen; es bedeutet verborgen, geheim. Kryptologen befassen sich mit geheimen, verschlüsselten Nachrichten, auch Chiffren genannt. Kryptologen haben zum einen die Aufgabe, Geheimnachrichten zu entschlüsseln, zu dechiffrieren. Zum anderen entwickeln sie Chiffrensysteme zur Übermittlung von geheimen Nachrichten. Diese Chiffrensysteme sollen so beschaffen sein, daß sie möglichst schnell zu handhaben und möglichst nur vom dafür vorgesehenen Empfänger zu entschlüsseln sind.

Je stärker die chiffrierte Mitteilung gegen «Unbefugte» gesichert ist, desto schwierigere mathematische und linguistische (sprachwissenschaftliche) Untersuchungen erfordert sie vom Kryptologen, der in den Text einzudringen beabsichtigt.

Das «Enträtseln» von Chiffren ist eine intellektuelle Tätigkeit; sie basiert auf logischen Operationen und kann mit Operationen der höheren Algebra verglichen werden. Dafür genügen ein Stück Papier, Schreibutensilien und das im Hirn gespeicherte Wissen. Aber es gibt auch prinzipielle Unterschiede. Auf mathematischem Weg allein sind Chiffren meist unlösbar. Die Zahl der Unbekannten ist viel größer als die Zahl der Gleichungen, falls solche überhaupt aufgestellt werden können. Um die fehlenden Kettenglieder zu finden, muß man noch auf andere Verfahren zurückgreifen oder sie möglicherweise erst entwickeln.

Der Lehrgang in Poznań wurde vom polnischen Generalstab organisiert. Die ausgewählten zwanzig Studenten des dritten und vierten Studienjahres wurden zu strengster Geheimhaltung verpflichtet. Das Ziel bestand darin, sie zu Kryptologen (mitunter auch als Kryptoanalytiker bezeichnet) auszubilden, die in der Lage waren, die Chiffren der deutschen Reichswehr zu entziffern. Das war ein Gebot der Landesverteidigung, denn trotz der Niederlage im ersten Weltkrieg gab der deutsche Imperialismus seine Expansionsgelüste gegenüber den Nachbarstaaten nicht auf. So hatte Polen schon lange vor der faschistischen Diktatur Grund, sich vom Deutschen Reich bedroht zu fühlen.

Unmißverständlich waren nach dem ersten Weltkrieg die Umtriebe reaktionärer deutscher Freikorps und später, insbesondere nach Abschluß des Locarnopaktes 1925, die Weigerung der deutschen Regierung, die Westgrenze des Nachbarlandes zu garantieren.

Daher verstärkte Polen Ende der zwanziger Jahre seine Anstrengungen, Informationen über die militärischen Pläne und die geheime Aufrüstung Deutschlands zu erlangen.

Das Verschlüsseln von Informationen ist keine Erfindung unseres Jahrhunderts. Diplomaten, militärische Stäbe und Geheimdienste eines jeden Landes benutzen aus Sicherheitsgründen zum Übermitteln von Berichten, Befehlen, Anordnungen und so weiter seit langem Codes und Chiffren, mit anderen Worten: Geheimschriften.

Die Geheimhaltung von Informationen erfolgt durch Tarnung oder durch Chiffrieren.

Die Tarnung von Informationen ist ein Verfahren, in dessen Ergebnis die Signale für fremde Personen nicht wahrnehmbar sind, beispielsweise durch Verwenden von Geheimtinte oder durch Codieren der Funksprüche mittels geräuschähnlicher Signale.

Das Chiffrieren von Informationen dagegen ist eine ganz andere Operation. Dabei bleiben zwar die Signale für andere wahrnehmbar, etwa durch das Abhören von Funksprüchen, aber sie werden so verwandelt, daß ihr Inhalt, die sogenannte Information, im Vergleich zum Ausgangswert verändert und möglichen «unbefugten» Mitempfängern nicht verständlich ist.

Während des Chiffrierens kann ein und dieselbe Information entsprechend dem verwendeten Modell verschieden verschlüsselt werden. Aus der Zahl der möglichen Modelle wählt man ein ganz bestimmtes und wandelt daraufhin die einzelnen Folgen der Ausgangsinformationen um. Der Schlüssel ist ein Komplex von Daten, auf deren Grundlage das beim Chiffrieren verwendete Modell ermittelt werden kann.

Um eine verschlüsselte Information zu ermitteln, muß man das beim Chiffrieren verwendete Modell kennen. Das ermöglicht die umgekehrte Operation, die das Ziel verfolgt, an die

Im Schloß von Poznań befand sich das Institut für Mathematik

Ausgangsinformation heranzukommen. Diese Operation wird
Dechiffrieren genannt.

Dagegen heißt die Ermittlung von Informationen anhand
der abgefangenen chiffrierten Funksprüche Entzifferung
oder Lösung («Knacken») der Chiffre.

In früheren Zeiten, als allein die herrschenden Klassen der
Kunst des Schreibens und Lesens mächtig waren, bildete die
Schrift selbst eine Art Chiffre – nicht nur die ägyptischen Hiero-
glyphen, sondern auch das griechische, lateinische und arabi-
sche Alphabet. Mit der Entwicklung und Verbreitung der
Schrift verwendeten Herrscher, Heerführer, hohe Beamte, Geist-
liche und sogar Kaufleute bestimmte Methoden zur Geheimhaltung ihrer Korrespondenz.

Im alten Griechenland beispielsweise wickelte der Absender einen Leinenstreifen auf eine Holzwalze und schrieb darauf von unten nach oben. Dann wickelte er den Streifen ab, auf dem nun unregelmäßig verteilte kleine Flecken zu sehen waren. Ein Bote brachte das Leinen zum Adressaten, der die gleiche Walze besaß, den Leinenstreifen darauf wickelte und so das Geschriebene lesen konnte.

Die römischen Herrscher schufen sich Chiffren für die geheime Verständigung mit den Statthaltern in den Provinzen und mit den Heerführern. Cäsar zum Beispiel entwickelte zur Verschlüsselung seiner Korrespondenz eine Methode, die mit einigen Änderungen noch in späteren Jahrhunderten verwendet wurde. Auch im Mittelalter chiffrierten Diplomaten und Heerführer den Inhalt ihrer Meldungen, Berichte oder Befehle.

Die erste theoretische Arbeit in Europa über Fragen der Kryptologie war die 1467 erschienene kurze Abhandlung des italienischen Architekten Leon Battista Alberti. Er untersuchte die Häufigkeit einzelner Buchstaben und Silben in lateinischen und italienischen Texten und entwickelte überdies ein Verschlüsselungsgerät, die sogenannte Chiffrierscheibe. Eine originelle Erfindung, die aber für den heutigen Kryptologen leicht zu entziffern ist. Andere Ideen von Alberti, allen voran die doppelte Verschlüsselung eines Textes (Chiffrieren erst nach Codierung ganzer Wörter und Wendungen), wurden von deutschen, englischen und französischen Chiffrierkanzleien erst im 19. Jahrhundert aufgegriffen.

Johannes Trithemius gab 1512 ein fünfbändiges Werk über Kryptologie heraus, das einige Jahre darauf aus dem Lateinischen ins Französische und Deutsche übersetzt wurde.

In der Renaissance gab es noch viele andere Gelehrte, Dichter und Politiker, die sich der Kryptologie verschrieben hatten. Girolamo Cardano (1501–1576), der hervorragende Mathematiker und Physiker aus Mailand, der als erster das Prinzip der Wahrscheinlichkeitstheorie formulierte, verfaßte auch eine Reihe interessanter Abhandlungen über Geheimschriften. Der französische Diplomat Blaise de Vigenère (1523–1596) veröffentlichte einen «Traicté des Chiffres», der bis zum heutigen Tage von den Fachleuten geschätzt wird.

9

Im 17. Jahrhundert entzifferte John Wallis, der größte englische Mathematiker vor Newton und Kenner der Geheimschriften, im Auftrag des House of Commons, wo er fest angestellt war, unter anderem die verschlüsselte Korrespondenz König Karls I.

1689 enträtselte Wallis die von englischen Spitzeln abgefangenen Briefe Ludwigs XIV., des Königs von Frankreich, an seinen Botschafter in Polen.

Im 18. Jahrhundert besaß Großbritannien das bestorganisierte und effektivste Schwarze Kabinett – so hießen die Chiffrier- und Entzifferungskanzleien. Hier wurde die Geheimkorrespondenz fast aller europäischer Staaten und gegen Ende des Jahrhunderts auch die der USA zu entschlüsseln versucht. Im Archiv des britischen Schwarzen Kabinetts sind allein die entzifferten französischen Dokumente in fünf Bänden (über 2000 Seiten) und drei Schlüsselbüchern erfaßt.

Die Geschichte des Entzifferungsdienstes der USA begann 1775, als man den Bericht des britischen Spions Dr. Benjamin Church enträtselte; der Spion berichtete dem englischen General Thomas Gage über Munitionsvorräte der Amerikaner, über Rekrutenaushebung, Finanzen und andere militärisch wichtige Dinge.

Die neuen technischen Erfindungen im darauffolgenden Jahrhundert, allem voran der Telegraf, eröffneten dem Chiffrieren bisher ungeahnte Möglichkeiten. Die ersten Geräte zur Nachrichtenübermittlung per Draht, die nach dem elektromagnetischen Prinzip arbeiteten, tauchten 1832 auf. Das Morsealphabet, ein Zeichensystem zur Übertragung von Informationen auf diesem Wege, kam 1838 erstmalig zum Einsatz. In vielen Ländern wurden die Chiffriermethoden verbessert. Der amerikanische Politiker und Schriftsteller Thomas Jefferson erfand die sogenannte Scheibenchiffre, die eine sehr große Zahl von Kombinationen ermöglichte. In Großbritannien entwickelte Charles Wheatstone, Professor für Philosophie und Physiker, die erste Chiffriermaschine, die wie eine Uhr mit zwei Zeigern und beweglichen Scheiben auf dem Zifferblatt aussah. Er demonstrierte sie auf der Pariser Weltausstellung von 1867 und fand bei Diplomaten und Militärs großes Interesse.

Ein wichtiges und – wie manche meinen – sogar entscheidendes Datum in der Geschichte der Chiffren war das Jahr 1863, als in Berlin eine kleine Abhandlung von Friedrich Kasiski unter dem Titel «Die Geheimschriften und die Dechiffrierkunst» erschien. Der 1805 in Schlochau (Człuchów) geborene Verfasser war Major im 33. Ostpreußischen Infanterieregiment. Seine Arbeit fand seinerzeit jedoch so gut wie keine Resonanz. Erst einige Jahrzehnte später begannen sich die Franzosen, die gegen Ende des 19. Jahrhunderts eine führende Rolle auf dem Gebiet des Chiffrierwesens spielten, für seine Gedanken zu interessieren.

Im Deutsch-Französischen Krieg von 1870/71 wurde der Telegraf erstmalig für die Nachrichtenverbindung zwischen den Stäben eingesetzt. In jenem Krieg verwendeten die deutschen Stäbe etwa 800 Kilometer Festleitungen und etwa 2 000 Kilometer feldmäßige Leitungen. (Während des ersten Weltkrieges entwickelte sich der leitungsgebundene Fernmeldeverkehr besonders schnell. Von 1914 bis 1916 lieferte die deutsche Industrie 2,7 Millionen Kilometer und von 1917 bis 1918 etwa 6 Millionen Kilometer Leitungsmaterial für den Frontbedarf.)

Der technische Fortschritt brachte neue theoretische Arbeiten über die Chiffren. 1883 erschien in Frankreich das Buch «La Cryptographie militaire» von August Kerckhoffs, das inzwischen zum klassischen Werk auf diesem Gebiet geworden ist. Es stellte eine Synthese des bisherigen Wissens über die Chiffren dar, ergänzt durch originelle Ideen des Autors, unter anderem durch Chiffren, die sich für die Armee unter Gefechtsbedingungen eigneten. Die von Kerckhoffs entwickelte «Schieber»-Chiffre, nach dem Sitz der französischen Militärakademie auch «Saint Cyr» genannt, galt jahrzehntelang als die beste ihrer Art. Ein anderer französischer Theoretiker der Geheimschriften, Gaëtan de Viaris, ein Absolvent der Pariser École Polytechnique, verwendete als erster die sogenannten kryptographischen Gleichungen.

Die Erfindung der Funktelegrafie an der Wende vom 19. zum 20. Jahrhundert warf wiederum neue Probleme auf. Bald schon erkannten die Oberkommandos der damaligen europäischen Großmächte Deutschland, Großbritannien, Frankreich, Österreich-Ungarn und Rußland den Wert des neuen Nachrichten-mittels für weite Entfernungen. Fast gleichzeitig mit der Funk-verbindung, die eine Koordinierung militärischer Operationen über weite Räume ermöglichte, entwickelte sich auch die Funk-aufklärung. 1907 wurde auf Helgoland die erste Abhörstelle er-richtet; der Kreuzer «Ziethen», der unter dem Vorwand, deut-sche Fischereischiffe zu schützen, in den Atlantik auslief, wurde mit Geräten für den Empfang fremden Funkverkehrs aus-gerüstet. Kurz darauf erhielt das Flaggschiff «Kaiser Wil-helm II.» eine Funkanlage. Weitere Schiffe folgten. Die Zentrale der deutschen Marine-Funkaufklärung befand sich in Neumün-ster. Sie leitete während des ersten Weltkrieges das Netz der Peil- und Horchstellen in Deutschland sowie an der Küste von Finnland bis Belgien.

Die deutschen Landstreitkräfte waren auf den Kampf im Äther nicht sonderlich vorbereitet. Die Führung zählte auf die Überlegenheit ihres Heeres in Bewaffnung und Kriegskunst und hielt darum die Entzifferung von Chiffren für weniger wichtig. Frankreich sollte in einem kurzen Feldzug besiegt werden. Das Scheitern der Blitzkriegstrategie zwang den Generalstab jedoch, diese Meinung sehr bald zu revidieren.

Um die Versäumnisse aufzuholen, bedurfte es aber der Zeit, und erst 1916 verfügte das deutsche Heer über einen entwickel-ten Horch- sowie Chiffrierdienst (Chi-Dienst). Die Frontzen-trale für Entzifferung wurde im belgischen Kurort Spa einge-richtet.

Auch in Österreich-Ungarn wurde die Kryptoanalyse zu einer der wichtigsten Informationsquellen. Die Abteilung Militärchif-fren in der sogenannten Evidenzgruppe bestand aus drei Abtei-lungen: russische Chiffren (unter Victor von Marchesetti), ru-mänische Chiffren (unter Hauptmann Kornelius Savu) und italienische Chiffren (unter Major Andreas Figl, nach dem er-sten Weltkrieg Hauptkryptologe der Republik Österreich und nach der Annexion 1938 Berater der Chi-Stellen im faschisti-schen Deutschland).

Großbritannien, das sich seiner absoluten Überlegenheit auf den Meeren bewußt war, unternahm vor 1914 keine allzu gro-ßen Anstrengungen, den Funkverkehr zu tarnen. Doch schon die ersten Kriegswochen überzeugten die Admiralität von der Effektivität der gegnerischen Funkaufklärung. Daraufhin verbesserte sie ihre eigenen Chiffren und verstärkte die Abteilung ID 25, die sich mit den deutschen Chiffren befaßte. Diese Abteilung taucht in der Fachliteratur unter dem Namen Room 40 auf. Seit November 1914 war sie bereits imstande, die Aktivitäten der deutschen Kriegsmarine in der Ost- und Nordsee wie auch auf dem Atlantik zu verfolgen und sie relativ genau zu bestimmen. Auf Grund von entsprechenden Daten der Funkaufklärung wurde zum erstenmal am 14. Dezember 1914 ein Verfolgungsgeschwader entsandt, um die deutschen Aufklärungsschiffe abzufangen, die in der Nähe der Britischen Inseln operierten. Wegen Sturm und Nebel mißlang die Aktion, aber im Januar 1915 versenkten britische Schiffe, die nach den Weisungen des Room 40 vorgingen, den Kreuzer «Blücher» in der Doggerbank und beschädigten zwei weitere deutsche Schiffe. Dieser Erfolg erhöhte das Ansehen der Funkaufklärung in den Augen der britischen Admiralität. Korvettenkapitän Reginald Hull übernahm jetzt die Leitung der Abteilung ID 25, deren Personal erweitert wurde. Zum Kreis der Kryptologen gehörten damals unter anderen Alistair Denniston und Alfred Dillwyn Knox, zwei Namen, die in diesem Buch noch vorkommen werden.

Nach der Seeschlacht bei Jütland (31. Mai bis 1. Juni 1916), die übrigens zu keiner Entscheidung geführt hatte, konzentrierten sich die Kryptologen nunmehr auf die Chiffren der deutschen U-Boote, deren Angriffe auf die Konvois der Entente mit jedem Kriegsmonat zunahmen. In der Schlußphase des Krieges entzifferte Room 40 diplomatische Chiffren. So wurden unter anderem Funksprüche des deutschen Konsuls im Iran entschlüsselt, die Hinweise auf die Vorbereitungen einer Revolte im Iran gaben, und Berichte deutscher Agenten aus neutralen Ländern. Der größte Erfolg von ID 25 war die Entzifferung des Zimmermann-Funkspruchs vom 17. Januar 1917. Dabei handelte es sich um ein geheimes Telegramm des Staatssekretärs im Auswärtigen Amt, Arthur Zimmermann, an den Botschafter in Washington, Graf Johann von Bernstorff. Es kündigte den uneingeschränkten U-Boot-Krieg gegen die Vereinigten Staaten an und enthielt ein Bündnisangebot an die mexikanische Regierung: Für den Fall, daß Mexiko auf seiten Deutschlands in den Krieg einträte, wurde nicht nur umfangreiche Finanzhilfe zugesagt, sondern auch Unterstützung bei der Gewinnung von Territorium im Süden der USA, in den Bundesstaaten Texas, New Mexico und Arizona!

Die britische Regierung schickte den entzifferten Funkspruch an USA-Präsident Woodrow Wilson, der ihn öffentlich verbreiten ließ. Wie vorauszusehen, löste der Text in den Vereinigten Staaten einen Sturm der Entrüstung aus und beschleunigte die Entscheidung des Senats und des Präsidenten, Deutschland am 6. April 1917 den Krieg zu erklären.

Von den Armeen, die am ersten Weltkrieg teilnahmen, war die französische am besten auf die Nutzung der Funktelegrafie für militärische Operationen zu Lande ausgerichtet. Bereits vor dem Krieg hatte der französische Generalstab ein Netz von Abhörstationen eingerichtet, in Maubeuge, Verdun, Toul, Épinal und Belfort. Zusätzliche Abhörstellen wurden auch in Lille, Reims und Besançon geschaffen. Des weiteren befanden sich Abhörstellen in Paris selbst, auf dem Eiffelturm und in der Metro-Station Trocadéro.

Das zentrale Chiffrenbüro war dem Kriegsminister direkt unterstellt. Der französische Generalstab organisierte einen eigenen operativen Chiffrendienst, den Service du Chiffre, wo 15 Offiziere unter der Leitung von Marcel Givierge, dem späteren Verfasser eines bekannten Handbuchs für Kryptographie*, arbeiteten.

Von 1914 bis 1918 hat der französische Chiffrendienst, wie Berechnungen ergaben, insgesamt etwa 700 000 deutsche chiffrierte Funksprüche mit mehr als 100 Millionen Wörtern entziffert.

Auch die russische Armeeführung widmete während der Kriegsvorbereitungen dem Funkverkehr viel Aufmerksamkeit. Von 1907 bis 1914 wurden auf dem zaristischen Territorium 20 Küstenfunkstationen und etwa 100 Abhörstellen eingerichtet. Seit 1910 begann das Kriegsministerium mit dem Ausbau

* M. Givierge, Cours de cryptographie, Paris 1925.

eines strategischen Funknetzes; es entstanden Funkstationen in Moskau, Baku, Taschkent, Bobruisk, Chabarowsk, Nikolajewsk am Amur, in Wladiwostok und Petropawlowsk auf Kamtschatka. Die russische Kriegsmarine verfügte über 167 Funkstationen, die auf Kriegsschiffen installiert waren.

Die große Bedeutung des Funknetzes offenbarte sich schon in den ersten Kriegsmonaten, als Deutschland das Unterwasserkabel, das Rußland mit Großbritannien verband, durchschnitt. Daraufhin wurde in aller Eile eine Funkstation in Nikolajew und in Twer (Kalinin) von 100 kW Leistung für die Nachrichtenverbindung mit dem Ausland errichtet. Trotz beachtlicher Erfolge nahm Rußland in der Funktechnik nach den USA, Großbritannien, Deutschland, Frankreich und Italien nur den sechsten Platz ein.

Die Geheimhaltung der eigenen Nachrichten wies viele Mängel auf, und erst im Herbst 1914, nach der Niederlage der Armeen von Samsonow und Rennenkampf in Ostpreußen, befahl das russische Oberkommando die Chiffrierung von Meldungen. Diese Weisung wurde allerdings durch die unzulängliche Ausbildung des Personals nicht immer befolgt. Ab 1916 wurden kompliziertere Chiffren und Codes eingeführt sowie der Abhör- und Entzifferungsdienst verstärkt. Das Ausbildungszentrum dieser Dienste befand sich in Nikolajew.

In Polen, das erst 1918 – nach 123 Jahren Fremdherrschaft – seine nationale Unabhängigkeit wiedergewonnen hatte, befaßten sich zunächst nur wenige Spezialisten mit dem Chiffrierwesen. Infolgedessen konnten die verschlüsselten Meldungen der Reichswehr, die von den Dienststellen der Funkaufklärung in Starogard, Poznań und in Krzesłowice bei Kraków stammten, nur sporadisch für die Gegnererkundung ausgenutzt werden.

Dabei waren die geheimen militärischen Vorbereitungen an der polnischen Westgrenze beunruhigend. Entgegen den Bestimmungen des Versailler Vertrages von 1919 verstärkte Deutschland seine Armee von Jahr zu Jahr. Viele Versuchseinheiten der verbotenen Waffengattungen, der Panzer- und Fliegerkräfte sowie der schweren Artillerie, wurden aufgestellt. Man entwickelte verschiedene Kriegspläne gegen die östlichen Nachbarstaaten. Alles deutete darauf hin, daß die 100 000 Mann zählende Reichswehr im Bedarfsfall schnell in eine Millionenarmee verwandelt werden konnte.

Die sorgfältig getarnte Aufrüstung war nicht anders als durch den Geheimdienst zu erkunden. Eine wichtige Informationsquelle konnte dabei das Abhören der zentralen und lokalen militärischen Funkstationen sein, jedoch nur, sofern man die verschlüsselte deutsche Korrespondenz in Klartext zu übersetzen verstand.

Trotz der Bestimmungen im Versailler Vertrag, die Deutschland jedwede geheime Aufklärung im Ausland untersagten, hatte die offiziell zugelassene Abwehr an der polnischen und tschechischen Grenze mehrere Spionagezentren geschaffen. Illegal war auch die Funkaufklärung, für die erfahrene Fachleute aus den Horch- und Chi-Stellen der einstigen kaiserlichen Armee geworben wurden. Man nutzte die starken Funkstationen in den Wehrkreisen und bediente sich auch der Horchzüge, die im Kriege zum Bestand jeder Division gehört hatten. Schon seit 1924 verfolgten die deutschen Stellen den Funkverkehr Frankreichs, Großbritanniens, Polens, der Tschechoslowakei und der Sowjetunion.

Den Grundstock der deutschen Funkaufklärung bildeten sechs feste Horchstellen, die bereits in den zwanziger Jahren in Breslau (Wrocław), Frankfurt/Oder, Königsberg (Kaliningrad), München, Münster und Stuttgart entstanden waren. Sie beobachteten den militärischen wie auch den zivilen Funkverkehr der Nachbarstaaten.

Die Kriegsmarine verfügte über den sogenannten B-Dienst (Beobachtungsdienst), ein Sondergebiet im System der Funkaufklärung.

1928/29 stellte die Reichswehr die erste bewegliche Horchkompanie auf, die aus einem Horchzug für den Langwellenbereich, zwei Horchzügen für den Mittelwellenbereich, neun Funkpeilabteilungen sowie einer Auswertungs- und Studienstelle bestand. Diese Kompanie wurde versuchsweise während eines Manövers, an dem sich etwa zwei Divisionen beteiligten, «gegen» die eigenen Truppen eingesetzt. Das Ergebnis übertraf die kühnsten Erwartungen. Daher wurde beschlossen, die beweglichen Funkkompanien weiter auszubauen und sie den höheren operativen Verbänden zu unterstellen, weil ein größerer Peilradius (etwa 200 Kilometer) notwendig schien.

Besonders aktiv war die deutsche Funkaufklärung bei Manövern in den benachbarten Staaten, vor allem in Frankreich und Polen. Dazu wurden sogenannte Grenzpeil- und Umgebungspeileinsatzpunkte geschaffen. Die letzteren bildeten das ganze Jahr über Techniker und Operatoren für die erwähnten sechs festen Horchstellen aus.

Das polnisch-deutsche Chiffrenduell hatte schon in den ersten Monaten nach dem ersten Weltkrieg begonnen, als das unabhängige Polen auf der europäischen Landkarte auftauchte.

Wie aus Archivdokumenten hervorgeht, war es der deutschen Funkaufklärung Anfang 1926 gelungen, etwa 6000 Funksprüche zwischen den Stäben der polnischen Luftstreitkräfte und den Fliegerregimentern abzufangen und größtenteils mitzulesen. Der deutsche Generalstab war folglich über die Standorte der Einheiten genau informiert und wußte auch über die Absichten der polnischen Führung im Hinblick auf die Entwicklung der Fliegerkräfte Bescheid.

Wirksame Gegenmaßnahmen waren geboten. Dazu gehörte der 1929 in Poznań organisierte Lehrgang. Er sollte die polnische Funkaufklärung verstärken, die sich dem hartnäckigen deutschen Gegner mit seinen reichen Erfahrungen aus dem ersten Weltkrieg stellen mußte.

Daß der Kursus gerade in Poznań stattfand, war kein Zufall. Die meisten Studenten des Instituts für Mathematik stammten aus Westpolen und hatten deutsche Schulen besucht, da die bis 1918 bestehende deutsche Teilermacht seit langem das Polnische aus dem Bildungswesen verbannt hatte.

Die Ausbildung fand zweimal in der Woche abends statt. Die ersten Vorlesungen wurden von Offizieren aus Warschau gehalten. Die zwanzigköpfige Gruppe eignete sich allmählich die Grundbegriffe des für sie bisher unbekannten Fachgebiets an. Die Einführungsvorträge beschäftigten sich mit der Geschichte der Codes und Chiffren, ihrer Klassifikation und ihren Aufbauprinzipien. Die Lehrgangsteilnehmer erfuhren, daß die Kunst der Geheimhaltung der Korrespondenz so alt wie die Kunst des Schreibens ist. Schon in der Bibel wurden bestimmte Wendun-

gen und Namen chiffriert. So hieß es zum Beispiel «Scheschach» anstatt «Babylon». Mitunter wurden auch bestimmte Buchstaben umgestellt.

«Die heutigen Chiffren», erläuterte ein Offizier des Chiffrenbüros, «verhalten sich zu den früheren wie ein Dieselmotor zu einem Mühlrad. Ohne höhere Mathematik ist ein moderner Kryptologe kaum vorstellbar.»

Je stärker eine Geheimschrift gegen «Unbefugte» gesichert wird, desto schwierigere mathematische und sprachwissenschaftliche Untersuchungen erfordert sie. Folglich nahmen auch praktische Übungen an Chiffrenmaterial der Reichswehr während des Lehrgangs einen gewichtigen Platz ein. Dabei wurden die Teilnehmer mit immer komplizierteren Texten konfrontiert.

Nicht alle Kandidaten konnten mit dem Ausbildungstempo Schritt halten, zumal Professor Krygowski keine Abstriche zuließ und von den Teilnehmern die Ablegung ihrer normalen Prüfungen zum festgelegten Termin forderte. Andere schieden aus, weil sie glaubten, in der «reinen» Mathematik mehr Befriedigung zu finden.

Als begabteste Lehrgangsteilnehmer erwiesen sich die Mathematikstudenten Marian Rejewski aus dem letzten sowie Jerzy Różycki und Henryk Zygalski aus dem dritten Studienjahr. Den

18

Marian Rejewski (während des Krieges)

Henryk Zygalski (Foto von 1932)

Jerzy Różycki (Foto von 1938)

drei gelang es am besten, die Kryptologenausbildung mit ihren studentischen Aufgaben in Einklang zu bringen.

Marian Rejewski hatte soeben seine Diplomarbeit zum Thema «Entwicklung der Theorie von doppelt periodischen Funktionen der zweiten und dritten Art und Hinweise auf ihre Anwendung» abgeschlossen und bereitete sich auf das Staatsexamen vor.

In den ersten Märztagen 1929 stand der frischgebackene Magister der Philosophie – dieser Titel wurde auch den Absolventen der Mathematik verliehen – vor der Qual der Wahl. Sollte er die Assistentenstelle bei Professor Krygowski annehmen? Die Universitätsabsolventen mußten zumeist als Lehrer in Gymnasien arbeiten; nur wenige hatten das Glück, an der Hochschule verbleiben zu können. Doch der Beruf eines Dozenten sagte Marian Rejewski nicht sonderlich zu. Er wollte sich auf Statistik spezialisieren. Zu diesem Zweck beschloß er, ein Jahr nach Göttingen zu gehen, da diese Fachrichtung damals in Polen auf einem verhältnismäßig niedrigen Niveau stand. Aber er hatte ja den Lehrgang in Kryptologie noch nicht abgeschlossen! Als Professor Krygowski von dem Vorhaben erfuhr, hatte er nichts dagegen einzuwenden. Rejewski hatte in Kryptologie so große Fortschritte gemacht, daß er das Versäumte nötigenfalls im Selbststudium nachholen konnte.

19

Als Marian Rejewski bald darauf aus dem etwas verschlafenen Poznań nach Göttingen kam, überraschte ihn die weltoffene Atmosphäre der renommierten Universität. Anfang des 19. Jahrhunderts hatte hier einer der berühmtesten Mathematiker, Carl Friedrich Gauß, gewirkt; nach ihm lehrten solche großen Wissenschaftler wie Bernhard Riemann, Max Planck, David Hilbert und andere.

Der junge Mathematiker ging unverzüglich an die Arbeit. Er befaßte sich intensiv mit seinem Spezialfach, hielt sich aber auch in anderen Bereichen der Mathematik auf dem laufenden. So studierte er die Jahresbände der «Göttingischen Gelehrtenanzeigen», «Crelles Journal für reine und angewandte Mathematik», «Rendiconti di Circolo Matematico di Palermo» und andere Publikationen, die sich mit den neuesten Forschungsergebnissen beschäftigten.

Zudem nahm er an wissenschaftlichen Zirkeln teil, wo sich ihm die Möglichkeit bot, mehrere Vorträge zu halten.

Neben ehrgeizigen Studenten wimmelte es in Göttingen von Globetrottern und snobistischen «ewigen Studenten», die auf immer neue Amüsements aus waren und dabei ihr Geld durchbrachten. Die alte Universitätsstadt war zwar kein «Sündenbabel» wie vergleichsweise das damalige Berlin, doch auch hier ging es überaus frei zu. Berüchtigt waren die Gelage der Burschenschaften und die Partys in den Wohnungen reicher Studenten aus Großbritannien, Frankreich und Übersee. Die Amerikaner fühlten sich in Göttingen besonders heimisch, denn die modernen Gebäude des Mathematischen Instituts und der Mathematischen Bibliothek waren aus der Rockefeller-Stiftung finanziert worden.

Dem jungen Wissenschaftler aus Poznań entging nicht, daß sich in Deutschland die Klassengegensätze scharf zuspitzten und die Faschisten mehr und mehr an Einfluß gewannen. Seine Landsleute Zygmunt Birnbaum und Henryk Schaerf – ebenfalls Assistenten – hatten die rassistischen Ausfälle deutscher Studenten bereits am eigenen Leib zu spüren bekommen. Als zweieinhalb Jahre später Hitler an die Macht kam, verloren auch Professoren, die Rejewski in Göttingen kennengelernt hatte, ihre Lehrstühle und wurden in die Emigration getrieben, darunter so berühmte Wissenschaftler wie Eduard Landau und Richard Courant.

Im Sommer 1930 ging der Studienaufenthalt zu Ende. Mit Beginn des neuen Studienjahres stand Marian Rejewski wieder in seinem Institut, um als Assistent Lehrveranstaltungen zu halten. Daneben ließ ihn die Kryptologie nicht mehr los.

Nach Beendigung des Lehrgangs war den besten Teilnehmern empfohlen worden, die Arbeit an den Chiffren weiterzuführen. Im Kellergeschoß der Stadtkommandantur in der Św.-Marcina-Straße (Straße des Heiligen Martin) wurde dafür ein großer Raum eingerichtet. Damit erhielten die Kryptologen ein eigenes «Versuchsgelände».

Auch Marian Rejewski war nach seiner Rückkehr aus Göttingen für die Filiale des Chiffrenbüros, das dem Generalstab unterstellt war, gewonnen worden.

Der Dienst dort betrug wöchentlich zwölf Stunden, wobei jeder selbst entscheiden konnte, wann er sein Pensum ableisten wollte, am Tage oder nachts. So war es leichter, diese Tätigkeit mit den Lehrveranstaltungen an der Universität abzustimmen.

Beim Betreten des Gebäudes mußten sie dem Diensthabenden ihren Sonderausweis vorlegen. Dann durften sie die Treppen hinuntersteigen ins «Schwarze Kabinett», wo sie isoliert und konzentriert arbeiteten.

Die Chiffrenstelle war nicht aus einem Hang zum Geheimnisvollen im Keller der Stadtkommandantur untergebracht worden, sondern aus praktischen Erwägungen. Von der Kommandantur zum Institut waren es buchstäblich nur ein paar Schritte. So konnten die Mathematiker ihre wenigen Freistunden für die geheime Tätigkeit nutzen.

In Poznań befaßte man sich nicht nur mit der Entzifferung längerer Funksprüche, sondern bemühte sich auch, die Chiffrensysteme zu erkunden. Den «Rohstoff», also die vom Abhördienst abgefangenen deutschen Funksprüche, brachte ein Kurier aus Warschau oder von einer nahe gelegenen Funkabhörstelle. Eine dieser Stellen beispielsweise befand sich in der Vorstadt von Poznań, eine andere in Starogard bei Gdańsk. War Eile geboten, schickte man die entzifferten Funksprüche per Flugzeug in die Hauptstadt.

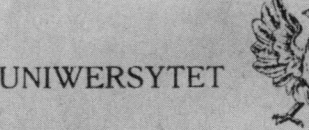

UNIWERSYTET POŻNAŃSKI

WYDZIAŁ MATEMATYCZNO-PRZYRODNICZY

DYPLOM MAGISTRA FILOZOFJI

Pan Marjan Rejewski

urodzony dnia 16 sierpnia 1905 w Bydgoszczy, odbył przepisane studja na Uniwersytecie Poznańskim na Wydziale Matematyczno-Przyrodniczym w zakresie matematyki i zdał następujące przepisane egzaminy:

z rachunku różniczkowego i całkowego ze wstępem do analizy	z wynikiem dobrym
z geometrji analitycznej	z wynikiem bardzo dobrym
z zasad algebry wyższej wraz z elementami teorji liczb	z wynikiem bardzo dobrym
z mechaniki teoretycznej	z wynikiem bardzo dobrym
z fizyki doświadczalnej	z wynikiem dobrym
z głównych zasad nauk filozoficznych ze szczeg. uwzgl. zasad logiki	z wynikiem bardzo dobrym
z teorji grup	z wynikiem bardzo dobrym
z funkcyj eliptycznych	z wynikiem bardzo dobrym
z fizyki teoretycznej (optyki i fizyki cząsteczkowej)	z wynikiem bardzo dobrym

oraz przedstawił z wynikiem bardzo dobrym pracę magisterską na temat:

Opracować teorję funkcyj podwójnie perjodycznych drugiego i trzeciego rodzaju oraz wskazać jej zastosowanie.

Wobec tego Rada Wydziału Matematyczno-Przyrodniczego Uniwersytetu Poznańskiego na wniosek Komisji Egzaminacyjnej nadaje Panu Marjanowi Rejewskiemu

stopień magistra filozofji

jako dowód zakończenia przez niego studjów wyższych w zakresie matematyki

W Poznaniu, dnia 1 marca 1929 roku

Edward Niezabitowski
Rektor

Antoni Jakubski
Dziekan

Antoni Korczyński
Przewodniczący Komisji Egzaminacyjnej

*In der Stadtkommandantur von Poznań war eine Außenstelle des BS 4
untergebracht*

Mit der Zeit entwickelte die Kryptologengruppe beachtliche
Fertigkeiten in der Entschlüsselung von Meldungen. Geschickt
verstanden es die jungen Leute, Eigenarten, Fehler und Versehen der Gegenseite zu nutzen. Zu einer solchen Eigentümlich-
keit gehörte das in den deutschen Chi-Stellen gültige Prinzip,
daß ein Text mindestens 50 Buchstaben enthalten mußte. Die
Chiffreure der Reichswehr füllten zunächst die kürzeren Meldungen mit dem Buchstaben X auf und erweiterten den Text
auf 50 Zeichen. So wurde beispielsweise der Satz «2. Oktober
1931 Zug mit Munition angekommen» einfach wie folgt verändert:

2XXOK TOBER X1931 XXZUG XMITX XXMUN ITION

XXANG EKOMM ENXXX. Nach dem Chiffrieren sah er so aus
(insgesamt 50 Zeichen):

    LQREH BWXLF CNAPS PWLZY ARNCK
    PGMQT JOPBD SNZIT YPTCA AYIHC.

Als man dieses Prinzip erkannt hatte, war es viel leichter, mit
den Chiffren fertig zu werden.

Doch plötzlich tauchten immer öfter Funksprüche auf, bei
denen sich selbst die Warschauer Zentrale keinen Rat wußte.
Die Texte sahen aus, als hätte ein Drucker blindlings in den
Letternkasten gelangt und wahllos mehrere Buchstaben heraus-
gegriffen. Sollte da ganz bewußt die Imitation einer Chiffre
durchgegeben worden sein, um den Gegner in eine sinnlose Arbeit zu verstricken? Diese Vermutung mußte jedoch bald fallen-
gelassen werden, da solche Chiffremeldungen aus Deutschland
immer häufiger wurden und mit der Zeit die herkömmlichen
Codiermethoden ganz verdrängten.

Die Schlußfolgerung konnte nur sein, daß es sich dabei um
eine Maschinenchiffre handelte, die absolut sicher gegen alle
bisher scheinbar zuverlässigen Dechiffriermethoden war.

Wie wir heute wissen, kam die Maschinenchiffre 1926 erstmals bei der deutschen Kriegsmarine zum Einsatz. Seit 1928
wurde sie auch von den Stäben des Heeres in Berlin, Königsberg, Breslau und anderen Militärbezirken verwendet.

Alle von 1928 bis 1932 unternommenen Anstrengungen, in
das neue Verschlüsselungssystem des deutschen Funkverkehrs
einzudringen, führten jedoch zu keinem Erfolg. Daher wurden
die Arbeiten an der unbekannten Chiffre vorerst abgebrochen
und Marian Rejewski, Jerzy Różycki und Henryk Zygalski mit
einer neuen Aufgabe betraut – allerdings nicht mehr in
Poznań. Das dortige Ausbildungszentrum wurde nämlich
Mitte 1932 aufgelöst. Es hatte sein Ziel erreicht: geeignete Talente ausfindig zu machen und Fachleute heranzubilden, die in
der Lage waren, deutsche Codes und Chiffren zu entschlüsseln.

Neue Aufgabe: Marinecode

Im Sommer 1932, als sich in Deutschland die politische Krise zuspitzte und die NSDAP zur Macht drängte, wurden die drei jungen Mathematiker nach Warschau beordert, ins Zentrale Chiffrenbüro (BS).

Es befand sich im Gebäude des Generalstabes, unmittelbar am Sächsischen Garten. Durch die Fenster des Arbeitszimmers der Kryptologen, im rechten Flügel des zweiten Stocks, sah man auf den geräumigen Hof und das zwischen den Säulen des berühmten Grabmals des Unbekannten Soldaten flackernde ewige Feuer.

In den ersten Tagen mußten sich die drei erst einmal in das ungewohnte Milieu einleben.

Wie vorher im Keller der Poznańer Stadtkommandantur verdeckte auch hier ein schwarzer Vorhang den Eingang zum Zimmer der Kryptologen des deutschen Referats. Niemandem außer den Bürochefs war der Zutritt gestattet. Der schweigsame, überaus höfliche zivile Hausmeister − in Wirklichkeit ein mit Pistole bewaffneter Sicherheitsbeamter − reichte ihnen diskret Tee oder belegte Brote herein. Ihre Aufmerksamkeit erregte eine weitere Tür auf diesem Korridor, über der die Zahl 13 und eine runde Uhr prangten. Auch hier hing ein schwarzer Vorhang. Im Chiffrenbüro war es jedoch nicht üblich, jemanden nach etwas zu fragen, was nicht unmittelbar die eigene Tätigkeit betraf. Erst Jahre später, schon in Frankreich, erfuhren die drei etwas mehr über die benachbarten Bereiche im Büro, darunter über das «Uhrenzimmer». Dort wurden technische Geräte zum Dechiffrieren und die polnischen Lacida-Chiffriermaschinen montiert.

«Wir waren anfänglich streng von allen anderen Abteilungen

25

isoliert», erinnerte sich Rejewski nach Jahren. «Wir kannten daher weder ihre einzelnen Funktionen noch ihre Namen.»

Mit der Zeit ließ die übertriebene Geheimniskrämerei etwas nach. So «entdeckten» sie, daß ihr erster Betreuer und Referent im Poznańer Kurs, Major P., der inzwischen pensionierte Major Franciszek Pokorny, ein ehemaliger Offizier der österreichischen Armee und Cousin des aus Fachbüchern bekannten Hermann Pokorny war. Letzterer gehörte im ersten Weltkrieg zu den führenden Kryptologen der österreichischen Armee.

Der zweite ihrer Poznańer Referenten, ihnen dort lediglich als Leutnant C. bekannt, war, wie sich herausstellte, Major Maksymilian Ciężki. Während des ersten Weltkrieges ins deutsche Heer gezwungen, nahm er 1918/19 im Poznańer Gebiet am polnischen Aufstand teil. Später wurde er Berufsoffizier im Nachrichtendienst der polnischen Streitkräfte, und nunmehr war er im Chiffrenbüro Leiter des deutschen Referats (BS 4), also unmittelbarer Vorgesetzter der drei jungen Kryptologen.

Chef des gesamten «Biuro Szyfrów», des Chiffrenbüros, war der damalige Oberstleutnant Gwido Langer, vormals Stabschef einer Division.

Die strenge Geheimhaltung bezog sich selbstverständlich nicht auf die drei Absolventen der Poznańer Universität untereinander. Die gemeinsame tägliche Arbeit an den Geheimnissen, die zugleich ein leidenschaftlicher Kampf war, vertiefte ihre kollegiale Verbundenheit noch mehr. Wenn man versuchen wollte, diese kleine Arbeitsgruppe zu charakterisieren, könnte man sagen, daß ihre Stärke gerade in ihrer Vielseitigkeit lag. Da waren die theoretische Verbissenheit und Leidenschaft von Rejewski und sein Hang zur Formulierung von Untersuchungsthemen und Hypothesen aus meist unvollständigen Prämissen. Sie wurde durch die Systematik und die unerschöpfliche Energie des gebürtigen Poznańers Zygalski untermauert. Dagegen war der in der Ukraine geborene Różycki, der russische und polnische Schulen besucht hatte, mit starker Phantasie und Intuition begabt.

Gleich in den ersten Tagen, nachdem die Poznańer Mathematiker in Warschau eingetroffen waren, erhielten sie den Auftrag, den Vierbuchstabencode der deutschen Kriegsmarine zu untersuchen und entsprechende Methoden zum Mitlesen des Funkverkehrs zu entwickeln.

Der Code ist eine Art Wörterbuch, in dem die Wörter oder Wendungen durch Codegruppen oder -zeichen (Kombinationen von Buchstaben, Ziffern und anderer Zeichen) ersetzt werden. Um einen Code zu «knacken», braucht man das gleiche Codebuch wie die sendende Stelle, da sonst die Entzifferung eines Funkspruchs nur sehr schwer oder überhaupt nicht möglich ist. Der wichtigste Unterschied zwischen einem Code und einer Chiffre besteht darin, daß der Code mit ganzen Wörtern oder Wendungen arbeitet, die Chiffre hingegen mit einzelnen Buchstaben. Zudem enthalten Codebücher oder -tabellen meist eine geringe Anzahl von Wörtern und vereinbarte Symbole. Um kompliziertere längere Texte übermitteln zu können, ist eine Chiffre erforderlich.

Die Arbeit am Vierbuchstabencode kam zunächst nur schleppend voran. Man stellte eine genaue «Frequenz» aller Codegruppen auf und verglich die längeren, sich wiederholenden Fragmente miteinander. Jedoch fehlte nach wie vor ein Ansatzpunkt, eine «Brechstange».

«Sollten wir es nicht mit einem kürzeren Funkspruch aus den letzten Tagen versuchen? Die Meldungen sehen aus wie Übungstexte ...»

Diese zufällig geäußerte Meinung eines Kryptologen bildete das erste Glied, dem bald schon weitere folgen und sich zu einer logischen Kette zusammenfügen sollten.

Offenbar war der Wortschatz in den Übungstexten größer als in den gewöhnlichen Funksprüchen, in denen es ausschließlich um Marineprobleme ging. Da in einem Code – anders als bei einer Chiffre – ganze Wörter und Wendungen durch Zeichengruppen ersetzt werden, hielt man linguistische Methoden zur Lösung der Codes für weitaus geeigneter als mathematische Berechnungen.

Die Linguistik (Sprachwissenschaft) bildete neben der Mathematik immer das wichtigste Wissenspotential der Kryptologie. Wenn wir in den folgenden Kapiteln den jahrelangen Kampf der Spezialisten aus dem polnischen Generalstab um die Entzifferung der deutschen Codes und Chiffren nachzeichnen, werden wir auf den praktischen Nutzen dieses Potentials näher eingehen. Hier nur in aller Kürze einige notwendige Erläuterungen dazu:

Man kann alle europäischen Sprachen nach der Häufigkeit der auftretenden Buchstaben beschreiben. Untersucht man einen entsprechend langen Text aus einer bestimmten Sprache, so stellt man fest, welche Zeichen am häufigsten auftreten. Beobachtungen haben ergeben, daß die Unterschiede hierbei sehr groß sein können. So treten beispielsweise in deutschen Texten folgende Buchstaben am häufigsten auf: E (19,2 %), N (10,2 %), I (8,2 %), S (7,1 %), R (7,0 %), T (5,9 %), in französischen Texten hingegen die Buchstaben E, S, N, T, I, in englischen E, T, A, I, N, R. Die Chiffrespezialisten begannen sich auch für die Häufigkeit von Verbindungen mit zwei (Bigramme), drei (Trigramme) und mehr Buchstaben zu interessieren. Es wurde ermittelt, daß auf 10 000 Bigramme im Deutschen durchschnittlich 443 Bigramme EN, 375 ER und 280 CH kommen. Das Französische «liebt» besonders die Verbindungen ES, LE, EN und das Englische TH, HE, IN, ER.

Würden wir also über einige Texte verfügen, in denen die Buchstaben immer durch die gleiche Anzahl anderer Buchstaben, Zahlen oder beliebiger Zeichen ersetzt worden sind, so könnten wir durch einfache Häufigkeitsuntersuchungen ermitteln, in welcher Sprache der Ausgangstext (Klartext) geschrieben wurde. Der Kryptologe wäre imstande, diese unkomplizierte Substitutionschiffre ohne weiteres zu enträtseln. Haben wir es aber mit der Enigma oder einer anderen Maschinenchiffre aus mehreren Alphabeten zu tun, so kann darin zum Beispiel A durch P, in einem anderen Wort durch L und in einem weiteren durch Q und so fort ausgedrückt werden. Ohne einen sehr langen Text und ohne umfassende mathematische Analyse wäre es wohl kaum möglich, hier eine Gesetzmäßigkeit herauszufinden.

Würde man einen Laien fragen, wieviel sinnvolle Wörter aus 400 Buchstaben (das entspräche etwa 8 Zeilen dieses Buches) gebildet werden können, erhielte man von ihm sicher die Antwort: sehr viele, mehrere tausend, vielleicht sogar eine Million. Die Fachleute der mathematischen Linguistik haben indessen berechnet, daß eine richtige Antwort in gemeinhin verständlichen Größenordnungen nicht möglich ist, denn es geht hier um eine Zahl aus mindestens hundert Ziffern. Ähnlich verhält es sich mit den verschiedenen Chiffrekombinationen, die einen komplizierten Bezug zur natürlichen Sprache haben.

Die Kryptologen sahen sich einer astronomischen Zahl von Möglichkeiten und Kombinationen gegenüber. Sie bewegten sich jedoch nicht allein in der reinen Mathematik, und ihr Interesse galt überdies nicht nur den Zeichenkombinationen, sondern auch deren Bedeutung sowie der Kultur der jeweiligen Sprache, der lesbaren Grundlage einer Chiffre also. Eine Sprache verfügt zwar über mehrere hunderttausend Wörter und Begriffe, in allgemeinen Texten aber machen die tausend häufigsten Wörter etwa 80 Prozent aus. Die Erkenntnisse aus solchen Untersuchungen fließen in die Erforschung von Chiffren ein. Bei der Enigma ging es ganz konkret um die Struktur der deutschen Sprache, um ihre Wortbildung und Flexion sowie um das Verhältnis der Wörter zueinander, um die Syntax.

Die Kryptologen setzten die Mathematik u n d die Linguistik ein, sie verwendeten verschiedene Geräte, die sie zum Teil selbst entwickelten.

Doch zurück zu den Bemühungen im polnischen Generalstab, den deutschen Marinecode zu brechen.

Aus der Fülle des von der deutschen Kriegsmarine abgefangenen Materials entschied man sich für einen Funkspruch aus sechs Vierbuchstabengruppen.

«Sechs Gruppen, die Wörter ersetzen sollen ... Wieviel hunderttausend deutsche Sätze mögen wohl aus sechs Wörtern bestehen?» fragten sich die Kryptologen. Bei Durchsicht der zahllosen Vierbuchstabengruppen war ihnen aufgefallen, daß der Buchstabe Y am Anfang relativ vieler Codegruppen auftauchte. Das konnte wohl kein Zufall sein. Vielleicht handelte es sich um Fragesätze?

Im Deutschen beginnen viele Interrogativpronomen (wer, wo, wohin, wann, welcher) mit demselben Buchstaben. Diese Gesetzmäßigkeit konnte folglich auch im geheimen Verkehr auftreten.

Die Kryptologen stellten bald fest, daß eine andere deutsche Funkstation als Reaktion auf diesen sechsteiligen Funkspruch auf der gleichen Welle ein kurzes Signal aus nur vier Gruppen funkte. Sollte der erste Funkspruch eine Frage gewesen sein, so war der zweite möglicherweise eine Antwort darauf. Eine sehr kurze Antwort aus nur vier Wörtern. Eine Zahl? Im Warschauer Chiffrenbüro entspann sich ein intensiver Gedankenaustausch.

«Vier Ziffern, vielleicht eine Jahreszahl?»

«Was verbirgt sich aber dahinter? Ein Geschichtsdatum?»

«Wahrscheinlich.»

«Welche Frage kann ein Chiffreur in aller Eile formulieren, damit sein Kollege irgendwo auf einem Schiff oder in einem Hafen mit einem anderen Datum antwortet? Das menschliche Gehirn ist träge. Überschätzen wir das historische Wissen des Absenders nicht, und gehen wir davon aus, daß auch er den Weg des geringsten Widerstandes wählt.»

«Wonach fragt die Gegenstelle ihren Chiffreur mit sechs Wörtern, damit dieser ihm mit einem Datum antwortet? Worum oder um wen geht es? Uns fallen doch eher Personen als Dinge ein, eher historische Gestalten als Ereignisse ...»

«Luther? Goethe? Beethoven? Wer beginnt?»

«Wann wurde geboren ...»

«Nein, das führt zu nichts! Die Frage muß sechs Wörter enthalten.»

«Vielleicht: Wann wurde Friedrich der Große geboren?»

Und wie so oft, wenn man ein fast fertiges Ergebnis vor sich hat, sah alles auf einmal ganz einfach aus.

Die Lösung des kurzen Funkspruchs aus sechs Wörtern führte zu einem ersten Durchbruch. Nach und nach rekonstruierte man den gesamten Code der deutschen Kriegsmarine aus der zweiten Jahreshälfte 1932 und konnte in den folgenden Monaten zur gleichen Zeit wie die Adressaten die geheimen Funksprüche mitlesen.

Doch nach der nächsten Änderung des Codes begann die Sisyphusarbeit von neuem. Mit jeder Woche wuchs die Vergleichskartothek an, das unentbehrliche Instrument jeder Entzifferungsstelle. Die Kartothek verfügte unter anderem über Abkürzungen von Marinetermini, über Kryptonyme der Schiffe und ihrer Kapitäne sowie Decknamen der Häfen und Seestützpunkte an der Nord- und Ostsee. Das bereits vorliegende Informationsmaterial wurde ergänzt, als es gelungen war, mehrere Funksprüche eines Schulschiffs der Kriegsmarine, das sich auf einer Fahrt im Indischen Ozean befand, mitzulesen. Die Funksprüche enthielten zahlreiche Begriffe und Wendungen aus dem Bereich der Ausrüstung, geographische Namen und anderes. Noch nach Jahrzehnten erinnerte sich Marian Rejewski daran, daß YOPY im enträtselten System «wann» bedeutete, YWIN «welcher», BAUG die Konjunktion «und», KEZL «den letzten Buchstaben streichen» und so weiter.

Von Zeit zu Zeit tauchten neue Schwierigkeiten auf, so beispielsweise, wenn die deutschen Stellen von der alphabetischen Reihenfolge abwichen, einige Buchstaben ausließen oder zur Irreführung sinnentleerte Codegruppen aussendeten. Doch die Kryptologengruppe in Warschau konnte auch diese Hindernisse überwinden.

Die Entzifferung des Marinecodes ermöglichte eine Zeitlang, die deutschen Flottenbewegungen in der Ostsee zu beobachten, so daß man diesbezüglich vor Überraschungen sicher war. Das andere Rätsel aber blieb weiterhin ungelöst: die Maschinenchiffre.

Doch umfassende militärische Informationen über den Gegner waren nur zu beschaffen, wenn es gelang, geeignete Methoden zur Lösung der deutschen Maschinenchiffre zu entwickeln, die von der Reichswehr seit Ende der zwanziger Jahre verstärkt eingesetzt wurde.

Wie man in Erfahrung gebracht hatte, verwendete die deutsche Seite zum Chiffrieren ein Gerät mit der Bezeichnung «Enigma», das in mehreren Modellen hergestellt wurde. (Der Name ist dem Griechischen entlehnt und bedeutet «Rätsel».) Die militärische Variante sollte angeblich vor Codebrechern absolut sicher sein.

Die Enigma sah einer Schreibmaschine ähnlich und war auch ähnlich zu bedienen. Ein entsprechender Mechanismus darin ermöglichte es, jeden Buchstaben nach einem Geheimalphabet zu verschlüsseln. Aber wie funktionierte das alles im einzelnen?

Bevor wir uns dem Duell der Kryptologen mit ebendieser Enigma zuwenden, ein paar Worte zu ihrer Geschichte.

Im Herbst 1919 ließ sich der Konstrukteur Hugo Koch in den

Maksymilian Ciężki, der Leiter des BS 4 im polnischen Generalstab

Das Gebäude des polnischen Generalstabes in Warschau

Niederlanden eine neue Geheimschriftmaschine patentieren. Nach einigen Jahren verkaufte er sein Patent an Dr.-Ing. Arthur Scherbius aus Düsseldorf, der die Maschine durch eigene technische Lösungen verbesserte, unter anderem durch den ungleichmäßigen Rhythmus der Chiffrierwalzen, worüber sich andere Konstrukteure bislang vergebens den Kopf zerbrochen hatten.

Bald darauf begann Scherbius mit der Herstellung der Enigma, wobei er vor allem auf Käufer aus der Großindustrie, der Finanzwelt und des Handels zählte. In seinen Prospekten offerierte er das Gerät wie folgt: «Die Neugier der Konkurrenten kann alsbald mit einer Maschine ausgeschaltet werden, die die Geheimhaltung Ihrer gesamten Korrespondenz und Ihrer Dokumente, zum mindestens der wichtigsten Akten, ohne allzu hohe Kosten gewährleistet. Ein einziges gut gehütetes Geheimnis schon gleicht die Ausgaben für den Ankauf der Maschine aus.»

Die Geschäfte der Firma gingen nicht besonders, obwohl die Reichswehr einige Maschinen angekauft hatte. Scherbius zog sich aus dem Unternehmen zurück, das 1934 Dr. Rudolf Heimsoeth und Elsbeth Rinke übernahmen.

Scherbius war voreilig gewesen, denn nun setzte ein wahrer Boom für diese Geräte ein. Die Chiffriermaschinen-Gesellschaft Heimsoeth & Rinke produzierte und verkaufte von 1935 bis 1945 der Wehrmacht, der SS und dem SD, der Polizei, dem Auswärtigen Amt und anderen Interessenten mehr als 100 000 «leuchtende» Enigma-Geräte verschiedener Modelle und Typen sowie eine große Zahl an Zubehör und Ersatzteilen. Sehr viele Chiffriermaschinen wurden auch nach Japan, Italien, Spanien und in andere mit dem faschistischen Deutschland verbündete Staaten exportiert.

Die ersten automatischen Schlüsselmaschinen wurden zwischen 1926 und 1928 in der Reichswehr eingeführt. Das ergab sich jedoch nicht aus einem Gefallen an technischen Neuheiten, sondern hing mit den Plänen der Regierungen in der Weimarer Republik zusammen, die durch den Vertrag von Versailles auferlegten Beschränkungen abzuschütteln und die 100 000 Mann starke Reichswehr zu einer um ein vielfaches größeren Armee auszubauen. Im Sommer 1932, noch bevor Hitler an die Macht gelangte, wurde beschlossen, die Heeresstärke zu verdreifachen. Der Aufbau von motorisierten und Panzertruppenteilen sowie der Luftwaffe, die in einem Blitzkrieg eingesetzt werden sollten, erforderte neue funktechnische Geräte und somit auch zuverlässige Chiffriermittel. Die Enigma wurde mehrfach überprüft, verbessert und 1933/34 von der faschistischen Führung als einheitliches Chiffriersystem übernommen. Das Enigma-System setzte sich so in den Land-, See- und Luftstreitkräften der faschistischen Wehrmacht sowie in der SS, im SD und in anderen Machtorganen durch.

Alle deutschen Kommandos, von der Wehrmachtführung bis zu den Divisionen, Brigaden und Regimentern, wurden mit Enigma-Chiffriermaschinen ausgestattet, die im Bedarfsfall eine «gemeinsame Sprache» mit den SS-Formationen, der Polizei und den zentralen zivilen Einrichtungen gewährleisteten. Auf diese Weise war ein System geschaffen worden, das einen schnellen und im Kriegsfalle die Kampfhandlungen nicht behindernden Informationsfluß von den höchsten bis zu den niedrigsten Ebenen ermöglichte.

Die Anpassung der Nachrichtenverbindungen an die veränderten Bedingungen im Kriege war in den dreißiger Jahren für alle modernen Streitkräfte von besonderer Bedeutung. Die großen Land-, See- und Lufträume, in denen im ersten Weltkrieg die militärischen Operationen stattfanden, der komplexe Charakter der Operationen, die Notwendigkeit des Zusammenwirkens aller Teilstreitkräfte, die zunehmende Bedeutung der Luftwaffe und der Panzertruppen, die Manövrierfähigkeit und das Überraschungsmoment – all das regte die Generalstäbe an, nach neuen Methoden für eine zuverlässige und schnelle Nachrichtenübermittlung – vor allem auf dem Funkwege – zu suchen. Parallel dazu wurden alle Möglichkeiten des Eindringens in die Geheimkorrespondenz des Gegners intensiv erforscht.

Wenn die Nachrichtenverbindungen das «Nervensystem» der Streitkräfte sind, so sind die Chiffren zweifellos das empfindlichste Element innerhalb dieses Systems, da alle Funksendungen nicht nur von ihrem eigentlichen Adressaten, sondern auch vom Gegner empfangen werden können. Die Resistenz des Schutzpanzers, also der Chiffren, wird damit zu einer notwendigen Voraussetzung für den Erfolg einer militärischen Operation, wobei die Geheimhaltung des Funkverkehrs in den militärischen Nachrichtenkanälen nicht allein während des Gefechts selbst, sondern schon im Stadium der Planung gewährleistet sein muß.

Die Verwendung der Maschinenchiffre in Deutschland alarmierte die Armeeführungen der benachbarten Staaten, vor allem Polens und Frankreichs. Die militärischen Horchstationen Starogard, Poznań und Krzesławice bei Kraków, Metz, Strasbourg und Mulhouse sowie die Stabsabteilungen, die das deutsche Chiffriersystem erforschten, gingen unverzüglich ans Werk. Seit 1932 datiert auch die Zusammenarbeit der polnischen und französischen Dienststellen, die sich mit den Chiffren der deutschen Armee, des potentiellen Gegners im Falle eines Krieges, beschäftigten.

Was steckt hinter dem «Rätsel»?

In den letzten Septembertagen des Jahres 1932, noch bevor die Arbeiten am Marinecode abgeschlossen waren, erhielt Marian Rejewski die Anweisung, sich mit dem Maschinencode der Enigma zu befassen. Zuerst wußte man nur, daß es sich um ein Gerät handelte, das etwa wie eine Schreibmaschine gehandhabt wurde, und wie das Funktionsprinzip aussah. Ständig weiterrükkende Kontakte bewirkten, daß jeder Buchstabe nach einem Geheimalphabet verschlüsselt wurde.

«Anfangs habe ich abends allein gearbeitet», erinnert sich der Mathematiker, «später, als die ersten positiven Ergebnisse vorlagen, arbeitete ich mit meinen Kollegen J. Różycki und H. Zygalski.»*

Wie schon erwähnt, ließ das abgehörte deutsche Material keine Zweifel darüber, daß es hier um eine völlig neue Chiffre ging. Die Häufigkeit der in den verschlüsselten Sprüchen auftretenden Buchstaben war nahezu gleich, so daß mit den üblichen statistisch-linguistischen Methoden wahrscheinlich nichts auszurichten war. Man stellte keine nennenswerten Wiederholungen fest, die irgendeinen Ansatzpunkt hätten liefern können. Eine ideale Chiffre also, die absolut nicht zu enträtseln war? An das Problem so heranzugehen hätte aber bedeutet, jede Chance von vornherein zu verneinen. Auch ein Detektiv darf ja nicht von der These ausgehen, er habe es mit einem «perfekten» Verbrechen zu tun.

Selbst als die jungen Mathematiker nach Tagen mühevoller

---

* M. Rejewski, Wspomnienia z mej pracy w Biurze Szyfrów Oddziału II Sztabu Głównego 1930–1945 (Manuskript), Institut für Militärgeschichte, Warschau, Sign.: I (2) 44.

Arbeit feststellten, daß sich die Chiffre nach den ihnen geläufigen Methoden nicht enträtseln ließ, gaben sie nicht auf. Im Gegenteil, sie gingen noch energischer an die Aufgabe. Sie suchten jetzt nach neuen Wegen, die weder Givierge, Figl noch andere Autoritäten der Kryptologie erwähnt hatten.

So begann das faszinierende und bis dato vielleicht größte Abenteuer in der Geschichte der wissenschaftlich-technischen Aufklärung. Es war ein intellektuelles Ringen um geheime Informationen, die für die Verteidigungsfähigkeit des Landes von großer Bedeutung sein konnten.

Die ersten Versuche zur Lösung der deutschen Maschinenchiffre setzten in Polen 1928/29 ein, gleich nachdem sie in der Kriegsmarine und in der Reichswehr eingeführt worden war. Man bemühte sich um hervorragende Mathematiker von den Universitäten und nahm zuweilen sogar Zuflucht zu «parapsychologischen» Methoden. So wurde unter anderem dem seinerzeit bekannten Hellseher Ossowiecki die Enträtselung der Chiffre übertragen, der natürlich völlig versagte. Aber auch die Professoren scheiterten. So mußten die drei jungen Mathematiker, als sie im September 1932 nach Warschau berufen wurden, so gut wie von vorn beginnen.

Die Einführung der Chiffriermaschinen schloß sozusagen die «romantische» Epoche der «Schwarzen Kabinette» ab, die Periode verschiedenartigster Methoden zum «Knacken» von Chiffren, wie sie Edgar Allan Poe und Arthur Conan Doyle in ihren Büchern anschaulich geschildert haben. Der streng vertrauliche Charakter der kryptologischen Arbeiten in allen Ländern verhinderte zudem jeden Erfahrungsaustausch über die theoretischen und praktischen Forschungsergebnisse. Man arbeitete in kleinen Gruppen, die über ähnliche Untersuchungen im Ausland nichts wußten, da sich naturgemäß jeder Staat und seine Militärführung auf die Chiffren aller potentiellen Gegner konzentrierten.

Zwar war es möglich, aus einigen Publikationen zu erfahren, wie man anderswo an diese Fragen heranging, doch handelte es sich dabei um «klassische» Chiffren, die in der Vergangenheit, günstigenfalls im ersten Weltkrieg, verwendet wurden. Die Verfasser waren meist ehemalige Chefs oder Mitarbeiter von militärischen Chiffrierstellen, wo manuelle Methoden zur Geheimhaltung des Funkverkehrs dominierten und die wissenschaftlich-technische Aufklärung erst am Anfang stand.

Für die Lösung der Enigma-Chiffren mußten völlig neue Methoden entwickelt werden. Die Funkaufklärung erfordert teure, komplizierte Geräte und hochqualifizierte Spezialisten und Techniker. Die zentrale Gestalt ist jedoch der Kryptologe, ein mit großem mathematischem und linguistischem Wissen ausgestatteter Fachmann, der die Fähigkeit besitzen muß, möglichst viele Schwachpunkte im Chiffriersystem des Gegners zu entdekken.

In diesem Sonderbereich der Aufklärung liefern Fehler und Versehen oder schematisches und routinemäßiges Vorgehen der anderen Seite zuweilen wertvolle Aufschlüsse beziehungsweise Ausgangsdaten.

Im Herbst 1932 hatten die drei Mathematiker aber nur riesige Stöße von Funksprüchen vor sich liegen, die in den letzten Jahren im Deutschland-Referat des Chiffrenbüros eingegangen waren. Außer der mathematischen Analyse gab es keine andere Methode, um sie zu dechiffrieren. Daher galt es, nach Ansatzpunkten in den verschlüsselten Texten selbst zu suchen, in den nicht enden wollenden Buchstabenkombinationen, die Hunderte, ja Tausende von Bogen füllten.

Es heißt, aller Anfang sei schwer. In diesem Falle aber traf die Redewendung nicht zu. Die Mathematiker gelangten vielmehr bald zu der Meinung, daß die Wendung «Den Wald vor lauter Bäumen nicht sehen» hier besser am Platz war.

In gedrängter Form läßt sich der langwierige und komplizierte Prozeß nicht wiedergeben, der schließlich zum Erfolg führte. Hier soll nur eine kleine Entdeckung erwähnt werden, die zusammen mit vielen anderen eine logische Kette bildete und eine Voraussetzung für die Lösung schuf. Die Mathematiker kamen zu folgendem Schluß: Schreibt man zwei chiffrierte Texte mit denselben Anfängen untereinander, dann werden die gleichen Buchstaben an denselben Stellen im Durchschnitt zweimal häufiger auftreten, als wenn man auf diese Weise zwei Texte mit wenigstens teilweise verschiedenen Anfängen zusammenstellen würde.

```
I    r f owl    dpc a i    hwbgx    e mpt o    bt vgg    inf gr    oj vd d    z l uws  j  urn k    kt ehm
     r f owl    dnwe l     s c apx   oa zyb    by zrg    gcj dx    ngdf e    mj upi  mj vp i    t kel y
II   wkxwf     i xj wt     oki s c   wg apd    r e bdw   lf v gk   wzj u b   c oj hs  v uemh    oxhon
     wdxwg     gus dt     oherk     ud egl    swf pv    fgmre    y l r mz   y arz j  mgep w    afnug.
```

Die obigen Proben der Enigma-Chiffre sind natürlich viel zu
kurz, um etwas daraus zu folgern, sie dienen nur zur Illustration. Weitere logische Kettenglieder ergaben sich aus der Untersuchung ähnlicher Übereinstimmungen in «durchschnittlichen»
deutschen Texten. Die ermittelten Gesetzmäßigkeiten wurden
daraufhin in mathematische Formeln gefaßt.

Die anschließenden mathematisch-logischen Berechnungen
und Operationen brachten Aufschluß darüber, wie die Enigma
funktionierte. Die Mathematiker analysierten sehr viele Funksprüche und lernten so nach und nach das Arbeitsprinzip der
Chiffriermaschine kennen. Es war eine immense Arbeit, die viel
Konzentration erforderte. Man benötigte etwa 80 bis 100 Funksprüche vom selben Tag, die nach derselben Einstellung der
Enigma-Geräte abgesetzt worden waren.

Jedoch nicht immer war das möglich, und die Kryptologen
mußten zu anderen Mitteln greifen.

An einem Oktobernachmittag 1932 erschien der stellvertre-
tende Chef des Generalstabes höchstpersönlich im Arbeitszimmer der Kryptologen.

«Sind Sie mit dem von der Funkaufklärung gelieferten Material zufrieden?» fragte er.

«Ehrlich gesagt, nicht so ganz», antwortete Marian Rejewski.
«Und warum nicht?»

«Wir erhalten zu kurze Meldungen. Das Gesetz der großen
Zahl läßt sich bei ihnen nicht anwenden.»

«Ich rufe in Poznań an, damit die technischen Wartezeiten
eingeschränkt werden», entgegnete der ranghohe Vorgesetzte,
«und die beiden Abhörstationen in Starogard und Krzesławice
setze ich Tag und Nacht auf längere Meldungen aus Deutschland an. Dies um so mehr, als ungewöhnliche Ereignisse im
Gange sind. Haben Sie die neueste Rede des Reichswehrmini-
sters gehört?»

«Wir hatten letztens keine Zeit, den Berliner Sender zu hören, und nach der Entzifferung des Schlüssels lesen wir gewöhnlich nur die ersten paar Sätze.»

«Ich lasse Ihnen morgen das ganze Abhörmaterial bringen. Die Befehlshaber der Reichswehr scheinen Großbritannien und Frankreich hinters Licht führen zu wollen. Sie beabsichtigen, die Armee um 200 000 Mann zu verstärken. Dabei geben sie vor, es handele sich lediglich um Polizeiabteilungen. Aber nicht das ist in Deutschland das wichtigste. Die Faschisten drängen zur Macht. Wenn nicht heute, dann kann morgen Deutschland mit Hitler als Reichskanzler aufwachen ... Und die Reichswehr? Noch hört sie auf den alten Präsidenten Hindenburg, aber der lebt nicht ewig. Das nüchterne, präzise Denken der Herren Generalstäbler plus die skrupellose Brutalität der Nazis – das wird genau die richtige Mischung.»

Nicht alle höheren Offiziere des polnischen Generalstabes teilten diese Befürchtung. Einige waren sogar der Ansicht, daß ein faschistischer Umschwung Deutschland militärisch schwächen, Chaos und innere Wirren zur Folge haben würde. Übrigens vermochten auch in Großbritannien, in Frankreich und anderen kapitalistischen Ländern führende Politiker nicht die Folgen zu überschauen, die die Machtübernahme durch Hitler und die NSDAP nach sich ziehen würde.

Der polnische militärische Geheimdienst stellte, dank der seit einigen Jahren in Berlin wirkenden Gruppe «JN-3» von Rittmeister Georg von Sosnowski, dem Generalstab viele Informationen über die innere Lage und sogar über die Kriegspläne der Reichswehr zur Verfügung. Es fehlten jedoch Meldungen und Dokumente über den streng geheimen Chi-Dienst. Vor allem gelang es nicht, Hinweise über die Maschinenchiffren zu erhalten.

Am Tag nach dem überraschenden Besuch des stellvertretenden Generalstabschefs brachte der Leiter des Chiffrenbüros eine gute Nachricht: «Sie werden eine Enigma erhalten. Es ist zwar nur ein handelsübliches und überaltertes Gerät, doch könnte es unter Umständen weiterhelfen.»

Nach einigen Tagen erlebten Marian Rejewski und seine beiden Kollegen erregende Augenblicke. Eine Kiste mit der Aufschrift «Vorsicht Glas» wurde hereingetragen.

Ein frühes Modell der Chiffriermaschine Enigma

Später erfuhren sie, daß die Schlüsselmaschine durch einen Düsseldorfer Industriellen erworben worden war, der bereits seit mehreren Jahren mit dem polnischen Geheimdienst zusammenarbeitete.

Die Enigma, obwohl schon älteren Datums, war jetzt keine Abstraktion mehr. Man konnte sie anfassen, beschauen und begutachten. Sie ähnelte äußerlich in der Tat einer Schreibmaschine. Eigentlich erregte sie nur wegen der zusätzlichen Tafel mit kleinen Scheiben Aufmerksamkeit. Auf diesen Scheiben sah man genauso wie auf den Tasten alle Buchstaben des Alphabets. Darunter waren Glühlämpchen angebracht. Im Innern der Maschine befanden sich ein System von Hebeln und Walzen sowie ein Gewirr von Leitungsdrähten. Das Gerät konnte an eine Batterie oder auch ans Netz angeschlossen werden. Bei jedem Tastendruck drehten sich eine oder mehrere Trommeln zugleich. Die Maschine war derart konstruiert, daß man die Tasten so betätigte, als ob man einen Klartext schriebe. In den Fensterchen dagegen leuchteten die Chiffrebuchstaben auf. Umgekehrt erhielt der Empfänger unter Anwendung desselben Schlüssels den Klartext, wenn er die verschlüsselten Buchstaben tippte. Um miteinander verkehren zu können, mußten Sender und Empfänger identische Vorrichtungen besitzen. Selbstverständlich hatte der Empfänger dabei seine Maschine mittels entsprechender Hebel und Drehknöpfe auf den richtigen «Schlüssel» einzustellen.

Der Erwerb eines Enigma-Geräts bedeutete daher noch keine Lösung der Chiffren. Die militärische Variante war überdies bedeutend komplizierter. Enigma oder nicht, Arbeitsgrundlage waren weiterhin die endlosen Reihen der Gruppen von fünf Buchstaben. Der Funkabhördienst registrierte sie zu Tausenden und aber Tausenden.

Man mußte sich an diese Maschinenchiffre weiterhin mühsam herantasten. Lange noch wollten sich die dünnen Fäden der Hinweise nicht miteinander verknüpfen lassen. Die hartnäckigen Bemühungen der Kryptologen begannen jedoch Schritt für Schritt bestimmte Erfolge zu zeitigen. Ende Oktober 1932 kannten sie schon viele Merkmale der Maschinenchiffre.

Enigma – made in Poland

Frankreich und die Tschechoslowakei, durch die Expansionsbestrebungen des deutschen Imperialismus gleichermaßen bedroht, wären eigentlich natürliche Verbündete Polens gewesen, wenn es darum ging, die Aufrüstung und die Kriegspläne der Reichswehr beziehungsweise der faschistischen Wehrmacht aufzuklären. Die Formen und Ergebnisse ihrer Zusammenarbeit hingen indes von vielen Faktoren ab, vor allem von den außenpolitischen Gegebenheiten. Zwischen Polen und Frankreich existierte seit 1921 ein Bündnisvertrag. Trotzdem kam es oft zu Differenzen. Beispielsweise lehnte es der französische Generalstab 1925 ab, der Einrichtung einer polnischen Aufklärungsstelle im Rheinland zuzustimmen, wo sich die Rüstungsindustrie konzentrierte. Auch auf anderen Gebieten des geheimdienstlichen Wirkens war die polnisch-französische Zusammenarbeit unbedeutend. Sie beschränkte sich im wesentlichen auf den Informationsaustausch während der Jahreskonferenzen, an denen Vertreter der Generalstäbe beider Länder teilnahmen.

Um so bemerkenswerter war daher die Initiative, die Capitaine Gustave Bertrand, der Leiter der französischen Funkaufklärung – während des zweiten Weltkrieges war er Mitkämpfer der Résistance –, Ende 1932 ergriff. Gegen den anfänglichen Widerstand seiner Vorgesetzten nahm er direkten Kontakt zu den entsprechenden Stellen im polnischen Generalstab auf. Ihm war bewußt geworden, daß von allen potentiellen Verbündeten Polen die größten Chancen bei der Lösung der Enigma-Chiffren hatte. Deshalb stellte er dem polnischen Generalstab wichtiges Material zur Verfügung, das dem französischen Geheimdienst durch einen Zufall in die Hände gelangt war.

Im Oktober 1932 hatte ein ihm unterstellter Offizier gemeldet, bei ihm sei ein geheimnisvoller Besucher aufgetaucht: ein achtundzwanzigjähriger Mann, der sich als Mitarbeiter der Chi-Stelle in der Reichswehr ausgegeben und gegen hohes Entgelt seine Dienste angeboten habe. Ein Betrüger? Ein Provokateur? Ein skrupelloser Mensch, dem es ausschließlich um Geld ging? Das war nicht von vornherein auszuschließen.

Möglicherweise gehörte er auch gar nicht dem deutschen Chi-Dienst an.

Die Überprüfung indes schloß jeden Zweifel aus: Er war wirklich der, für den er sich ausgab; zudem diente sein Bruder als Berufsoffizier in der Reichswehr. Daher entschloß man sich, mit ihm Kontakt zu halten. Capitaine Bertrand, obwohl ein besonnener Mann, liebte schnelles Entscheiden. So nahm er das Angebot des Deutschen an und beauftragte ihn, bestimmte Dokumente zu beschaffen. Es stellte sich heraus, daß die Papiere authentisch waren. Der Agent erhielt den Decknamen «Asche» und bekam einen hohen Vorschuß. Beim nächsten Treff lieferte er weiteres Material, das von großem Wert war.

Den ersten beiden Treffs (an der niederländisch-deutschen und belgisch-deutschen Grenze) folgten andere. «Asche» konnte nur an den Wochenenden von Berlin weg und traf sich daher an Sonnabenden und Sonntagen mit seinen neuen Vorgesetzten. Die Übernahme der Materialien erfolgte in grenznahen Orten zu Holland, Belgien, Dänemark oder in der Tschechoslowakei. Jeder Treff fand anderswo statt und war gründlich abgesichert. So fuhr zum Beispiel Capitaine Bertrand mit dem Schiff nach Großbritannien und von dort erst nach Dänemark, wo ihn «Asche» erwartete. Nur einmal lud man den Agenten nach Paris ein und gab ihm, quasi als Zusatzbelohnung für seine eifrigen Dienste, die Möglichkeit, das Nachtleben der französischen Metropole kennenzulernen.

«Asche» lieferte nicht nur all das, was er auftreiben konnte, ohne sich dabei der Gefahr auszusetzen, enttarnt zu werden, sondern regte seine Vorgesetzten in der Reichswehr auch zur Verwendung solcher Codes an, die leichter entschlüsselt werden konnten. Dennoch kam die Lösung der Maschinenchiffre nicht voran, bis der Agent schließlich Zugang zu einigen Enigma-Dokumenten fand.

Das Material, das «Asche» von 1932 bis 1934 dem französischen Geheimdienst übergab, umfaßte folgende Dokumente:

Angaben über die Arbeitsweise des deutschen Chi-Dienstes (insgesamt zehn Dokumente);

verschiedene Satzbücher der deutschen Streitkräfte: A, B, C, D, E und das «Schwarze Satzbuch»;

Dokumente über herkömmliche (manuelle) Chiffrierschlüssel: Stabsschlüssel, Heeres-Nachrichtenmittelschlüssel, Zivil-Zahlenschlüssel, Bahnschutz-Nachrichtenschlüssel und andere;

Dokumente über Maschinenchiffren: Enigma-Gebrauchsanweisungen, Chiffrierrichtlinien, Tabellen der Heeres-Monatsschlüssel von Dezember 1931 bis zum ersten Quartal 1934;

Daten über eine ältere Enigma aus dem Jahre 1930 (insgesamt zehn Dokumente, darunter ein chiffrierter Text mit der dazugehörigen Vorlage).

Außer den Originaldokumenten, die fotokopiert und wieder zurückgegeben wurden, beschaffte der Agent auch zahlreiche Informationen, die zwar in keinem direkten Zusammenhang mit den Chiffren standen, aber großen Wert für die Aufklärung der zentralen deutschen Militärstellen besaßen. Er besorgte ferner neun falsche Chiffren der deutschen Abwehr zur Täuschung fremder Geheimdienste im Ausland.

«Asche» gelang es jedoch nicht, an das wichtigste Material heranzukommen, an das Enigma-Dossier mit dem Schema der Zwischenverbindungen. Diese streng geheime Dokumentation befand sich im Panzerschrank des Chefs der Chi-Stelle, der persönlich dafür haftete. «Asche» wußte, daß er mit den Safeschlüsseln allein nichts ausrichten konnte, denn die Dokumentation lag in einer besonderen Kassette, zu der es einen Zusatzschlüssel gab, den aber sein Chef an einem nur ihm bekannten Platz aufbewahrte.

Daher blieb, zumindest theoretisch, nichts anderes übrig, als von denjenigen, die an der Produktion der Einzelteile und an der Montage beteiligt waren, etwas über das Konstruktionsprinzip der Maschine zu erfahren. Der französische Geheimdienst beauftragte deshalb den Agenten, eine Liste all der Personen anzufertigen, die darüber Bescheid wußten. Nach einer gewissen Zeit beschaffte «Asche» ein solches Verzeichnis; aber auch

das führte zu nichts. Die Einzelteile und Baugruppen wurden im Berliner Werk der Chiffriermaschinen-Gesellschaft Heimsoeth & Rinke hergestellt, die Endmontage erfolgte in einer Spezialwerkstatt der Reichswehr, wo jeder Mechaniker unter ständiger Aufsicht eines Unteroffiziers der Abwehr stand, der ihm im wahrsten Sinne des Wortes auf die Hände sah. Sicher wäre es sinnlos gewesen, an jemanden aus der Produktion oder Montage heranzutreten, denn niemand der dort Beschäftigten hätte das Schema der Zwischenverbindungen aus dem Gedächtnis zu rekonstruieren vermocht.

Ohne lange zu warten, bis ihm die streng gehüteten Enigma-Informationen in die Hände fielen, entschloß sich Gustave Bertrand, mit dem Material, das er besaß, nach Warschau und London zu fahren.

In seinem Buch hat Bertrand die erste Begegnung mit den polnischen Kollegen – vom 7. bis 11. Dezember 1932 in Warschau – als historisch bezeichnet. Von seinem Standpunkt wohl nicht ganz zu Unrecht. Bis zu seiner Reise hatte es keine Kontakte mit Fachleuten der Funkaufklärung im polnischen Generalstab gegeben, sieht man von dem sporadischen Austausch deutscher Militärfunksprüche ab, die die Abhörstellen aufgefangen hatten. «Wir nahmen eine zuverlässige und feste Zusammenarbeit auf. Sie lag im Interesse beider Seiten. Aus dieser

Zusammenarbeit entwickelten sich freundschaftliche Beziehungen, die unversehens in die Geschichte eingingen.»*

Da das polnische Chiffrenbüro ja seit längerem emsig an der Enträtselung der Enigma-Chiffren arbeitete – allerdings nur mit Texten der abgefangenen Funksprüche –, war alles, was zur tieferen Kenntnis beitragen konnte, sehr willkommen.

So wurde bei dem Bertrand-Besuch eine Art Arbeitsteilung zwischen dem französischen und dem polnischen Chiffrenbüro beschlossen. Die Franzosen sollten sich auf das Beschaffen solcher Materialien aus Deutschland konzentrieren, die die Lösung der Enigma-Chiffren erleichterten, die Polen hingegen auf kryptologische Studien. Es wurde auch eine Vertiefung der Kontakte mit dem tschechoslowakischen Generalstab ausgemacht, um so zu einer Dreiervereinbarung der kryptologischen Dienste zu kommen. (Bertrand hatte schon zuvor Verbindung mit Prag aufgenommen.) Man fixierte die Prinzipien des Informationsaustausches über Funk und einigte sich auch in anderen Punkten. Capitaine Bertrand sollte künftig den Decknamen «Bolek» führen, Major Langer, der Leiter des polnischen Chiffrenbüros, hieß «Luc» und der entsprechende tschechoslowakische Offizier «Raul». Nach 1936 funktionierte aber praktisch nur noch die Verbindung «Bolek» – «Luc», da die polnisch-tschechoslowakischen Beziehungen danach äußerst gespannt waren.**

Bertrand geht in seinem Buch auf die Vereinbarung vom Dezember 1932 ein. Anerkennend hebt er hervor, daß der polnische Geheimdienst – im Gegensatz zum französischen und britischen – Mathematiker mit abgeschlossener kryptologischer Ausbildung für die Arbeit an den Chiffren einsetzte.

Diese jedoch, die Kryptologen und Chiffreure, wußten über das Material, das sie bekamen, nur soviel, wie für ihre Arbeit unbedingt erforderlich war. Selbst die drei Mathematiker Rejewski, Różycki und Zygalski, der wissenschaftliche Stab und gleichsam das Gehirn vom BS4, erhielten keine Kenntnis über die polnisch-französischen Kontakte, über die Herkunft der In-

---

* G. Bertrand, Enigma ou la plus grande énigme de la guerre 1939–1945, Paris 1973, S. 38.
** Im Zusammenhang mit dem Münchener Abkommen hatte die polnische Regierung am 1. Oktober 1938 von der ČSR Gebietsabtretungen erpreßt.

formationen und der deutschen Dokumente, die ihnen die Leitung des Chiffrenbüros im Dezember 1932 zur Verfügung stellte.

Heute sind wir in der Lage, diese entscheidende Etappe im Kampf um die Lösung der Enigma-Chiffren zu rekonstruieren. Dabei stützen wir uns auf polnische und französische Quellen. Obwohl die Arbeiten unabhängig voneinander entstanden sind, stimmen sie in den wichtigsten Punkten erstaunlich überein.

Wie Marian Rejewski in seinen Erinnerungen von 1967 berichtet, hatte er am 8. Dezember 1932 zwei Dokumente zur Auswertung erhalten: eine Gebrauchsanweisung für die Chiffriermaschine und Tabellen nicht mehr gültiger Schlüssel (Hinweise über das Einstellen der Maschine vor Arbeitsbeginn) für zwei Monate. Bertrand zufolge enthielt das Material zudem eine Monatsschlüsseltabelle und ein deutsches Chiffrogramm mit dem Ausgangstext («Klartext»).

Diese Dokumente boten für sich allein nicht die geringste Chance, mit der Enigma fertig zu werden. Sie hatten überdies wenig Einfluß auf die Entwicklung eines zuverlässigen Systems für die Lösung variabler Schlüssel, die nur mit Hilfe der von den Abhörstellen abgefangenen deutschen Funksprüche nachgebildet werden konnten. Daraus folgt indes nicht, daß das französische Material keine größere Rolle gespielt habe. Zusammen mit den bereits vorliegenden Ergebnissen aus Tausenden deutschen Funksprüchen, die seit September 1932 mathematisch analysiert wurden, beschleunigte es die Lösung. Die französische Hilfe war um so wertvoller, als sie zur rechten Zeit kam, da die Arbeiten an der Enigma in ihre entscheidende Phase traten. Von besonderem Wert war die Fotokopie einer Instruktion Fellgiebels.

Es war an einem Nachmittag in jenem Dezember 1932. Als hinter dem Fenster des Arbeitszimmers die Dämmerung bereits früher hereinzubrechen begann, klopfte der diensthabende Offizier diskret an die Tür.

«Ich soll Ihnen dieses Paket sofort zustellen.»

«Da haben wir die Geschichte!» Marian Rejewski und seine Kollegen waren nicht gerade entzückt darüber, auch diese Nacht wieder bei der Arbeit zuzubringen, und darauf lief alles hinaus.

Sie waren nun schon Wochen in Warschau und bisher noch nicht im Großen Theater gewesen. Sie kannten nur den kurzen Weg zum Generalstab. Das Material, das, wie sie später erfuhren, der französische Geheimdienst zur Verfügung gestellt hatte, erwies sich indes als derartig interessant, daß sie an diesem Abend niemand mehr davon abhalten konnte, es zu studieren. Es handelte sich um die Kopie einer Instruktion der Reichswehr über die Grundsätze zum Benutzen der Chiffriermaschine «E-Eins». Ein Blick genügte, um festzustellen, daß es sich diesmal um die militärische Variante der Enigma handelte.

Das Dokument war von Oberstleutnant Erich Fellgiebel – als General später Kommandeur der Nachrichtentruppen der Wehrmacht – unterzeichnet.

Die militärische Enigma oder die «E-Eins» unterschied sich, was man nach genauem Studium der Anordnung Fellgiebels feststellen konnte, grundlegend von ihrer zivilen Variante. Das automatisierte Chiffriersystem ermöglichte eine fast astronomische Anzahl von Kombinationen. Selbst wenn man eine dieser Maschinen besaß, konnte man ohne «Schlüssel» nicht einmal davon träumen, zufällig eine Meldung zu entziffern.

Nichtsdestoweniger waren die Dokumente dazu angetan, das Wissen über die militärische Variante der Enigma, der «E-Eins», zu erweitern. Die wichtigste Abweichung im Vergleich zu ihrem zivilen Gegenstück war eine Art Schaltbrett mit Steckern. Die Steckdosen waren nicht numeriert. Man konnte jedoch annehmen, daß man dort mit dem Zählen zu beginnen hatte, wo ein Punkt markiert war. Die Einstellung der Maschine nach dem entsprechenden Schlüssel war kompliziert. Er bestand aus mehreren Elementen, die in unregelmäßigen Zeitabständen verändert wurden. Wenn man nur einmal die Taste anschlug, war alles ziemlich einfach. Mit jedem weiteren Anschlag potenzierte sich jedoch die Permutation (Vertauschung, Umstellung). Andere Anschläge waren «normal». Das Ganze erinnerte an das Konzert eines Virtuosen, der mit einer Hand ruhig und gemessen das Leitmotiv spielt, während er mit der anderen in rasendem Tempo die Klaviatur auf und ab gleitet. Die Aussonderung eines Melodiefragments schien hoffnungslos zu sein.

Den Mathematikern blieb nichts anderes übrig, als wiederum

komplizierte, zeitaufwendige Berechnungen anzustellen. Erneut mußten Hunderte und Tausende abgefangener Funkmeldungen analysiert werden.

In vielen Veröffentlichungen wurde wiederholt die irrtümliche Meinung vertreten, die Lösung sei «auf einmal» erfolgt. In Wirklichkeit war es anders, mußten zwei verschiedene, sehr komplizierte Aufgaben gelöst werden.

Erstens hieß es, die Chiffrieranlage theoretisch zu rekonstruieren, wobei vorrangig die Zwischenverbindungen zu ergründen waren.

Zweitens mußten Methoden zur Nachbildung der Enigma-Schlüssel entwickelt werden.

In den nächsten Wochen traten die theoretischen Arbeiten an der Entzifferung der Enigma in die entscheidende Phase ein. Das erste Resultat, die mathematische Lösung, stellte sich noch in den letzten Tagen des Jahres 1932 ein, als sich ganz Warschau traditionell zum Neujahrsfest rüstete. Die totale Lösung der Enigma-«Sprache» nahm dann noch etwa 20 Tage in Anspruch.

Der Erfolg konnte sich kaum pünktlicher einstellen. In Deutschland kam es Ende Januar 1933 zur Errichtung der faschistischen Diktatur. Weder die französischen noch die britischen Chiffrenbüros konnten – wie sich später erwies – trotz der langjährigen Traditionen der «Schwarzen Kabinette», trotz der zahlreichen und erfahrenen Kryptologen und trotz riesiger finanzieller Aufwendungen das Geheimnis der Enigma bis zum Ausbruch des Krieges lüften.

Allein den polnischen Kryptologen, bemerkt Bertrand, gebühre «das Verdienst und der Ruhm dafür, daß sie vom Fachlichen her diese ungewöhnliche Geschichte zu Ende geführt haben, durch ihr Wissen und ihre Ausdauer, die nicht ihresgleichen auf der Welt hatten! Sie meisterten Schwierigkeiten, die die Deutschen für ‹unüberwindbar› hielten.»*

Nunmehr war es möglich, den funktechnischen Herstellerbetrieb AVA, der sich in der Nowy-Świat-Straße 34 in Warschau befand, mit dem Nachbau der Chiffriermaschine zu beauftra-

* G. Bertrand, S. 61.

50

gen. Die Geräte sollten aus den gleichen Baugruppen und Teilen bestehen und genauso funktionieren wie die «E-Eins».

Man wollte Voraussetzungen für das baldige Mitlesen möglichst vieler militärischer Informationen schaffen. Die polnischen Kryptologen verfügten ja noch immer nur über die kommerzielle Variante ohne Schaltbrett und Steckerverbindungen. Sie eignete sich nicht für die Entzifferung von militärischen Funksprüchen.

Der Nachbau ging nicht ohne Probleme ab. Als man die ersten beiden Geräte ausprobierte, stellte sich heraus, daß der dechiffrierte Text alles andere war als deutsch; ein Kauderwelsch, das an eine exotische Sprache erinnerte: mal mit einer Fülle von Vokalen und Diphthongen, ein andermal fast nur mit Konsonanten. Als die Mathematiker die Ursache – ein technisches Versehen – herausgefunden hatten –, arbeiteten die von AVA hergestellten Geräte zuverlässig.

Die Firma AVA, mit der der polnische Generalstab und das Chiffrenbüro zusammenwirkten, war 1929/30 auf Initiative einiger Personen entstanden, die sich seit längerem mit der Entzifferung deutscher Chiffren befaßten. Sie bildeten eine recht originelle Gruppe.

Einer der AVA-Begründer, Edward Fokczyński, war ein technisches Naturtalent. Er hatte nur vier Volksschulklassen besucht und zunächst als Schlossergeselle gearbeitet, dann als Techniker in einer Werkstatt für elektrotechnische Geräte bei Knapik & Co. in Łódź. 1919 wurde er eingezogen, diente in einem Funkbataillon, später in der Feldfunkstation Nr. 4. Nach der Demobilisierung 1922 war er am Polnischen Rundfunk tätig, der damals noch in den Kinderschuhen steckte. «Sehr begabt», «schnelle Auffassungsgabe», «ein großes funktechnisches Talent» – so hieß es in Beurteilungen. 1927 eröffnete Edward Fokczyński in Warschau eine Radiowerkstatt. Von Zeit zu Zeit erhielt er kleinere Aufträge vom Chiffrenbüro, da ihn Major Ciężki, der Leiter des Deutschland-Referats, noch aus der Kriegszeit kannte. Seine bescheidene Werkstatt in einem Hinterhof der Nowy-Świat-Straße entwickelte sich von 1929 bis 1932 zur AVA.

Der zweite Mitbegründer der Firma, Oberleutnant d. R. An-

Edward Fokczyński

toni Palluth, ein Ingenieur, gehörte zu den langjährigen Mitarbeitern des Deutschland-Referats im Chiffrenbüro. Er hielt unter anderem Vorlesungen bei dem Kryptologiekurs in Poznań und befaßte sich in den dreißiger Jahren mit Konstruktionsfragen.

Die beiden anderen AVA-Gründer, Ludomir Danilewicz und sein Bruder Leonard, studierten zu dem Zeitpunkt, als die Firma entstand, noch am Polytechnikum. Sie waren passionierte Funkamateure; das Erkennungssignal ihrer Amateurstation floß in den Namen der Fabrik ein.

Die erste Idee zu einem solchen Unternehmen wie der AVA, erinnert sich Leonard Danilewicz, «kam mir während der Schulzeit, als ich mit Tadeusz Heftman* in der siebenten Klasse des Staszic-Gymnasiums in Sosnowiec 1924 einen Zirkel für Funkamateure gründete. Mein Bruder, der damals schon am Warschauer Polytechnikum studierte, unterstützte unser Vorhaben. Als Oberleutnant Groszkowski** und Oberleutnant Noworolski

---

* Heftman war später Chefingenieur der AVA. Während des Krieges arbeitete er als Leiter der Polnischen Militärischen Radiowerkstätten in Großbritannien. Dort wurden u. a. Miniatursender hergestellt, die die alliierten Aufklärungs- und die Widerstandsgruppen in den okkupierten Ländern verwendeten.

** In der Volksrepublik Polen war Prof. Janusz Groszkowski Präsident der Akademie der Wissenschaften und Vorsitzender der Nationalen Front.

52

1924 in Sosnowiec einen Vortrag über den Rundfunk hielten und ein Radiogerät demonstrierten, war unsere Zukunft damit entschieden. Oberleutnant Groszkowski lud unsere kleine Gruppe nach Warschau ein, wo wir den Rundfunksender in der Zitadelle, die Funkstation des Ministeriums für Post- und Fernmeldewesen bei Wawrzyszew und das bescheidene Funklabor am Warschauer Polytechnikum besichtigten, das uns damals wie eine Schatzkammer erschien.

Im Jahre 1925 führten wir das verrückte Hobby weiter, bastelten primitive Empfänger mit zwei Röhren und verkauften sie unseren leichtgläubigen Opfern. Wir, also Heftman und ich, legten das Abitur ab und ließen uns am Warschauer Polytechnikum immatrikulieren. Um die damals einzige Zeitschrift für Funkfragen gruppierte sich 1925/27 ein Kreis von Radiotechnikern, die mehr wissen wollten, als sie aus den offiziellen Veröffentlichungen erfuhren. Die Redakteure und Herausgeber des ‹Radioamator›, die Brüder Odyniec, stellten uns die begehrten Informationen über die Funkamateure und ihre Weltorganisation, über die Kurzwellentechnik und die seinerzeit verwendeten Geräte zur Verfügung.

Sie registrierten auch die polnischen Funkamateure und teilten ihnen Erkennungszeichen zu. Mein Bruder und ich hatten das Erkennungssignal TPAV, A. Palluth aber TPVA. Wir vereinigten beide Zeichen zu AVA. Unter diesem Namen haben wir uns 1928, also noch vor Gründung der Firma, an die Herstellung zweier Kurzwellensender und -empfänger für die Direktion der Polnischen Staatsbahn in Warschau und Lwów gemacht. Das alles kam für die Staatsbahn und auch für uns viel zu früh, und obwohl die Funkverbindung zwischen beiden Direktionen zustande gekommen war, ging das ganze Vorhaben bald ein.»

Nach der offiziellen Gründung der AVA, schreibt Danilewicz weiter, «setzten vom ersten Tag an große Schwierigkeiten ein, da das Vermögen der Firma wie folgt aussah: Abstandssumme für die Räume 5 000 Złoty, Ankauf von Maschinen und Werkzeugen 2 000 Złoty, Bargeld gleich Null. Glücklicherweise waren wir nicht auf Gewinne der Firma angewiesen, da wir alle vier eine feste Anstellung hatten. Kurz darauf griff uns das Chiffrenbüro unter die Arme und erteilte uns einen Auftrag für acht

Antoni Palluth

10-Watt-Kurzwellensender ..., die den Grundstock des späteren Funknetzes der Abteilung II bildeten. Außerdem hatten wir von der Express-Agentur eine Bestellung für Presse-Empfangsgeräte erhalten; zudem fertigten wir für Professor Lugeon, den Direktor des französischen Meteorologischen Instituts, einen Apparat nach seinen Vorgaben an, einen ‹Atmoradiografen›, der atmosphärische Störungen auffing und registrierte ...

In jener Zeit produzierten wir auch Niederfrequenztransformatoren, Drehkondensatoren und später sogar Rundfunkgeräte in kleinen Serien. 1929 schlugen wir dem Generalstab vor, ein von mir entwickeltes Gerät für die geheime Funktelegrafie zu bauen, doch zum Glück wurde der Vorschlag nicht angenommen, weil das wirklich eine entsetzliche Idee war und ständige Veränderungen in der Sendefrequenz erforderlich gemacht hätte. Die Kommission hielt es aber für angebracht, mir einen einmaligen Betrag von 5 000 Złoty für die Entwicklung des Modells und als Anreiz für die weitere Arbeit zu zahlen.

Auf der Ausstellung der Funkamateure, die 1930 in der Senatorska-Straße stattfand, präsentierte sich unsere Firma in einem recht günstigen Licht. Nach vielen Mühen und unter großen finanziellen Opfern war es uns gelungen, eine 50-Watt-Funkstation und ein dazugehöriges Empfangsgerät auszustellen, die mein Bruder sehr modern gestaltet hatte. Das Personal der

Ludomir Danilewicz   Leonard Danilewicz

Firma bestand seinerzeit aus vier Mitinhabern und zwei Lehr-
lingen. Unsere Exponate stießen auf großes Interesse; das Chiffrenbüro erteilte uns einen Auftrag für sechs Anlagen, die
Kriegsmarine bestellte zwei Geräte, die auf den Schiffen ‹Wicher› und ‹Burza› installiert werden sollten, so daß wir sie den
besonderen Bedingungen auf See anpassen mußten ... Das
Funknetz der Abteilung II unterstand dem Chiffrenbüro, das
uns die Projektierung und den Bau der kompletten Anlage mit
all den späteren Veränderungen übertrug.»* Soweit ein Erinne-
rungsbild des AVA-Mitbegründers Leonard Danilewicz.

Die AVA gehörte zu den ersten Fabriken in Polen, in denen
die Produktion auf einer wissenschaftlich begründeten Arbeits-
organisation basierte. Mit Ingenieur Stanisław Guzicki
(1894–1975) stellte die Firma 1932 einen hervorragenden Fachmann für dieses damals noch neue Arbeitsgebiet ein. Er hat
auch im gesellschaftlichen Leben Polens eine bedeutende Rolle
gespielt. Während des zweiten Weltkrieges kämpfte er als Funktionär der Polnischen Arbeiterpartei (PPR) in der Widerstandsbewegung; nach dem Kriege war er Professor am Warschauer

* Handschriftliches Manuskript; im Privatarchiv von M. Rejewski.

Polytechnikum. Außerdem ist er als Verfasser zahlreicher wissenschaftlicher Arbeiten hervorgetreten.

Als es den Mathematikern um die Jahreswende 1932/33 gelungen war, hinter das Geheimnis der Enigma zu kommen, hatte sich die AVA schon so entwickelt, daß sie in kurzer Zeit die komplizierte Maschine nachbauen konnte; vorerst einige wenige Geräte, bis Mitte 1934 aber bereits über ein Dutzend, mit deren Hilfe das BS4 den Funkverkehr des Kriegsministeriums und anderer einschlägiger Ressorts im faschistischen Deutschland mitlas.

Doch schon bald stellte sich heraus, daß durch die Kenntnis des Arbeitsprinzips der Enigma eine fortwährende Entzifferung keineswegs gesichert war.

Die polnischen Kryptologen erhielten eine neue Serie von Funksprüchen, die nach Auffassung des Peildienstes dem Funkverkehr zwischen den Stäben der Militärbezirke Königsberg und Stettin entstammten. Die bis dahin sehr zuverlässigen Methoden zum Mitlesen erwiesen sich plötzlich als wertlos. Offenbar hatte man es mit einer neuen Variante der deutschen Maschinenchiffre zu tun. Viele Wochen noch gingen Funksprüche dieser Art ein, dann aber verschwanden sie mit einemmal. Eine

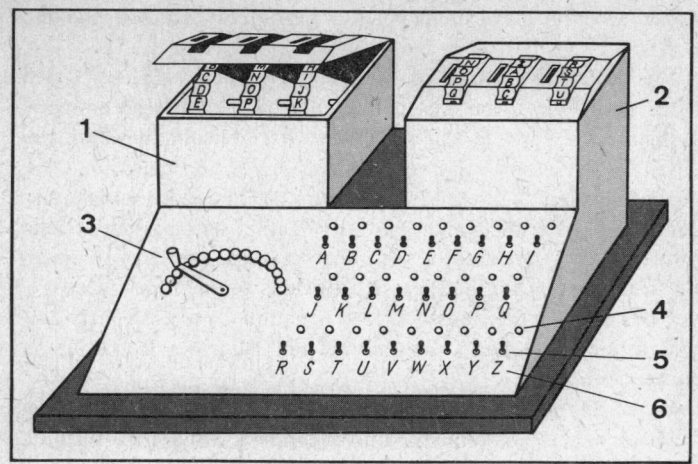

Zyklometer:

1 – Enigma-Walzen mit geschlossenem Deckel; 2 – Enigma-Walzen mit geöffnetem Deckel; 3 – Rheostat; 4 – Lampen; 5 – Schalthebel; 6 – Alphabet

weitere Enigma-Variante war aufgetaucht, der die deutschen Chi-Stellen zur Tarnung den Namen «E-Zwo» gaben. (Diesen Namen ermittelte man insbesondere durch das Mitlesen des kurzen Funkspruchs: «E-Zwo außer Betrieb».) Die Experten gelangten zu der Erkenntnis, daß die neue Enigma mit acht Chiffrierwalzen und einem automatischen Registriergerät ausgerüstet war.

Sie wurde nur in den höchsten Kommandostellen eingesetzt. Wie sich herausstellte, arbeitete die «E-Zwo» nicht zuverlässig, da der Mechanismus klemmte und komplizierte Reparaturen erforderte. Sicher war das der Grund, weshalb man sie einige Wochen darauf aus dem Verkehr zog. Dafür tauchten aber andere unbekannte Varianten auf.

Seit am 30. Januar 1933 in Deutschland die Faschisten zur Macht gekommen waren, nahm der geheime Funkverkehr rapide zu. Neben den Funkstationen der Reichswehr funkten nun auch die Sender verschiedener Stäbe der SA und der SS in den

Äther. Der SD betrieb ein eigenes Fernmeldenetz mit eigenen Chiffren.

Das Warschauer Chiffrenbüro stellte Mitte 1933 zusätzlich sechs Chiffreure zum Lesen der entschlüsselten Enigma-Meldungen ein. Es wurde Tag und Nacht, im Dreischichtsystem, gearbeitet. Trotzdem konnte der Anfall an Meldungen nicht bewältigt werden. Man mußte an eine weitere Mechanisierung denken. 1934 entwickelte Marian Rejewski das mathematische Modell einer Vorrichtung zum beschleunigten «Knacken» von Chiffren. Dabei handelte es sich um das sogenannte Zyklometer, das aus Elementen von zwei Enigma-Geräten konstruiert und mit entsprechend programmierten Blitzsignalschaltungen ausgestattet war.

Das Zyklometer verkürzte die für die Entzifferung der häufig wechselnden Tagesschlüssel und Grundstellungen der Enigma benötigte Zeit bedeutend.

Es gab noch andere Geräte, die zur Rationalisierung der Arbeiten beitrugen. So konnte mit der sogenannten Uhr, einer Erfindung von Jerzy Różycki, die Art und Weise, wie die deutschen Chiffreure die Walze rechts außen einstellten, ermittelt werden.

Ende Juni 1934 erlebten Rejewski und seine Kollegen, obwohl sie in der Regel die Meldungen nicht mehr bis zu Ende, sondern nur die «Schlüssel» und die ersten Sätze lasen, Stunden höchster Spannung. Der Anfang einer chiffrierten Meldung lautete: «An die Kommandanten der Flugplätze in ganz Deutschland».

In dieser Zeit bereitete Hitler mit Unterstützung von Himmler das Blutbad zur Vernichtung seiner Widersacher in den eigenen Reihen vor. Am 30. Juni 1934 und in den darauffolgenden Tagen kamen im Kugelhagel der SS der Stabschef der SA, Röhm, fast alle Mitglieder seines Stabes sowie Hunderte andere Angehörige der SA um. Auch oppositionelle Politiker und Militärs wurden ermordet – so der ehemalige Reichskanzler Generalmajor Kurt von Schleicher und der ehemalige Leiter der Abteilung Abwehr im Ministeramt des Reichswehrministeriums Ferdinand von Bredow.

Der Funkspruch, den die polnischen Kryptologen kurz vor

Beginn von Hitlers Mordaktionen entzifferten, endete, wie Marian Rejewski aus dem Gedächtnis zitierte, mit den Worten: «Oberführer Ernst, der Vertrauensmann des Stabschefs der SA, Röhm, ist tot oder lebendig abzuliefern.»

In jenen Tagen entdeckten die Kryptologen unter den abgefangenen Funksprüchen Texte, die man auf keine bisher bekannte Weise «knacken» konnte. Sie erinnerten an Enigma-Chiffren, doch wenn man das Zyklometer ansetzte, kam totales Kauderwelsch heraus. Nach einigen mißlungenen Versuchen wurde diese Chiffre vorläufig beiseite gelegt.

Als sich die Lage in Deutschland wieder etwas beruhigt hatte, nahm man sich die Chiffre erneut vor. Wie man herausfand, waren diese Funksprüche dem sogenannten Überschlüsselungsverfahren unterzogen, also vor der Chiffrierung codiert worden. Viele begannen jedoch mit derselben Einleitung: «Höherer SS-Führer ...». Das erleichterte die Entzifferung. Man stellte fest, daß es sich um Befehle für SS- und SD-Dienststellen von ihren Berliner Zentralen handelte; sie betrafen Verhaftungen, Bespitzelungen, Gerichtsurteile und ähnliches. Dabei wiederholten sich Namen von Städten, in denen der faschistische Terror besonders wütete. Diese Wiederholungen erleichterten es den Kryptologen ebenfalls, die Meldungen zu entschlüsseln.

Die Funksprüche des SD bezogen sich nicht nur auf innere Angelegenheiten Deutschlands. In einem Funkspruch beispielsweise war davon die Rede, daß einige hohe Beamte im Ausland – nach Auffassung des SD – nichts gegen klingende Münze hätten und sich eventuell zur Zusammenarbeit bereit erklären würden. Ein Minister eines westlichen Staates wurde sogar namentlich genannt.

Wie aber haben der polnische Generalstab und das Außenministerium diese Informationen genutzt?

Ohne hier ins Detail zu gehen, geschah dies – vorsichtig ausgedrückt– zumindest nicht in dem Umfang, wie es die historische Situation erfordert hätte. Die «Sanacja»-Regierung ignorierte die tödliche Gefahr, die Polen und anderen europäischen Ländern seit dem Machtantritt der Faschisten von Deutschland drohte. Im Gegenteil, sie unterschrieb am 26. Januar 1934 einen Nichtangriffsvertrag mit dem neuen Regime. Wie bestürzt mögen die drei jungen Kryptologen und ihre Mitstreiter gewesen sein, als sie von dem Abkommen erfuhren, das den aggressiven Kreisen in Deutschland Vorschub leistete, die ihre Forderungen nach Revision der Grenzen zeitweilig unterdrückt, aber nie aufgegeben hatten.

Eine Flut von Meldungen

Bereits in den ersten drei Jahren der Naziherrschaft wurde die Reichswehr (ab 1935 die Wehrmacht) um mehr als das Achtfache, von 100000 auf 850000 Mann, verstärkt. Luftwaffe und Panzertruppen wurden aufgebaut. Alle Verbände erhielten moderne Waffen. In fieberhaftem Tempo wurden die Führungskader, das technische Personal und Hunderttausende von Rekruten ausgebildet. Die Männer aus den sogenannten weißen Jahrgängen, die in den vergangenen Jahren nicht eingezogen worden waren, wurden nun massenhaft zu dreimonatigen Lehrgängen in die Sonderabteilungen «E» (für beschleunigte Ausbildung) einberufen.

Gleichzeitig entwickelte sich das militärische Funknetz, darunter die Zentrale und die Zweigstellen in den Militärbezirken, deren Anzahl sich auf zwölf und später auf siebzehn erhöhte. Das Heer bediente sich ebenfalls unterirdischer Kabelnetze. Die Mehrzahl der geheimen Meldungen wurde jedoch auf dem Funkwege verbreitet. Dies traf vor allem während der großen Manöver an der Grenze zur ČSR und zu Polen zu.

Der Funk war das Hauptkommunikationsmittel der Kriegsmarine und Luftwaffe. Bei der Entzifferung der Maschinencodes des Heeres, der Luftwaffe und der Kriegsmarine genügte keine einmalige theoretische Lösung. Man mußte schnell auf die vorgenommenen Änderungen reagieren. Mit der wachsenden Stärke der Reichswehr beziehungsweise Wehrmacht schwoll auch die Korrespondenz an, und im BS4 hatte man alle Hände voll zu tun. Der Weltkrieg war noch kein Thema der täglichen Gespräche. Die 1935 eingeleitete italienische Aggression gegen Äthiopien und ein Jahr später die Intervention der faschistischen Staaten in Spanien waren jedoch Anzeichen dafür, daß mit dem Schlimmsten gerechnet werden mußte. Im Herbst 1937 eröffnete Hitler seinen Generalen, daß die Zeit der Tatenlosigkeit zu Ende gehe und die Wehrmacht zu jeder Stunde bereit sein müsse, in Österreich und in die ČSR einzumarschieren.

Um die Leistungen der polnischen Kryptologen damals richtig bewerten zu können, müssen wir zumindest einen kurzen Blick auf die Entwicklung der Funkaufklärung in Deutschland werfen.

Nach der Niederlage im ersten Weltkrieg hatten sich in der Weimarer Republik die Geheimdienste erstaunlich schnell erholt, darunter auch die Funkaufklärung. Die Ermittlung fremder Chiffren oblag der Abteilung I Z des Auswärtigen Amtes. Ihr Leiter, Kurt Selchow, war bereits in der kaiserlichen Armee Geheimdienstoffizier und hatte jetzt die fähigsten Spezialisten aus dieser Zeit um sich geschart.

Im Jahre 1936 wurde die Abteilung I Z in Pers Z umbenannt. Ihr gehörten erfahrene Kryptologen wie Rudolf Schauffler und Adolf Paschke an; der Chef der Gruppe – Werner Kunze – war nicht nur promovierter Mathematiker, sondern hatte auch Philosophie und Physik studiert. 1923 war ihm die Lösung der französischen Diplomaten-Chiffre gelungen. Experte für polnische Codes und Chiffren war Regierungsrat Hermann Scherschmidt.

Der Personalbestand von I Z beziehungsweise Pers Z nahm nach dem Machtantritt der Faschisten rasch zu, von 30 Kryptologen im Jahre 1933 auf mehr als 80 im Jahre 1938. Die Zahl der Hilfskräfte betrug das Dreifache.

Auch das deutsche Heer und die Kriegsmarine bauten die Funkaufklärung und -entzifferung aus. Von der Entwicklung des B-Dienstes, der Funkaufklärung in der Kriegsmarine, war an anderer Stelle schon die Rede. Nach dem 30. Januar 1933 wurde im Zusammenhang mit der faschistischen Aufrüstungspolitik auch in den Landstreitkräften die Funkaufklärung entwickelt. Außer den schon vorhandenen festen Horchstellen entstanden Mitte 1935 sieben manövrierfähige Horchkompanien, deren Aufgaben nach mehrmonatigen Versuchen in einer geheimen Verfügung Fellgiebels vom 18. März 1936 fixiert wurden. Der faschistische Horchdienst sollte ihr zufolge die Funksysteme der Nachbarstaaten genau aufklären, um sie bei Kriegsausbruch in vollem Umfang nutzen zu können. Sechs Einheiten der Funkaufklärung – eine Horchkompanie blieb in Reserve – bekamen Horchgebiete zugewiesen, die mit I, II und III bezeichnet wurden, wobei das erste und zweite Gebiet besonders gründlich aufzuklären waren:

Einheit der Funkaufklärung	Horchgebiet	Stufe
Nr. 41	Polen, Litauen	I
	UdSSR	II
	Lettland, Estland	III
Nr. 18	Polen	I
	Tschechoslowakei	II
	UdSSR	III
Nr. 7	Tschechoslowakei	I
	Italien	II
	Frankreich, Österreich, Schweiz	III
Nr. 25	Frankreich einschließlich Besitzungen in Nordafrika	I
	Schweiz	II
	Spanien	III
Nr. 9	Frankreich (Paris)	I
	Belgien	II
	Großbritannien, Niederlande	III
Nr. 26	Frankreich, Belgien	I
	Großbritannien	II
	Niederlande	III

Die Horchkompanien sollten eng zusammenwirken und die Informationen und Beobachtungen mit sieben festen Funk-Empfangsstellen (FFE) in Königsberg, Jüterbog (großer Truppenübungsplatz), Breslau, Dresden, München, Stuttgart und Münster austauschen. In jeder FFE arbeiteten Kryptologen, die sich auf die Entschlüsselung von Codes und Chiffren fremder Staaten und ihrer Streitkräfte spezialisiert hatten. In den grenznahen Gebieten wirkten Grenzpeilstellen.

Die Aufgaben, die in Fellgiebels Verfügung befohlen wurden, waren ein Ausdruck des aggressiven Charakters der faschistischen deutschen Wehrmacht. Sie umfaßten den «gesamten Funkverkehr der festen und beweglichen Funkstationen der Land- und Luftstreitkräfte» wie auch «alle Sendungen der halbmilitärischen und militärähnlichen Organisationen» in Polen, in der UdSSR, Tschechoslowakei, in Frankreich, Belgien, Großbritannien und anderen Ländern. Überdies befahl Fellgiebel, vom 1. Juni 1936 an die Manöver fremder Armeen genau zu beobachten.

Bereits 1935 waren manövrierfähige Funkaufklärungseinheiten gebildet worden, die mit dem schon bestehenden System der FFE gekoppelt wurden. Damit entstand Jahre vor Ausbruch des zweiten Weltkrieges im faschistischen Deutschland eine offensive Funkaufklärung, die eine sofortige Umstellung auf Kriegsbedingungen ermöglichte.

Mit Bildung des Oberkommandos der Wehrmacht (OKW) im Februar 1938 gingen auch Veränderungen in der Struktur der Funkaufklärungs- und Chiffrierorgane vor sich. Die ehemalige Chi-Stelle gliederte sich jetzt in die Chi-Abteilung (dem OKW unterstellt) und in die Horchleitstelle, die dem OKH unter Generaloberst Walther von Brauchitsch unterstand. Die Luftwaffe behielt ihren eigenen Abhorchdienst bei, nur die Chiffreure kamen in die Chi-Abteilung. Die Kriegsmarine tastete ihren B-Dienst nicht an. Auf diese Weise wurde der kryptologische Dienst, der ab jetzt dem OKW unterstand, organisatorisch aus dem Abhorchdienst und beide aus der Abwehr herausgelöst.

Diese Neuerungen rührten jedoch nicht an die Grundstruktur der 1936 gebildeten und ständig verbesserten Funkaufklärungsabteilungen. Kurz vor dem Überfall auf Polen wurde lediglich die Numerierung der Einheiten verändert, damit erfolgte zugleich eine neue Aufteilung der Mittel und Kräfte. Drei Horchkompanien (3/3, 3/18 und 3/56) waren für die sogenannte Ostaufklärung, drei (3/9, 3/26 und 3/57) für die West- und eine (3/7) für die Südaufklärung vorgesehen. Für die taktische Funkaufklärung und das Abhören von Telefongesprächen wurden außerdem kurz vor Kriegsausbruch Horchzüge gebildet, die in den jeweiligen Divisionen Dienst taten.

Enigma, militärische
Variante (mit Stecker-
verbindungen)

In diesem Zusammenhang sei vermerkt, daß die Bezeichnung
«Kompanie» oder «Zug» nur formal ist, da die Einheiten sehr
spezialisiert und mit modernem Gerät ausgerüstet waren. In
Wirklichkeit waren es selbständige, nach eigenen Prinzipien
und Dienstvorschriften vorgehende Abteilungen der wissenschaftlich-technischen Aufklärung, was ihre Struktur, die Aufgaben und Mittel überzeugend beweisen. Eine Horchkompanie
bestand aus vier Zügen: einem Auswerte- und Entzifferungszug,
einem Horch-, einem Funkpeil- und einem Nachrichtenverbin-
dungszug. Der letztgenannte war für die Funk- und Kabelver-
bindungen zwischen den Gruppierungen verantwortlich. Die
Horchkompanien verfügten unter anderem über dreißig spezielle Empfangsanlagen für Lang-, Mittel- und Kurzwellen und
konnten zudem mindestens vier Funkmeßstationen entfalten.
Kurz vor dem Krieg erhielten die Horchkompanien eigene

UKW-Richtfunkgeräte, um dem Gegner das Eindringen in ihre Nachrichtenverbindungen zu erschweren.

Die Geschichte des Duells zwischen dem polnischen BS4 und dem deutschen Chi-Dienst von 1933 bis 1939 kann man in drei Etappen unterteilen.

In der ersten Etappe (1933 bis 1935) wurde auf deutscher Seite relativ wenig verändert. Die unmittelbar nach Errichtung des faschistischen Regimes verfügbaren Geräte und Methoden gewährleisteten eine kontinuierliche Entzifferung.

In der zweiten Etappe (1936 bis November 1938) löste eine Veränderung die andere ab; die Kryptologen mußten neben den technischen Hilfsmitteln vor allem ihre Fähigkeiten, ihr Wissen und ihre Erfahrungen in die Waagschale werfen, um auf dem laufenden zu bleiben.

Die dritte Etappe (Ende 1938 bis Sommer 1939) zeichnete sich durch die Umstellung auf eine neue Enigma-Generation für den Krieg aus. Der deutsche Chi-Dienst hatte weitere technische Änderungen vorgenommen und zusätzliche Schwierigkeitsstufen für den Mobilisierungsfall eingeführt.

Schon Anfang 1936 wurden sechs verschiedene Schlüssel für die Chiffriermaschinen eingeführt:

Behörden-Maschinenschlüssel

Wehrmacht-Stabs-Maschinenschlüssel

Heeres-Maschinenschlüssel

SS-Stabs-Maschinenschlüssel

SS-Frontschlüssel

Sonder-Maschinenschlüssel «A».

Am 8. Februar 1936 wurde die Verwendung des Sonderschlüssels «A» für den geheimen Funkverkehr befohlen. Das stand vermutlich mit der Vorbereitung der faschistischen Wehrmacht auf den Einmarsch ins Rheinland im Zusammenhang, das den Versailler Bestimmungen zufolge entmilitarisiert worden war. Die Besetzung des Rheinlands war der erste militärische Gewaltakt, der eine Serie von «vollendeten Tatsachen» und die territoriale Expansion des faschistischen Deutschlands einleitete.

Unter den Archivmaterialien aus jener Zeit befindet sich auch der Befehl, den Heeres-Maschinenschlüssel für Februar 1936 sofort zu verbrennen, da seine Geheimhaltung nicht mehr

Generalkommando II.Armeekorps
(Wehrkreiskommando II)

Stettin, den 1.Februar 1936.

Abt.Stonach 66./36 geh.

17 Ausfertigungen
2.Ausfertigung.

Betr.: Heeres-Maschinenschlüssel
für Monat Februar 36.

Der Heeres-Maschinenschlüssel für Monat F e b r u a r
1936 ist von untenstehenden Dienststellen sofort zu vernichten.
Die Vernichtung erfolgt lt. Funkspruch des Ob.d.H. -Jn 7-.

Heeres-Maschinenschlüssel Februar bloßgestellt.
Sofort verbrennen.

Ob.d.H. Jn 7 IV 80 geh. "

Die Festen Heeresfunkstellen (Stettin, Stargard,
Schwerin, Stolp, Dt.Krone, Neustettin) sind durch Funkspruch
um 10^{35} Uhr benachrichtigt.

Die 2.Division erhielt diesen Funkspruch fernmündlich
um 10^{37} Uhr mit dem Zusatz: Stargard und Stolp sind benachrichtigt.

Verteiler:

2.Division) nebst unterstellten
12. "   ) Dienstst.u.Truppenteilen.
Kdr.d.Nachr.Tr.II
Kdr.d. Pioniere II
Nachr.Abt. 42 , Pi Fatl.42
Kdtr. Gr.Born
Kdtr. Hammerstein
Wehrers.Jnsp. Stettin
   "   "   Schwerin
A.A. 2
Reiter-Brigade 1
R.R. 14
Ia op
Abwehrstelle
T.O.
Stonach.

Für das Generalkommando
i.Entw.gez.: J.A.
W e i n k n e c h t

Für die Richtigkeit

M a j o r (E).

12. Division
Eing. 3 - FEB ...
Nr. ...
Abl.   Übdg.

3/2.36

Befehl, den Heeres-Maschinenschlüssel für Februar 1936 sofort zu verbrennen

gewährleistet sei. Allerdings fehlen nähere Angaben darüber, ob dieses Material von fremden Geheimdiensten gestohlen worden oder verlorengegangen war. Weitere Dokumente des Chi-Dienstes zeigen, wie wachsam die Faschisten waren und selbst auf den geringsten Verdacht hin, ihre Chiffren könnten entziffert worden sein, unverzüglich reagierten. Die Vorsichtsmaßnahmen wurden strenger, je stärker es auf den Krieg zuging. Dennoch war die Überzeugung von der Unlösbarkeit der Enigma-Chiffren nicht zu erschüttern.

Auf jeden Fall hatten die Chi-Stellen ein sorgfältiges Kenngruppensystem entwickelt, das eine Wiederholung gleicher Kombinationen verhindern sollte, was aber kaum möglich war. Ab 1. Februar 1936 wurde das System der Chiffrierwalzen nicht mehr nur einmal im Vierteljahr, sondern allmonatlich und ab 1. Oktober 1936 sogar täglich gewechselt. Seitdem war die Zahl der Steckerverbindungen variabel und belief sich auf fünf bis acht (bisher konstant sechs).

1937 wurde in allen Geräten – die Wehrmacht allein verwendete schätzungsweise 20 000 – die sogenannte Umkehrwalze ausgewechselt. Man änderte auch die Methoden zur Festlegung des Tagesschlüssels. Den Chiffreuren, deren Ausbildung auf einem weitaus höheren Niveau stand als vorher, unterliefen aber auch jetzt einige Fehler, die das BS4 sofort ausnutzte. So wurden beispielsweise in den SD-Funksprüchen der Code und der Klartext gemischt. Das Wort «einwandfrei» zerlegte man in «ein» + Codegruppe «wand» + Codegruppe «frei». Obwohl dieses «Gemisch» vor dem Senden dann noch einmal die «unlösbare» Enigma durchlief, war eine solche Prozedur vom kryptologischen Standpunkt keineswegs «einwandfrei».

Im Herbst 1937 gab es im polnischen Chiffrenbüro einschneidende Veränderungen. Das BS4 wurde aus der Zentrale herausgelöst und außerhalb der Hauptstadt untergebracht. In den neuen Gebäuden nicht weit von Pyry bei Warschau, die eigens dafür eingerichtet worden waren und im Wald versteckt lagen, gab es unvergleichlich bessere Arbeitsbedingungen als in den Büros des Generalstabes. Den Kryptologen und Chiffreuren standen jetzt eigene Arbeitszimmer zur Verfügung. Die Zyklometer, einige nachgebaute Enigma-Geräte für den ständigen Einsatz und die Kartotheken wurden in gesonderten Räumen untergebracht. Kommandant des Zentrums BS4 und verantwortlich für die Arbeitsbedingungen, den äußeren Schutz und die Abschirmung vor fremden Geheimdiensten war Hauptmann K. Sobecki, der frühere Leiter der Funkaufklärungsstation in Poznań.

Die Verlegung des BS4 ergab sich nicht nur aus der Notwendigkeit, den Generalstab zu «dezentralisieren», sondern insbesondere aus Sicherheitsgründen. Der faschistische Geheimdienst setzte alles daran, unter den Hunderten Militärs und zivilen Angestellten Spionagekandidaten ausfindig zu machen. Selbst wenn die Agenten keinen Zugang zum Generalstab hatten, so konnten sie beobachten, wie die Mitarbeiter das Gebäude betraten und wieder verließen, sie konnten sie auf der Straße fotografieren und die Aufnahmen nach Berlin schicken.

Im BS4 war es daher streng verboten, mit irgend jemand, selbst mit anderen Mitarbeitern des Chiffrenbüros, über die Enigma zu sprechen, denn allein schon Gesprächsfetzen oder Kontakte der Armee zur AVA konnten das Interesse der Agenten wecken. Wenn die Geheimhaltung gewahrt worden ist, so lag das nicht etwa an der Passivität der faschistischen deutschen Abwehr, sondern an der absoluten Diskretion der Mathematiker, der vielen anderen Mitarbeiter im Chiffrenbüro wie auch all derjenigen, die bei der Herstellung der polnischen Enigma-Geräte mitwirkten. Die Verlegung des BS4 sollte Spionen die Arbeit zusätzlich erschweren.

Man kann nicht sagen, daß die BS4-Mitarbeiter von dem Umzug begeistert waren. Morgens brachte sie ein dunkelblauer Bus, der pünktlich um 7.30 Uhr vom Theaterplatz abfuhr, nach Pyry. Oft mußte nachts gearbeitet werden, und dann war es schwierig, dort hinzukommen. Es gab jedoch noch andere, rein gefühlsmäßige Gründe, warum sich die Mathematiker nur schwer von den Räumen am Sächsischen Garten trennen konnten. Dort hatten sie ihre Arbeit im BS4 begonnen, dort hatten sie den Marinecode gelöst und waren in Geheimnisse der Enigma eingedrungen. Von ihren Zimmern im nordöstlichen Flügel des Gebäudes sahen sie auf das Grab des Unbekannten Soldaten. Wenn sie ihre Arbeit an den mathematischen Formeln und Chiffren unterbrachen, konnten sie vom zweiten Stock die ausländischen Delegationen verfolgen, die Kränze mit Schleifen am Grab niederlegten. Eine besondere, wenn auch etwas boshafte Genugtuung bereitete es ihnen, die Abgesandten des «Dritten Reiches» zu beobachten. Der Gedanke, daß gerade sie, die anonymen Mitarbeiter des Generalstabes, die geheimsten Absichten dieser Deutschen zu durchschauen vermochten, gab ihnen das Gefühl einer intellektuellen und moralischen Überlegenheit. Der aufgeblasene Göring mit seinen goldenen Orden, der dämonisch grinsende Goebbels und andere faschistische Machthaber, die von 1934 bis 1938 in Warschau weilten, kamen ihnen zuweilen wie Schmierenkomödianten vor. Wenn es doch möglich wäre, mit den vorhandenen Kenntnissen über den Gegner das ungleichmäßige Kräfteverhältnis zu verändern, die unheilvollen Pläne zu durchkreuzen! Leider richtet selbst die beste Aufklärung wenig aus, wenn ihre Informationen nicht genügend genutzt werden. Die herrschenden Kreise Polens indes zogen aus dem aggressiven Kurs der deutschen Faschisten kaum Konsequenzen.

Auch Marian Rejewski, Henryk Zygalski und anderen patriotisch eingestellten Mitarbeitern des BS4 schienen die Vereinbarungen der polnischen Regierung mit Hitler-Deutschland unverständlich und gefährlich. Sie sahen nach wie vor ihre wichtigste Aufgabe darin, ihre Anstrengungen auf dem Gebiet der Landesverteidigung zu erhöhen und durch die Enträtselung der Chiffren die Kriegsvorbereitungen des faschistischen deutschen Staates in verstärktem Maße aufzuklären. Mit welchem Ergebnis dies geschah, zeigt eine Überprüfung, die der polnische Generalstab im Januar 1938 vornahm. Wie Oberst Langer berichtet, gelang es der zehnköpfigen Gruppe des BS4 damals, etwa 75 Prozent aller abgefangenen Funksprüche von Anfang bis Ende zu entziffern und mitzulesen. Ein beachtliches Ergebnis, wenn man bedenkt, daß ein Teil des Materials verstümmelt oder durch Empfangsstörungen unvollständig war.

Nach Monaten relativer Ruhe kam Ende 1937 wieder «Bewegung» in die Enigma-Netze. Die jetzt vorgenommenen Änderungen erschwerten zwar die Entzifferung, waren aber nicht so einschneidend wie kurze Zeit darauf. Trotzdem zeigten sie sehr deutlich, daß die Zentrale des deutschen Chi-Dienstes das Enigma-Schlüsselverfahren – zumindest ihrer Meinung nach – zur Perfektion führen wollte. Diesmal wurde die sogenannte Umkehrwalze ausgetauscht. (Heute weiß man, daß seinerzeit ein neuer Typ zum Einsatz gekommen ist, bezeichnet mit dem Symbol «B».) Diese Neuerung war jedoch nicht so wirksam, wie die Berliner Chi-Stelle gehofft hatte. Es gelang dem BS4 auch jetzt, die abgegebenen Funksprüche zu lesen.

Das Jahr 1938 begann mit wachsenden Spannungen und einer sich von Woche zu Woche verschärfenden Situation in Mitteleuropa. Hitler und andere führende Politiker in Deutschland, ermutigt durch das passive Verhalten der Westmächte zur Besetzung des Rheinlands, zur Vernichtung der Spanischen Republik und zur unverhohlenen Aufrüstung, leiteten die Annexion Österreichs ein.

In den ersten Monaten 1938 beobachtete der polnische Geheimdienst, daß sich die deutschen Agenten und die in Warschau akkreditierten Diplomaten verstärkt für die am Stadtrand gelegenen militärischen Objekte interessierten, unter anderem für die neue Unterkunft des BS4 in den Kabacki-Wäldern. Eines Tages wurde gemeldet, daß in der Nähe des BS4, in einer Waldlichtung, das Auto des deutschen Botschafters Hans von Moltke parke. Vielleicht war das ein Zufall, denn Botschafter beteiligen sich im allgemeinen äußerst selten an Spionageaktionen, weil sie dann Gefahr laufen, kompromittiert zu werden. Dieser Vorfall indes erhöhte die Wachsamkeit der verantwortlichen Offiziere und verschärfte die Vorsichtsmaßnahmen. Das System der Beobachtung und Signalisierung wurde modernisiert, eine neue Passierscheinordnung eingeführt, die Kontakte mit der Außenwelt weiter eingeschränkt.

Am 12. März 1938 überschritt die faschistische deutsche Wehrmacht die österreichische Grenze; am 14. März hörte Österreich auf, als souveräner Staat zu bestehen.

Es fügte sich so, daß gerade in den Tagen der Annexion Gustave Bertrand («Bolek»), der Leiter der französischen Funkaufklärung, über die Schweiz und Österreich nach Warschau reisen wollte. Sein Zug traf in Wien ein, als die Faschisten einmarschierten. Er rief seine Vorgesetzten an und schlug ihnen vor, er wolle bleiben, um die Ereignisse zu beobachten und die neuesten Informationen zu sammeln. Doch ihm wurde befohlen, unverzüglich nach Paris zurückzukehren. Die führenden französischen Politiker und Militärs hatten Österreich bereits abgeschrieben. Sie interessierten sich nicht für die erste Annexion des faschistischen Deutschlands, durch die das Kräftegleichgewicht in Europa beträchtlich ins Wanken kam.

Der Antifaschist Bertrand war jedoch hartnäckig und hielt konsequent an seinen Plänen fest, obwohl es damals schien, daß angesichts der internationalen Ereignisse und der fehlenden Unterstützung durch das französische Oberkommando alle seine Mühen umsonst wären. Da er keinen hohen Rang in der Armee bekleidete, konnte er keinen Einfluß auf die Generalität ausüben, die nicht bereit war, der Politik des «Appeasements», der sogenannten Nichteinmischungspolitik, energischen Widerstand entgegenzusetzen. Er bot alle Kräfte auf, um zumindest an seinem Platz den Faschisten die Stirn zu bieten. Eine Chance, den Gegner im Bereich der Funkaufklärung zu bekämpfen, sah er nach wie vor in einer engen Zusammenarbeit mit den polnischen Spezialisten, wie er in seinem Buch unterstreicht. Er gab sich aber nicht der trügerischen Hoffnung hin, es würde auf die Dauer gelingen, eine deutsche Aggression zu verhindern. Darin stimmte er mit seinem polnischen Partner, dem damaligen Oberstleutnant Langer, überein. In einem vom 11. April 1938 datierten Brief schrieb dieser: «Wer wird das nächste Expansionsobjekt des Reiches sein? Die Kolonien, die Tschechoslowakei oder wir? Wir sehen ja, wieviel Zündstoff sich in Europa angesammelt hat. Und jetzt ist die Explosion da.» Der Leiter des polnischen Chiffrenbüros dankte Bertrand zugleich dafür, daß er die Wiederaufnahme engerer Kontakte mit dem tschechoslowakischen Generalstab vermittelt hatte. Angesichts des nahenden Krieges mußten die technischen Daten (Signale, Wellenlängen, Sendezeiten und anderes) für eine zuverlässige Funkverbindung im Dreieck Warschau–Paris–Prag abgestimmt werden. Langer teilte in diesem Brief ferner mit, das Institut im Walde stehe bereits, was heißen sollte, daß das neue Zentrum von BS4 bei Warschau nun schon voll funktionierte. «Sie sind sehr arbeitsam», fügte er hinzu, «und Menschen, die im Schweiße ihres Angesichts arbeiten, um ihr tägliches Brot zu verdienen, sind oft Enttäuschungen ausgesetzt. Aber Ende gut, alles gut.»

Mitte Mai 1938 fuhr Bertrand nach Polen. Er kam diesmal ohne größere Schwierigkeiten an. Mehrere Tage dauerten die Konsultationen und Gespräche; kurz vor seiner Rückreise, am 27. Mai, besichtigte Bertrand den neuen Sitz des BS4. In diesem Zentrum mit der Codebezeichnung «Wicher» (Sturm) besaß man alles, wie der französische Offizier später schrieb, «von der Funkstation bis zu Büros der Kryptologen, in Betonbunkern untergebracht. Hier war das Gehirn der ganzen Organisation, wo in aller Ruhe und Konzentration Tag und Nacht pausenlos gearbeitet wurde.»*

Dies war der vorletzte Besuch Gustave Bertrands in Polen. Auf der Heimreise hielt er sich in Prag auf. Dort sprach er mit Vertretern des tschechoslowakischen Generalstabes.

Bertrands Mitarbeiter überließen alle Fragen der Enigma den Polen und befaßten sich im letzten Vorkriegsjahr mit nichtmaschinellen Chiffren, vor allem deutschen und italienischen. Sie unterschoben dem Gegner auch falsche Daten. Auf diese Weise «erhielten» die Italiener beispielsweise den französischen Marinecode B. D. G. 30 sowie den britischen Code N. T. C. 1. Die nach diesen Codes gesendeten Falschinformationen, die die italienische Marineführung als authentisch ansah, begünstigten später den Angriff britischer Torpedoflugzeuge auf den Seestützpunkt Taranto.

Zur Täuschung des Gegners kaufte der französische Geheimdienst obendrein von Agenten gefälschtes deutsches Material: ein vermeintlich authentisches Schema der Zwischenverbindungen für die Enigma, Anleitungen zum Stabs-Schlüsselverfahren, die Signaltabelle einer Handchiffre (Qu-Chi) und anderes. Er beschaffte sich auch einige italienische Chiffrierdokumente, so zum Beispiel den Cifrario X, der angeblich für die Verbindung zwischen Rom und der italienischen Gesandtschaft in Belgrad verwendet wurde.

* G. Bertrand, S. 52.

Geschwindigkeit 90

19. So entstand das weltberühmte Schloss, dem die gleichsam lebendigen Erinnerungen an den grossen König die höchste Weihe geben, das aber auch in künstlerischer Beziehung ungewöhnliche Reize besitzt. Gelegentlich kam es bei dem Bau zu Meinungsverschiedenheiten zwischen dem König und dem Architekten Knobelsdorff

20. Den handfesten Bürgern der märkischen Städte verfloss das Leben in grober, hausbackener Arbeit, nur die Prenzlauer durften ihre Marienkirche mit den prächtigen Bauten der reichen Ostseestädte vergleichen. Allein durch kriegerische Kraft und starken Ehrgeiz ragte der Staat der Brandenburger über die Nachbarstämme

Geschwindigkeit 100

P 112

1. wogps	sbkqn	6 1/4	idrag	xhauc	lmsru	ocmkl
wwzpx	asipz˙	bwklx	jexqo	qaexd	8:653	rzwlu
mbnpr	exkja	pxlwd	omkrf˟	flxvm	nokgy	rtzan
pnyfl	vbwjk	zroks	avpwu	srkbm	(345)˙	duvxp
uvscr	324-7	fjqxe	igcps	vxtne	cqdrv	rflbp
ynefo˟	klmud	tixis	mcrza	pkxen	365	iekbm
imcpl	nskto	sxgje˙	wtdkr	mwfkq	mwfkg	nurft
xvgqu	lfpxb	lfpsi	8,765	wtdkr˟		
2. ejgxs	oktns	lpcmi	mbkei	437	nexkq	azrcm
sixit	dumlk˙	rkdtw	835,6	ispfl	bxpfl	uqgvx
tfrun	gkfwm	qkfwn	rkdtw˟	ofeny	pblfr	vrdqc
entxv	xpcig	wesgf	8-734	rcsvu	pxvud˙	(533)
mbkrs	uwpva	skorz	kjwbv	lfynp	naztr	ygkon
mvxlf˟	frkmo	dwlxp	ajkxe	rpnbm	ulwzr	764:3
dxeaq	oqxej	xlkwb˙	zpisa	xpzww	lkmco	urslm
cuahx	gardi	2 3/4	nqkbs	spgow˟		

Auszug aus Lehr- und Übungsmaterial für die Ausbildung von Funkern und Enigma-Chiffreuren

In der Unterwelt der Geheimdienste war bekannt, daß es in Rotterdam eine «Börse» gab, wo für viel Geld, natürlich auf eigenes Risiko, verschiedene Codes und Chiffren aus der Diplomatie, den Land- und Seestreitkräften, den großen Industrie- und Handelskonzernen erworben werden konnten. Es handelte sich meist um fiktives oder veraltetes Material, da die Chiffren in jedem Staat streng geheimgehalten werden. Dennoch fanden solche Transaktionen immer wieder statt, und die Geheimdienste hofften, daß sich unter der wertlosen Makulatur auch etwas Authentisches finden ließe. So besuchte Bertrand – unter dem Decknamen «Victor Hugo» – bisweilen diese «Börsen».

Das Hauptziel all dieser Unternehmungen war die deutsche Maschinenchiffre Enigma, die «größte Hoffnung und höchste Idee», wie Bertrand meinte.

Nach der Besetzung Österreichs zeigte Großbritannien mehr Interesse für die Zusammenarbeit mit potentiellen Verbündeten – auch in der Funkaufklärung. Kurz nach der Annexion wurde Bertrand nach London eingeladen, wo er zum ersten Mal mit seinen britischen Kollegen sprach. Seine «Morgengabe» waren Dokumente von «Asche», die er den britischen Partnern nach und nach, als «Entgelt» für ähnliche Leistungen ihrerseits, aushändigte.

Bild 1: Tagesschlüssel

VIII. Beispiel.

17. Gültiger Tagesschlüssel:

(Ausschnitt aus der für die Verschlüsselung des Klartextes in Betracht kommenden Schlüsseltafel, z. B. »...........« Maschinenschlüssel für Monat Mai«)

Datum	Walzenlage	Ringstellung	Grundstellung
4.	I III II	16 11 13	01 12 22

Steckerverbindung	Kenngruppen-Einsatzstelle ...... Gruppe	Kenngruppen
CO DI FR HU JW LS TX	2	adq nuz opw vxz

Nach diesem Tagesschlüssel ist die Chiffriermaschine einzustellen (vgl. Ziff. 4 und 5).

Der im nachfolgenden Beispiel eingesetzte Schlüsseltext ist aus Geheimhaltungsgründen nicht mit der Chiffriermaschine getastet, sondern willkürlich gewählt worden.

Der britische kryptologische Dienst gehörte in den dreißiger Jahren noch zum Foreign Office, obwohl er auch militärische Aufgabenstellungen hatte. Die Government Code and Cipher School (GCCS), wie der Dienst offiziell hieß, war nach außen hin unter den Tarnbezeichnungen «Room 47 of the Foreign Office», «Station X» und ab Frühjahr 1939 «Bletchley Park» – seit dem Umzug vom Londoner Sitz in der Broadway 56 nach Bletchley, einer Kleinstadt etwa 80 Kilometer nordwestlich von London – bekannt.

Langjähriger Chef der GCCS war Commander Alistair Denniston, ein Berufsoffizier der Marineaufklärung, von 1914 bis 1918 Mitglied des bereits erwähnten Room 40 der Admiralität, das die deutschen Chiffren gelöst hatte. Der führende Kryptologe der GCCS, Alfred Dillwyn Knox, verfügte gleichfalls über große Erfahrungen.

Die GCCS befaßte sich seit Mitte der dreißiger Jahre eifrig mit der deutschen Maschinenchiffre, vermochte sie aber nicht zu bezwingen. Die Lösung der Armeechiffre Franco-Spaniens, die A. D. Knox – wahrscheinlich im Jahre 1938 – erzielte, war nur ein partieller Erfolg, da es sich hierbei um eine «arme Verwandte» der hochentwickelten, komplizierten Enigma handelte. Der Funkverkehr der deutschen Wehrmacht, der SS und anderer Ressorts des faschistischen deutschen Machtapparats war für die britischen Experten viele Jahre hindurch ein nicht lösbares Rätsel. Eine Ursache dafür lag darin, daß die Engländer den Wettlauf mit der Zeit verloren oder, um es sportlich auszudrücken, viel zu spät die Startlöcher verlassen hatten. Die Polen hingegen, die Methoden der mathematischen Analyse anwendeten, waren zur rechten Zeit gestartet, hatten sie sich doch schon seit langem mit den Chiffren der Reichswehr beschäftigt, wie bereits geschildert wurde.

Mitte 1938 und in den darauffolgenden, politisch zugespitzten Monaten bewegte das Enigma-Problem die Leiter der britischen GCCS immer mehr, zumal es keinen Hinweis darauf gab, daß bei einem neuen militärischen Konflikt mit Deutschland der Erfolg von Room 40 aus dem ersten Weltkrieg wiederholt werden könnte. Mit großer Zurückhaltung nahmen sie indes die Initiativen Bertrands auf, der alles daransetzte, um sie zur Kooperation mit seinem Dienst und mit den polnischen Spezialisten zu bewegen.

Unterdessen stand den Kryptologen im BS4 ein sehr schwieriges Duell mit dem deutschen Chi-Dienst bevor, der sich auf den Kriegsfall einzustellen begann.

Nach Österreich, das als souveräner Staat nicht mehr existierte und als «Ostmark» in das «Tausendjährige Reich» einverleibt wurde, richteten sich die Drohungen der deutschen Machthaber massiv gegen die Tschechoslowakei. Die Tatsache, daß sich die Westmächte so leicht mit diesem Aggressionsakt abgefunden hatten, ermunterte die Faschisten, den Weg der Gewalt fortzusetzen. Die ČSR bildete für den deutschen Imperialismus ein beachtliches Hindernis für sein Vorherrschaftsstreben in Europa. Während sich die regierenden Kreise in London und Paris – assistiert von der USA-Regierung – anschickten, das Land an Hitler-Deutschland auszuliefern, bereitete die Wehrmachtführung den Fall «Grün» – also den Aufmarschplan gegen den tschechoslowakischen Staat – vor.

In jener Zeit rechnete das BS4 damit, daß der Chi-Dienst demnächst zu kriegsähnlichen Arbeitsmethoden übergehen würde. Seit Mitte 1938 hatte der polnische militärische Geheimdienst einen Informanten im deutschen Chi-Dienst. Mitteilungen gab er im Zug an einen polnischen Offizier weiter, wenn er von Ostpreußen über Gdańsk ins Reich fuhr. Der Agent berichtete, daß bei einer Generalmobilmachung die Enigma-Chiffren geändert würden. Ob es dabei um Änderungen des Chiffriersystems oder aber der Maschinenkonstruktion ginge, wußte er nicht.

Um den Gegnern jedweden Einblick in die Kriegsvorbereitungen der Wehrmacht zu verwehren, entschloß sich die deutsche Seite zu einer rigorosen Maßnahme.

Am 15. September 1938 um 0.00 Uhr, also zwei Wochen vor der Münchener Konferenz, wurde das Chiffriersystem der zirka 20 000 Enigma-Geräte, die in den Land-, See- und Luftstreitkräften sowie in zivilen Bereichen arbeiteten, plötzlich grundlegend geändert. In dem neuen System mußte die Grundeinstellung der Enigma vor Absendung jedes Funkspruchs – nicht wie bisher nur alle 24 Stunden – verändert werden.

Czesław Betlewski

Als die polnischen Mathematiker noch am selben Tage erkannten, daß der Chi-Dienst neue Schranken errichtet hatte, waren sie recht deprimiert. Doch verwundert stellten sie bald fest, daß die Quelle nicht völlig versiegt war, daß immer noch ein kleiner Bach floß und sie folglich nach den bewährten Methoden einen geringen Teil der Funksprüche mitlesen konnten. Diese Sprüche kamen, was nicht schwer zu ermitteln war, aus einem Funknetz des SD, das nach gewohnter Art die Position des Gerätes und des Schlüssels angab. Wenngleich der SD-Funkverkehr dem polnischen Generalstab und der Regierung viele wertvolle Daten über die innenpolitische Lage in Deutschland lieferte, fehlten doch militärische Informationen, die im Herbst 1938 weitaus wichtiger gewesen wären. Es mußte also möglichst schnell ein Versuch unternommen werden, um das Mitlesen des geheimen Funkverkehrs der faschistischen deutschen Wehrmacht wieder zu gewährleisten und die laufenden Entzifferungsarbeiten weiter zu automatisieren.

Die Kryptographiebombe

Ein Jahr nach Errichtung der faschistischen Diktatur war es polnischen Wissenschaftlern gelungen, das Zyklometer zu konstruieren, ein Dechiffriergerät, das aus einer Kombination von Teilen zweier Enigma-Schlüsselmaschinen und programmierter Blitzsignalschaltungen bestand.

Nunmehr stellten die Spezialisten vom BS4 Überlegungen an, ob es nicht möglich wäre, eine Vorrichtung zu bauen, die ihnen bei den langwierigen Rechenarbeiten behilflich sein könnte. Im Verlauf von kaum einem Monat entwickelte Marian Rejewski im Oktober 1938 das theoretische Modell dafür. Es wurde den zuverlässigen Technikern von der Warschauer AVA-Fabrik unterbreitet. Die «Kryptographiebombe» – so nannte man die neue Dechiffriermaschine – hätte die Anerkennung als Erfindung verdient, doch die Anstrengungen der Kryptologen mußten zwangsläufig anonym bleiben. Jeder Erfolg war gleichzeitig ein streng gehütetes Militärgeheimnis.

Der Weg vom Projekt zur fertigen Apparatur war kurz. Aufträge des Generalstabes mußten von der AVA stets schnell und exakt ausgeführt werden. Die Firma ging auch jetzt unverzüglich an die Arbeit, und bereits Anfang November 1938 trafen die Baugruppen in Pyry ein. Dort nahmen fünf vereidigte Techniker und Feinmechaniker, unter ihnen Czesław Betlewski, die Endmontage vor. Die «Bombe» bestand aus miteinander gekoppelten Baugruppen von sechs polnischen Enigma-Geräten. Das Walzensystem arbeitete selbständig mit elektrischem Antrieb; es schuf in knapp zwei Stunden Tausende und aber Tausende verschiedene Kombinationen. Wenn die Drehscheiben zueinander in eine Position gerieten, die das gesuchte Element der Chiffre verkörperte, leuchtete ein Signallämpchen auf. Die Motoren hielten automatisch an, und der Kryptologe las die Werte an der Apparatur ab. Mit diesen «Bomben» konnte man spätestens nach zwei Stunden die wichtigsten Elemente der Chiffre ermitteln. Die Rekonstruktion der aktuellen Tagesschlüssel war dann nur noch eine Frage von Minuten.

Fast zur gleichen Zeit wie die «Bombe» wurden weitere Methoden zum Abheben des Doppelschlüssels entwickelt, denn außer dem Tagesschlüssel gab es noch einen besonderen Schlüssel für jeden Funkspruch. Die neue Methode, die auch dieses Hindernis überwand, beruhte auf der Verwendung besonderer Karten, die mit je 51 × 51 Durchbruchstellen versehen waren. Jeder Satz umfaßte 26 solcher Lochkarten. Theoretisch bestand die Methode im Ermitteln konvergenter Stellen für das gesamte vorher programmierte System. Dieses Verfahren, das von Henryk Zygalski entwickelt wurde, hatte den Vorzug, daß es unabhängig von der Zahl der Steckerverbindungen im Schaltbrett der Enigma angewendet werden konnte.

Durch den Einsatz der «Bombe» und der Lochkartensätze waren die Kryptologen wieder imstande, die Schlüssel der Wehrmachtfunksprüche zu lösen. Die Operatoren arbeiteten mit mehr als einem Dutzend Enigma-Geräten, die die Chiffren in lesbare Texte umsetzten. Manchmal indes griff man auf die erprobten und bewährten, wenngleich viel langsameren und weitaus arbeitsaufwendigeren Methoden zurück, beispielsweise auf die «Różycki-Uhr». Jedenfalls las das BS4 nunmehr wieder die Maschinenchiffren des SD mit und entzifferte Funksprüche des deutschen Heeres und der Luftwaffe, allerdings nicht im «Fließbandsystem» wie früher, sondern mit viel größerem Aufwand.

Am 15. Dezember 1938 veränderte der faschistische Chi-Dienst erneut das Enigma-System, diesmal betraf das die Baugruppen des Gerätes. Man konstruierte und benutzte zwei zusätzliche Chiffrierwalzen, so daß sich ihre Zahl von drei auf fünf erhöhte. Damit steigerten sich die Kombinationen, die ohnehin schon astronomische Zahlen erreicht hatten, ins Unermeßliche.

Diese Neuerung wie auch die vor drei Monaten (am 15. September 1938) geänderte Grundeinstellung machten die Entzifferung mit den bisherigen Methoden zunichte. Doch es gab noch die SD-Chiffre.

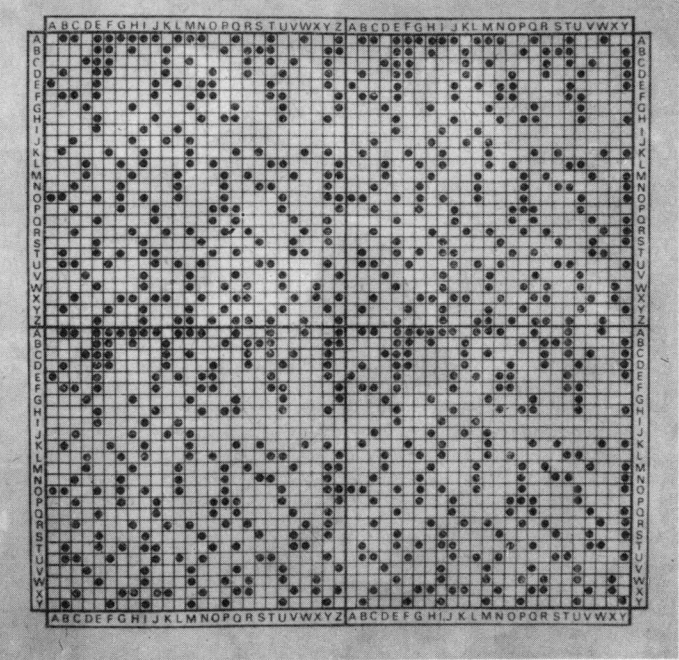

Muster der von den polnischen Kryptologen verwendeten Lochkarten

Ein Jahr zuvor, am 15. September 1937, hatten die polnischen Abhörstellen ein neues Funknetz aufgeklärt – das SD-Funknetz, das die Stationen in Deutschland und im Ausland umfaßte. Den inzwischen besser ausgebildeten SD-Chiffreuren unterliefen jetzt keine Fehler mehr wie früher. Sie wählten die Schlüsselgruppen exakt, so daß die Frequenzen nicht zu ermitteln waren. Aber die Änderung der Chiffriermethoden und der Zahl der Walzen erfolgte beim SD etwas später als bei der Wehrmacht.

Diesen Umstand machten sich die erfahrenen Kryptologen vom BS4 zunutze. Mit Hilfe mathematischer Berechnungen und anderer Verfahren reproduzierten sie verhältnismäßig schnell – von Mitte Dezember 1938 bis Anfang Januar 1939 –

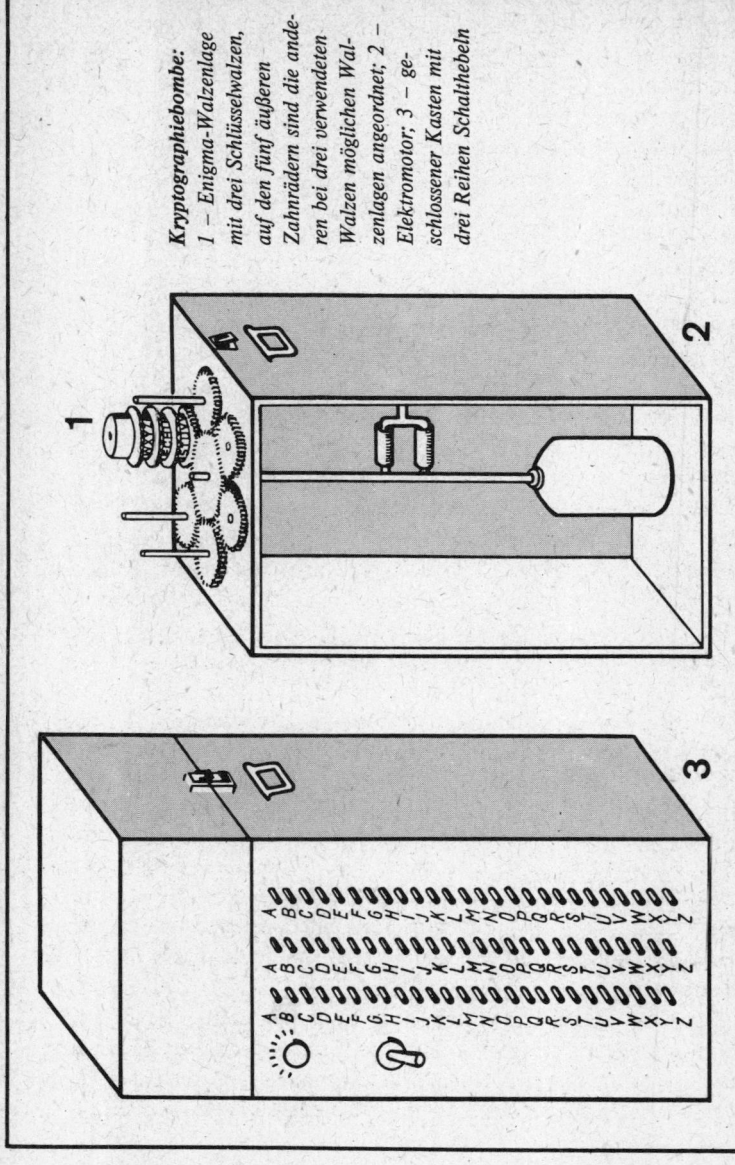

Kryptographiebombe:
1 – Enigma-Walzenlage mit drei Schlüsselwalzen, auf den fünf äußeren Zahnrädern sind die anderen bei drei verwendeten Walzen möglichen Walzenlagen angeordnet; 2 – Elektromotor; 3 – geschlossener Kasten mit drei Reihen Schalthebeln

die Zwischenverbindungen der beiden neuen Chiffrierwalzen. Damit war die SD-Maschinenchiffre für das BS4 ein offenes Geheimnis, der Funkverkehr konnte wieder mitgelesen werden. Dennoch gab es durch die Änderungen vom 15. September und 15. Dezember 1938 für unsere Experten viele Schwierigkeiten. Kurz nach Neujahr verdüsterte sich das Bild noch mehr, denn am 1. Januar 1939 änderte der Chi-Dienst, als sei er sich der Wirksamkeit der bisherigen Maßnahmen doch nicht ganz sicher, die Zahl der Steckerverbindungen im Schaltbrett, das ja schon immer viel Kopfzerbrechen bereitet hatte.

Obwohl die polnische Seite Anfang 1939 den Funkverkehr des SD mitlas und teilweise auch die Maschinenchiffren der Wehrmacht, erreichte sie den früheren Stand nicht. Für die systematische Entzifferung waren noch größere Anstrengungen und mehr Technik erforderlich. Der intellektuelle und materielle Aufwand vergrößerte sich, die Kosten stiegen zusehends. Die sechs «Bomben» reichten nicht mehr aus; man hätte mindestens sechzig benötigt, außerdem mehrere hundert Lochkartensätze und damit mehr Personal für die Programmierung. Die von Polen kontrollierten deutschen Funknetze hatten sich inzwischen so ausgeweitet, daß es notwendig wurde, die Horchstationen mit modernen Geräten und mit entsprechenden Fernschreibern für die Weitergabe der Informationen an das BS4 in Pyry auszustatten. Des weiteren erhöhte sich der Bedarf an Enigma-Geräten für die laufende Arbeit, zumal sie schnell verschlissen; überdies mußte eine bestimmte Anzahl Geräte für den Kriegsfall bereitgestellt werden. Kurz gesagt, die Funkaufklärung wurde immer komplizierter und kostspieliger. Allein die Herstellung von sechzig kryptographischen «Bomben» hätte sich schätzungsweise auf etwa 1,5 Millionen Złoty belaufen; nach dem damaligen Kurs etwa 350 000 Dollar. Dem Chiffrenbüro standen 1937/38 für den Ausbau der Funkaufklärung jedoch nur 100 000 Złoty zur Verfügung.

Der Generalstab und das Außenministerium konnten sich über Informationsmangel dennoch nicht beklagen. Auch manche militärischen Kreise in Frankreich und Grobritannien begannen, sich nach dem schändlichen Münchener Abkommen und der Zerschlagung der ČSR über den Ernst der Lage klarzu-

Der von den polnischen Kryptologen entzifferte meteorologische Code der faschistischen Luftwaffe erleichterte die Nachbildung der Enigma-Schlüssel

6. Signale für Wettermeldungen.

Standort und Flughöhe bei jeder Wettermeldung angeben.

Bei Flug unterhalb von Wolken.

Gute Sicht

		Astra
y a c	oberhalb Flugzeug wolkenlos oder einzelne Wolken	1
y a i	oberhalb Flugzeug stark bewölkt ...	2
y a m	oberhalb Flugzeug geschlossene Wolkendecke	3

Geringe Erdsicht infolge Dunstes oder Bodennebelnester

y a t	oberhalb Flugzeug wolkenlos oder einzelne Wolken	4
y a u	oberhalb Flugzeug stark bewölkt ...	5
y a x	oberhalb Flugzeug geschlossene Wolkendecke	6

10

werden. So kam im Juli 1939 auf Einladung der polnischen Seite eine Gruppe französischer und englischer Offiziere nach Warschau. Die Gruppe bestand aus Spezialisten der Funkabhör- und der Dechiffrierdienste. Der polnische Generalstab hatte bis zu jenem Zeitpunkt seinen potentiellen Verbündeten keinerlei entzifferte Originalmaterialien zugeleitet. Von Zeit zu Zeit waren lediglich synthetische Analysen über die faschistische Wehrmacht ausgetauscht worden, wobei die Methoden und konkreten Ergebnisse der Dechiffrierarbeiten geheimgehalten wurden. Bis Juli 1939 hatten Marian Rejewski und seine Kollegen noch nie mit ausländischen Kryptologen gesprochen. Erst angesichts des drohenden Kriegsausbruchs willigte der Generalstab ein, den Verbündeten die vom BS4 entwickelten Entschlüsselungsverfahren zugänglich zu machen.

Am 24. Juli 1939 wurde die französisch-britische Spezialisten-

Geringe Erdsicht infolge Niederschlag

y a y   einzelne Regen= oder Schneeschauer
         aus aufgerissener Wolkendecke

y a z   gleichmäßiger Regen= oder Schneefall
         aus geschlossener Wolkendecke

y b a   Eisregen ....

y b b   starker Regen oder Hagelschauer
         infolge lokalen Gewitters ....

**Bei Flug oberhalb von Wolken
oder zwischen zwei Wolkenschichten**

**Erdsicht durch Lücken einer aufgebrochenen
Wolkendecke**

y b h   oberhalb Flugzeug wolkenlos oder
         einzelne Wolken 11

y b L   oberhalb Flugzeug stark bewölkt ... 12

y b m   oberhalb Flugzeug geschlossene
         Wolkendecke 13

Keine Erdsicht infolge geschlossenen Bodennebels

y b n   oberhalb Flugzeug wolkenlos oder
         einzelne Wolken 14

y b o   oberhalb Flugzeug stark bewölkt   15

y b s   oberhalb Flugzeug geschlossene
         Wolkendecke 16

gruppe in das BS4-Zentrum Pyry eingeladen. Die französischen Offiziere Gustave Bertrand und Henri Braquenié sowie die Briten Commander Alistair Denniston und Hauptkryptologe Alfred D. Knox konnten sich davon überzeugen, daß ihre eigenen Dechiffrierdienste im Rückstand waren, was sie offen eingestanden. Sie baten, mit den Geräten vertraut gemacht zu werden.

Die Offiziere des französischen und britischen Chiffrierdienstes erfuhren, wie die «Bomben» und Zyklometer arbeiteten.

Später erhielten sie weitere Informationen darüber. Diese gestatteten den Generalstäben in Frankreich und Großbritannien, eigene Dechiffriergeräte zu bauen. Das wichtigste dabei war jedoch, daß die Vertreter beider Stäbe je eine nachgebaute Enigma erhalten hatten, die der Maschine entsprach, wie sie von den Kommandostellen der faschistischen Wehrmacht benutzt wurde, obwohl diese Geräte «made in Poland» waren.

Flucht ins Ungewisse

Die letzten Augusttage 1939 standen im Chiffrenbüro im Zeichen fieberhafter Arbeit. Schon seit Frühjahr lief der Funkabhördienst auf Hochtouren. In dem stillen, durch das Dickicht des Waldes von Kabacki ausgezeichnet getarnten Gebäude summten pausenlos die Aggregate der »Bomben« und klapperten die nachgebauten Enigma-Maschinen, die die Geheimchiffren des Gegners in Klartexte für die Befehlshaber verwandelten. Die polnischen Streitkräfte und das ganze Land bereiteten sich auf die Abwehr der zu erwartenden faschistischen Aggression vor. Der Umstand, daß der Generalstab im August 80 bis 90 Prozent aller faschistischen Wehrmachteinheiten im Aufmarschgebiet an Polens Westgrenze erkunden konnte, war weitgehend ein Verdienst des Dechiffrierdienstes.

Der 31. August rückte heran. SS-Sturmbannführer Naujocks, ein enger Vertrauter Heydrichs, war bereit, die Provokation zu starten, die als Vorwand zur Entfesselung des Krieges dienen sollte. Nahe der polnischen Grenze lag der «Reichssender Gleiwitz». Am Abend des 31. August 1939 drang eine Gruppe angeblich polnischer Soldaten in das Rundfunkgebäude ein. In Wirklichkeit waren es SS-Männer in polnischer Uniform. Sie sollten einen Überfall auf deutsches Gebiet vortäuschen. In der Nähe des Mikrofons gaben sie einige Schüsse ab, und es wurde ein in polnischer Sprache vorbereiteter Text verlesen. Er gipfelte in der Behauptung, nunmehr sei «die Zeit für eine Auseinandersetzung zwischen Polen und Deutschen» gekommen. Kampflärm vermischte sich mit den Worten des Ansagers.

Gegen 23.00 Uhr nahm der Sender sein Programm wieder auf. Der Sprecher erklärte mit empörter Stimme, polnisches Militär hätte versucht, den Sender in seine Gewalt zu bringen,

doch man habe den niederträchtigen Plan vereitelt. Als «Beweis», daß es sich um einen polnischen Übergriff handelte, hatte die SS am Ort des Überfalls einen deutschen KZ-Häftling, der ebenfalls in eine polnische Uniform gekleidet worden war, erschossen und liegengelassen.

Inzwischen hatten motorisierte und Panzerdivisionen der faschistischen deutschen Wehrmacht bereits die Ausgangsstellungen zum Angriff eingenommen.

Der 1. September 1939 kam, und mit ihm gingen die ersten Angriffe faschistischer Bomberverbände auf Warschau nieder. Es gab die ersten Verwundeten und Toten, Ruinen und ausgebrannte Häuser. Über den südlichen Vororten Warschaus tobten Luftkämpfe. Einer der abgeschossenen Bomber zog einen Schweif aus Qualm und Flammen hinter sich her und zerschellte im Wald, dicht beim Zentrum BS4.

Neben der berüchtigten Provokation von Gleiwitz wandte der Gegner noch andere, nicht minder heimtückische Methoden an, um die Lage zu verwirren und die polnische Verteidigung zu desorganisieren. Einen solchen Versuch unternahm in den ersten Septembertagen die Funkaufklärung der faschistischen Kriegsmarine. Am zweiten Tag des Krieges dechiffrierte man den Text eines angeblichen Befehls des polnischen Oberkommandos, wonach die Besatzung der Westerplatte bei Gdańsk unverzüglich den Kampf einstellen und sich ergeben sollte.

«Der gewünschte Erfolg blieb aus», heißt es in den Aufzeichnungen des ehemaligen Leiters der Funkaufklärung der faschistischen Kriegsmarine, Kapitän z. S. H. Bonatz*.

Doch trotz des Heldenmutes der Verteidiger dieser vorgeschobenen Stellung an der Ostsee und trotz des erbitterten Widerstandes der polnischen Divisionen im Kampf gegen die Übermacht des Gegners wurde die allgemeine Lage von Tag zu Tag schlechter. Einzig der Funkabhör- und Dechiffrierdienst arbeiteten in den ersten Septembertagen noch einigermaßen normal.

Der schmale polnische Verteidigungsgürtel zerbrach unter dem Druck der massiven Schläge der faschistischen Panzerdivisionen. Hunderte Flugzeuge mit Balkenkreuzen waren von früh bis spät im Einsatz. Sie griffen nicht nur die regulären Streitkräfte, sondern auch offene Städte und die riesigen Flüchtlingstrecks aus den westlichen Regionen des Landes an.

Am 3. September erklärten Großbritannien und Frankreich Deutschland den Krieg. Dadurch wurde der Druck der faschistischen Verbände auf Polen aber nicht im geringsten schwächer, denn die französische Armee rückte nicht von der Stelle, während sich die britischen Luftstreitkräfte auf den Abwurf von Flugblättern beschränkten.

Der polnische Generalstab begann Dienststellen zu evakuieren. Am 5. September erhielt auch das BS4 in Pyry den Befehl, einen Teil der Akten zu vernichten und sich auf die Verlegung vorzubereiten. Die Kisten mit den wichtigsten Dokumenten

---

* H. Bonatz, Die deutsche Marine-Funkaufklärung 1914–1945, Darmstadt 1970, S. 116.

und die Apparaturen wurden auf LKWs geladen und nachts zum Warschauer Ostbahnhof gebracht. Ein Sonderzug mit der Bezeichnung «Eszelon F» stand auf einem Nebengleis bereit und wartete auf das Abfahrtsignal. Das gesamte Personal des BS4 sollte zum Oberkommando gebracht werden, das inzwischen nach Brest am Bug verlegt worden war.

Marian Rejewski gelang es noch, von der Familie Abschied zu nehmen. Er wußte nicht, ob und wann er seine Frau, seinen kleinen Sohn und sein Töchterchen, das nicht einmal ein Jahr alt war, wiedersehen würde. Frau Maria Różycka entschied sich, mit ihrem vier Monate alten Kind ihren Mann zum neuen Einsatzort zu begleiten.

Wie lange würde dieser furchtbare Krieg dauern?

Der Sonderzug kam nur langsam voran, denn die Gleise waren zerstört, außerdem griffen Flugzeuge den Zug an. Erst am 10. September traf man in Brest ein. Unterdessen waren deutsche Panzerkeile weiter nach Osten vorgedrungen, so daß man Brest unverzüglich wieder verlassen mußte. Weder das Personal noch das geheime Gerät des Chiffrenbüros durften dem Gegner in die Hände fallen. Aber es war sehr schwer, LKWs aufzutreiben. Mit großer Mühe nur gelang es, den Stadtkommandanten zu überzeugen, daß die schweren grünen Kisten viel wichtiger waren als das Gepäck hochgestellter Zivilpersonen, die mit ihren Familien und dem Hauspersonal flüchteten.

Die Nachrichten von der Front wurden immer alarmierender. Da es an Treibstoff fehlte, mußten die nicht mehr einsatzfähigen LKWs zurückgelassen, Geräte und Dokumente vernichtet werden. Die Gruppe des Chiffrenbüros erhielt den Befehl, sich zusammen mit den Resten des Generalstabes nach Rumänien abzusetzen. Für die Fahrt hatte man nur noch ein einziges Auto mit halbvollem Tank. Dieses konfiszierte sogleich ein rumänischer Offizier an der Grenze. Derselbe trennte auch die Militärpersonen von den Zivilisten.

Marian Rejewski, Jerzy Różycki und Henryk Zygalski blieben zusammen. Sie nutzten das Durcheinander des Flüchtlingsstroms, um die Anordnung des Grenzoffiziers zu umgehen. Im Internierungslager hätte sie die Siguranţa, der rumänische Geheimdienst, in dem so mancher Verbindungsmann des faschistischen deutschen SD saß, ziemlich leicht entdecken können. Sie begaben sich zum Bahnhof. Dort gelang es ihnen, etwas Geld zu tauschen und Fahrkarten nach Bukarest zu lösen.

Während der Fahrt hatten sie genügend Zeit, sich ihre Lage klarzumachen. Es würde nicht viel Wasser die Donau hinabfließen, bis sich auch Rumänien unter deutscher Vorherrschaft befand – diese Schlußfolgerung drängte sich ihnen immer wieder auf. Seit Herbst 1938 orientierte sich die rumänische Regierung mehr und mehr auf Hitler-Deutschland, in dessen Weltherrschaftsplänen dieses Land eine wichtige Stelle einnahm. Zwischen dem deutschen und dem rumänischen Geheimdienst, der Siguranţa, bestanden seit langem enge Kontakte. So konnte und durfte Rumänien für die drei Polen nur eine kurze Zwischenstation sein.

Nach stundenlanger Fahrt erreichten sie den Hauptbahnhof von Bukarest. Hier spürte man nichts vom Krieg, abgesehen von verstärkten Kontrollen durch Militärpolizei.

Die drei wollten möglichst bald Verbindung zur diplomatischen Vertretung aufnehmen. Den Militärattaché, Oberstleutnant Tadeusz Zakrzewski, ausfindig zu machen war nicht schwer. Sein Büro befand sich im Botschaftsgebäude in der Nähe des Zentrums, wo in dem zweitrangigen Hotel «Transit» – nomen est omen – die drei vorübergehend untergekommen waren.

Die polnischen Stellen in Bukarest waren bemüht, den Flüchtlingen zu helfen, aus der deutschen Einflußzone zu entkommen. Die Liste der Hilfesuchenden aber war lang; selbst Generale und Ministerialbeamte mußten warten. Der Militärattaché fand dennoch Zeit, die drei Neuankömmlinge anzuhören. Schließlich hatte er zu den wenigen Offizieren gehört, die weit vor dem Kriege die Lage realistischer beurteilten als die meisten. Im Sommer 1938 hatte er sich zum Beispiel um eine engere Zusammenarbeit der militärischen Führung Polens und der ČSR bemüht. Seine Initiativen waren jedoch vom Außenministerium und vom Generalstab verworfen worden. Man befahl ihm, die Verhandlungen mit dem tschechoslowakischen Militärattaché in Bukarest abzubrechen.

Als er von den Kontakten der Funkaufklärung zu den entsprechenden französischen und britischen Stellen erfuhr, empfahl er den drei Kryptologen, sich an die Botschaften dieser Länder zu wenden. «Es ist nicht ausgeschlossen, daß zumindest eine der beiden Ihnen die Ausreise ermöglicht. Ich habe zur Zeit solche Möglichkeiten nicht», fügte er am Ende des Gesprächs bedauernd hinzu.

Nach kurzer Beratung entschlossen sich Marian Rejewski und seine Freunde, es bei der britischen Botschaft zu versuchen.

Während des Treffens in Pyry, Ende Juli 1939, hatte die britische Funkaufklärung bekanntlich großes Interesse für eine Kooperation mit den polnischen Kryptologen bekundet. Doch als sie beim britischen Botschafter vorsprachen, erwartete sie eine bittere Enttäuschung. Zwar hörte er sie an, gab jedoch keine verbindliche Antwort. Er versprach, sich mit London zu verständigen, wenn es die Zeit erlaube. Wann das sei, könne er nicht sagen.

Die Zeit aber drängte. Die Siguranţa oder der erstbeste Polizist konnte die in Bukarest umherirrenden Ausländer jederzeit festnehmen. Bestenfalls würde man sie ins Internierungslager bringen, dem sie ja vorerst entgangen waren. Also zur französischen Botschaft. Sie lag nicht weit vom Hotel «Transit».

Die Ereignisse liefen nunmehr fast blitzartig ab. Oberstleutnant Zakrzewski mußte offenbar die französische Botschaft vorab informiert haben, denn die drei konnten sogleich vorsprechen.

Im eleganten Foyer der Botschaft, die mitten im Grünen lag, fragte sie ein Beamter nach dem Zweck des Besuches. Sie erwiderten, sie wünschten einen Vertreter der französischen Armee zu sprechen.

«Bitte sagen Sie Ihrem Vorgesetzten, daß wir Bekannte von ‹Bolek› sind», setzten sie hinzu.

Der Beamte hob die Brauen und verschwand hinter einer ledergepolsterten Tür. Schon kurz darauf war er wieder da.

«Mais oui, messieurs!» wiederholte er mehrmals. «Bitte warten Sie einen Moment. Der Oberst empfängt Sie sogleich. Er muß nur ein kurzes Telefonat mit Paris führen.»

Das Gespräch mußte wirklich kurz gewesen sein, denn einige

Minuten später bereits sprachen sie mit einem französischen Oberst. Er erklärte ihnen, er habe Anweisung, ihnen unverzüglich die Ausreise nach Frankreich zu ermöglichen.

«Bolek» war kein Losungswort, sondern bekanntlich das Pseudonym von Bertrand. Seit Tagen hatte dieser schon auf eine Verbindung zum polnischen Chiffrenbüro gewartet, die nach dessen Evakuierung aus Warschau unterbrochen war. Der Oberst beauftragte den Beamten, unverzüglich die Paß- und Visaangelegenheiten zu erledigen. Die Reise sollte auf kürzestem Wege erfolgen, über Jugoslawien und Norditalien zur französischen Grenzstation Modane.

Die Reisevorbereitungen und Formalitäten nahmen knapp zwei Tage in Anspruch. Zunächst gab es Probleme mit den rumänischen Behörden, die der Ausreise zustimmen mußten. Doch der französische Beamte kannte die Verhältnisse genau. Er legte eine angemeßne Banknote zwischen die Papiere, und damit waren alle Hindernisse wie weggeblasen.

So konnten Rejewski, Różycki und Zygalski gegen Ende September die Reise antreten. Sie fuhren über Belgrad, Zagreb und Triest nach Turin.

Die italienische Polizei verhörte die drei Polen intensiv. «Sie sind jung und gesund, und da haben Sie nicht in der Armee gedient? – Wieso haben Sie so schnell ein Visum nach Frankreich bekommen? Da stimmt doch etwas nicht», bemühte sich ein Polizeibeamter, etwas aus ihnen herauszuholen. Doch da sich Italien damals noch nicht im Kriegszustand mit Frankreich befand, winkte der Polizeioffizier nach der Kontrolle des bescheidenen Gepäcks schließlich «großzügig» ab und gab ihnen widerwillig die Reisedokumente zurück.

Bis zur Grenze waren es noch knapp zwei Stunden. Rivoli, Bussoleno, Susa – lasen sie die Namen der Bahnhöfe im Alpenvorland. Die rauhe Luft des Hochgebirges war schon zu spüren. Dann kam endlich die kleine Station Bardonecchia in den Alpen; in wenigen Minuten also die Grenze. Der Zug verschwindet hier in einem kilometerlangen Tunnel unter dem Mont-Cenis-Massiv und hält dann bereits in Frankreich, am Bahnhofsgebäude der kleinen Stadt Modane. Hier war schon seit Tagen eine polnisch-französische Evakuierungsstelle tätig.

Der Bahnhof wimmelte von geflüchteten Militär- und Zivilpersonen, die auf Erledigung der Formalitäten warteten. Unter ihnen machte sich Niedergeschlagenheit breit. Die Erinnerung an den verlorenen Krieg war für sie noch frisch und die passive Haltung der Verbündeten enttäuschend.

Die Situation von Marian Rejewski und seinen beiden Kollegen war ein wenig hoffnungsvoller. Anders als noch vor einigen Tagen in Bukarest waren sie in Modane nicht mehr auf sich allein gestellt. Sie brauchten sich auch nicht nach einer Aufenthaltsgenehmigung für Frankreich anzustellen. All das erledigte ein französischer Hauptmann, der ihnen auch die Fahrkarten besorgte und sie zum Bahnsteig brachte.

Nur noch ein paar Stunden Zugfahrt – und sie hatten Paris erreicht.

Im Zentrum «Bruno»

Die ersten Tage in der französischen Metropole waren für die drei Polen ausgefüllt mit verschiedenen Formalitäten. Zunächst wohnten sie im Hotel «Viator», dann siedelten sie ins Hotel «Sèvres» um.

Währenddessen fuhr Bertrand nach Rumänien, um weitere Mitarbeiter vom BS4 aus den Internierungslagern zu holen. Bald darauf trafen Maksymilian Ciężki, Ingenieur Antoni Palluth, Edward Fokczyński, etwas später Gwido Langer und andere in Paris ein. An der Seite französischer Kollegen nahmen sie erneut den Kampf gegen das faschistische Nachrichtensystem auf. Ihre Waffe war zwar unsichtbar, in tiefes Geheimnis gehüllt, hatte aber – wie wir noch genauer ausführen werden – insbesondere für die Westalliierten einen hohen Stellenwert.

Obwohl Frankreich seinen Bündnispartner Polen im September 1939 militärisch im Stich ließ, kann man der französischen Führung zugute halten, die Rolle der Feindaufklärung richtig erkannt zu haben. Bereits Ende Oktober 1939 wurde so ein gut funktionierendes Zentrum der Funkaufklärung und Entzifferung geschaffen, als dessen Initiator vorrangig der damalige Oberstleutnant Bertrand angesehen werden kann.

Bevor wir die Tätigkeit der polnischen Spezialisten weiter verfolgen, sind ein paar Erläuterungen zum französischen Geheimdienst, dem Deuxième Bureau, angebracht. In den dreißiger Jahren war es eine zentrale staatliche Institution, die dem Regierungschef unterstand. Sie gliederte sich in zwei Hauptabteilungen: Aufklärung (Section de Recherches des Renseignements – SRR) und Abwehrdienst (Section de Centralisation des Renseignements – SCR). Die Informationen der SRR wurden in den Aufklärungsstellen des Generalstabes des Heeres sowie der Stäbe der Luftstreitkräfte und der Kriegsmarine studiert und ausgewertet. Auch die Militäraufklärung, die sich in der Regel nicht mit geheimdienstlichen Fragen, sondern ausschließlich mit dem Studium und der Beurteilung des Gegners befaßte, zählte man zum Deuxième Bureau der Land-, Luft- beziehungsweise Seestreitkräfte. Der französische Geheimdienst war also anders organisiert als der polnische, bei dem sich alle Stellen, die für die Beschaffung und Auswertung von Informationen zuständig waren, sowie der Abwehrdienst in der Abteilung II des Generalstabes konzentrierten.

Chef des französischen Geheimdienstes war in der zweiten Hälfte der dreißiger Jahre Oberst Roux, sein Vertreter Oberstleutnant Louis Rivet, der nach Kriegsausbruch das Fünfte Büro – den militärischen Geheimdienst – leitete.

In den dreißiger Jahren waren die Antispionagegesetze in Frankreich ziemlich liberal. Die Gesetzgebung wies viele Lükken auf, so daß bei Prozessen juristische «Kniffe» angewandt und auch offenkundige Naziagenten freigesprochen wurden. So beispielsweise ein Unteroffizier, der dem deutschen Geheimdienst das neueste Modell eines Maschinengewehrs und anderes mehr verkauft hatte. Die Höchststrafe für Vergehen dieser Art belief sich auf fünf Jahre Gefängnis, doch in der Regel fielen die Urteile viel milder aus. Daher konnte der faschistische deutsche Geheimdienst in Frankreich agieren, ohne viel zu riskieren; auch die französischen Informanten, die sich bestechen ließen oder aus anderen Motiven Verrat begingen, setzten dabei wenig aufs Spiel.

Die für den Geheimnisschutz der Streitkräfte verantwortlichen militärischen Einrichtungen waren zuweilen recht ratlos. Die häufigen Regierungswechsel begünstigten politische Intrigen, an denen sich höhere Offiziere beteiligten. Hauptursache war natürlich, daß die herrschenden Kreise Frankreichs die Gefahr, die vom deutschen Faschismus ausging, ignorierten, mehr noch, nicht selten tolerierten beziehungsweise unterstützten sie das Entstehen profaschistischer Gruppierungen.

Von 1937 bis 1939 verstärkte sich in der französischen Armee die Aktivität der konspirativen Organisation «Geheimes Komitee der revolutionären Aktion», auch «Cagoul» (Kapuzen) ge-

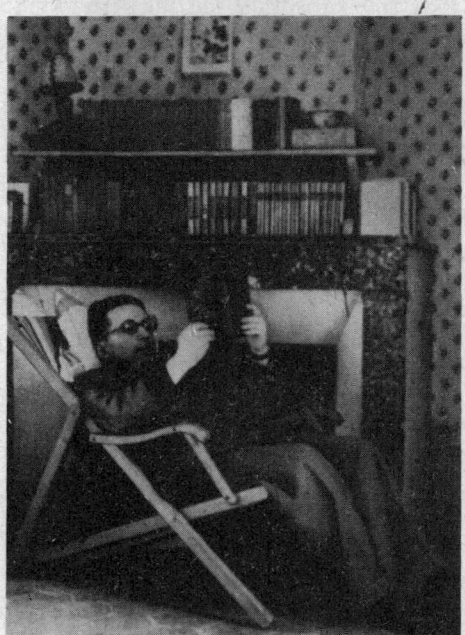

Gebäude des Zentrums «Bruno» in Gretz-Armainvillers
Marian Rejewski in seinem Arbeitszimmer im Zentrum «Bruno»

nannt. Die «Cagoularden» setzten sich das Ziel, die republikanische Ordnung zu stürzen, eine Diktatur zu errichten und Frankreich in den faschistischen Block mit Deutschland, Italien und später Spanien zu integrieren. Die «Cagoul»-Gruppen waren zahlenmäßig zwar nicht stark, aber sehr aktiv und flexibel und daher höchst gefährlich. Über ihr Wirken in der Armee wußten Premier Daladier wie auch Oberbefehlshaber Gamelin Bescheid. Schätzungsweise gehörten der geheimen «Cagoul»-Organisation etwa 1 200 Offiziere im aktiven Dienst und einige Offiziere aus dem Deuxième Bureau an.

Wie aus den Nachkriegsberichten hervorgeht, war der deutsche Geheimdienst sogar in die zentralen staatlichen Institutionen Frankreichs eingedrungen. So gelangte das Protokoll einer streng vertraulichen Sitzung des französischen Senats, der am 16. März 1939, also einen Tag nach der Okkupation des restlichen tschechoslowakischen Staatsgebietes, zusammengekommen war, sehr bald in die Hände der Nazis.

Anfang Mai 1939 bemerkte der französische Geheimdienst, daß die deutschen Agenten keine Anweisungen mehr erhielten, die Maginotlinie aufzuklären. Später stellte sich heraus, daß die deutschen Besatzer in den Archiven des tschechoslowakischen Generalstabes eine französische Dokumentation gefunden hatten, die der ČSR als Grundlage für den Bau eigener Grenzbefestigungsanlagen nach dem Modell der Maginotlinie diente!

Nach der Mobilisierung Anfang September 1939 wurde der gesamte französische Geheimdienst dem Generalstab unterstellt. Die Abteilung 5 des Generalstabes der Landstreitkräfte, wie der offizielle Name des sogenannten Fünften Büros lautete, bestand aus vier Sektionen: Verwaltung; offensive Aufklärung; Beschaffung und Auswertung von Informationen; Studien. Unter der nichtssagenden Bezeichnung der vierten Sektion verbarg sich die Funkaufklärung und Entzifferung gegnerischer Chiffren.

Für den reorganisierten Geheimdienst arbeiteten seit Oktober 1939 zwei verschiedene Systeme von Abhörstationen: ein Netz für das Abhören und Peilen fremder Funkstationen (REG), das von den zivilen Behörden übernommen worden war, und ein Netz für die Kontrolle des Funkverkehrs und die Ortung geheimer Funkstationen (RCR), das man erst nach der Mobilisierung geschaffen hatte. Der aufgezeichnete Funkverkehr aus Deutschland und die abgefangenen Chiffren der auf französischem Territorium agierenden deutschen Agenten wurden an die Entzifferungsstelle gemeldet, die Bertrand leitete. Besonders eng arbeitete er mit der polnischen Gruppe, mit den Kryptologen und anderen Spezialisten zusammen, ohne die die Lösung des Enigma-Schlüsselverfahrens nicht möglich gewesen wäre.

Die zentralen Stellen der französischen militärischen Aufklärung waren während des Krieges in Gretz-Armainvillers untergebracht, einer Kleinstadt etwa 40 Kilometer südöstlich von Paris. Die offensive Aufklärung richtete sich in der Villa «Pêreire» ein, der Funkaufklärungsdienst unter dem Decknamen «Bruno» in der großen, zweistöckigen Villa «Vignolles».

Um die Villa zog sich ein großer Park, in dem noch einige kleinere Gebäude standen. In einem davon, am anderen Ende des Geländes, wohnten sieben spanische Kryptologen, die sich mit italienischen Chiffren befaßten – Antifaschisten, die vor dem Franco-Regime geflüchtet waren und die man aus dem Internierungslager befreit hatte. Der Park mit Teich und Schleuse, mit Rasen, künstlichen Grotten und Felsen machte einen angenehmen Eindruck. In der Villa befand sich eine Art Atelier. Die Wände waren mit recht prätentiösen stilisierten Landschaften bemalt; ein Kamin vervollständigte die Ausstattung. Die Besitzer mußten sich hier wohl gefühlt haben. Jetzt aber, da das Grundstück von der Armee beschlagnahmt worden war, störten die Reste dieser fragwürdigen Idylle.

Bertrand ordnete an, alles Überflüssige zu entfernen; und bald schon verwandelte sich die Villa «Vignolles» in ein lebhaftes Funkaufklärungszentrum. Die polnische Gruppe bildete den Kern dieser Aufklärungsstelle. Außer den erwähnten Offizieren und Spezialisten aus dem Warschauer Chiffrenbüro arbeiteten hier Hauptmann Jan Graliński, Major d. R. Wiktor Michałowski, Leutnant d. R. Henryk Paszkowski, Sylwester Palluth – ein Neffe des Ingenieurs A. Palluth –, Piotr Smoleński, Bronisław Krajewski und Kazimierz Gaca. Die Polen bildeten die sogenannte Gruppe «Z», die sich – wie das BS4 in Warschau und Pyry – mit deutschen Chiffren und Codes befaßte. Für die lau-

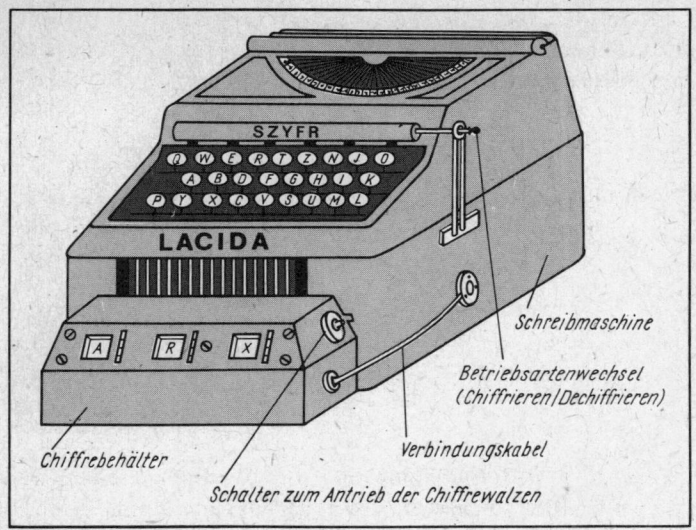

Schreibmaschine

Betriebsartenwechsel (Chiffrieren/Dechiffrieren)

Verbindungskabel

Chiffrebehälter

Schalter zum Antrieb der Chiffrewalzen

fende Entzifferung der Funksprüche wurden überdies französische Funker hinzugezogen.

Die spanischen Kryptologen erhielten den Decknamen Gruppe «D». Die Buchstaben Z oder D dienten im Zentrum «Bruno» zur Bezeichnung solcher Informationen, die an das französische Oberkommando und den Generalstab weitergeleitet wurden, wobei man jedoch nicht vermerkte, daß die Angaben aus dem Entzifferungsdienst stammten.

Nach einigen Tagen stieß zu diesem mittlerweile schon internationalen Funkaufklärungszentrum noch der Vertreter eines vierten Landes. Es war der britische Major Kenneth McFarlan, der die Rolle eines Verbindungsoffiziers zwischen dem Zentrum «Bruno» und einer ähnlichen Dienststelle in Bletchley bei London übernahm. Schon bald wurde eine direkte Fernschreibverbindung über den Ärmelkanal hergestellt.

Seit November 1939 war das Zentrum «Bruno» die Achse, um die sich das ganze System des westalliierten Funkaufklärungsdienstes mit seinen Abhörstationen, seinen mobilen und stationären Anlagen drehte. Über die Kontakte zum britischen

General Louis Rivet, Chef des französischen militärischen Geheimdienstes

Zentrum für Funkaufklärung und Entzifferung schreibt Bertrand: «Die Zusammenarbeit ... war hervorragend. Im Dezember 1939 begab ich mich nach London, um die Arbeit zu koordinieren, da verschiedene Vorhaben beim Abhören sowie der Materialaustausch die Beschaffung von Informationen beschleunigten; es ging ferner darum, wie wir die gelösten Chiffrierschlüssel austauschen sollten, über Funk oder über Fernschreiber.»*

Ebenso wichtig war der Bau einer größeren Zahl von Enigma-Maschinen nach dem polnischen Modell, da sie sich durch den Einsatz rund um die Uhr schnell verschlissen. Im Herbst 1939 bestellte Bertrand 40 Geräte bei einer Spezialfirma für Feinmechanik, die seit langem für den Geheimdienst arbeitete. Um beim Bau dieser Maschinen mögliche Fehler von vornherein auszuschließen, fertigten die polnischen Experten technische Zeichnungen aller Details im Maßstab 1:1 an. Wie seinerzeit die AVA, sollte auch die französische Firma nur Einzelteile liefern, die Montage erfolgte im Zentrum «Bruno». Diese Arbeiten führten Antoni Palluth und Edward Fokczyński aus. Jedoch verzögerte sich die Anfertigung der bestellten Teile, so daß bis Mai 1940 der «Maschinenpark» unverändert blieb. Erst nach der Niederlage Frankreichs, als die konspirative Arbeit in der soge-

* G. Bertrand, S. 76.

nannten freien Zone (Südfrankreich) fortgesetzt wurde, konnten noch vier Maschinen montiert werden.

Die entzifferten Enigma-Daten, die die Oberkommandos und Stäbe erhielten, wurden auf goldgelb schattiertem Papier gedruckt, weshalb man sie in eingeweihten Kreisen «feuillets jaunes» – gelbe Blätter – nannte. (Das Papier der Entzifferungsstelle im Außenministerium, die sich mit «manuellen» Chiffren befaßte, hatte eine grüne Färbung, das des Innenministeriums war rosa.)

Was enthielten die abgefangenen Funksprüche, die die polnische Gruppe im «Bruno» entzifferte?

Bertrand erwähnt mehr als zwanzig verschiedene Arten, mit deren Entzifferung man in der Villa «Vignolles» beschäftigt war. Im weiteren seien nur die wichtigsten genannt, die allein schon einen Eindruck vom Umfang der dechiffrierten Informationen vermitteln:

Funkbetrieb – Angaben über das Arbeitssystem der deutschen Funkstationen

Morgenmeldung

Tagesmeldung

Tagesabschlußmeldung

Abendmeldung

Aufklärungsmeldung – Meldungen deutscher Stäbe über die französischen Streitkräfte

Gliederung – Angaben über Gefechtsstärke der deutschen operativ-taktischen Verbände

Frontverlauf – vorderste deutsche Linien

Anordnungen über Gefechtsbereitschaft

Angaben über Standorte

Gefechtsbefehle

Gefechtsmeldungen

Wetterlage (für die Luftwaffe)

Flottenbefehle

Sonderunternehmen

Flak – Befehle und Meldungen der deutschen Fliegerabwehr

Nachschub – Informationen über Versorgung und Nachschub

Besonders wichtig waren Funksprüche, die das deutsche

Nachrichtensystem betrafen. Kurz vor Mitternacht wurden die Sprüche zur «Verkehrsabwicklung» abgesetzt, die alle Funkstationen eines bestimmten Netzes über die genauen Sende- und Empfangszeiten, über Wellenlängen, Erkennungssignale und ähnliches informierten. Diese Angaben waren für die nächsten 24 Stunden verbindlich.

Die französischen Abhörstationen nutzten diese Informationen und bereiteten sich dann auf den gegnerischen Funkverkehr des kommenden Tages vor.

Durch die exakte Beobachtung des deutschen Funkverkehrs und das Mitlesen der abgesetzten Sprüche drangen die Alliierten nach und nach in das gegnerische Funkverbindungssystem in Westeuropa ein und kannten somit die Dislozierung der faschistischen Stäbe, der operativ-taktischen Verbände und der Wehrmachtstellen. Eine besondere Gruppe von Funksprüchen gab Hinweise auf die Methoden zur Verschleierung des Funkverkehrs und Täuschung des Gegners.

In der Villa «Vignolles» wurde rund um die Uhr, in drei Schichten, gearbeitet. Die bis zur deutschen Grenze vorgeschobenen Abhörstationen in Metz, Strasbourg, Mulhouse und anderen Orten waren mit Fernschreibern ausgestattet und ratterten nicht enden wollende Reihen von Zahlen und Buchstaben herunter.

Die abgefangenen Funksprüche wurden im Zentrum «Bruno» in Klartext umgesetzt.

In den Nachtstunden gab es am meisten zu tun, denn die Chiffreure in den deutschen Heeresgruppen, Armeen und Divisionen veränderten jeweils den Tagesschlüssel und die Grundstellung der Enigma-Geräte. Die versierten Spezialisten Rejewski, Różycki und Zygalski lösten die Tagesschlüssel dennoch nach den bewährten Methoden von 1933 bis 1939. Sie mußten jetzt viele Funksprüche bis zu Ende lesen, da ihnen hier keine erfahrenen Chiffreure zur Seite standen. Täglich arbeiteten sie mehr als zehn Stunden.

Marian Rejewski war eine Zeitlang vom Nachtdienst befreit. Er hatte den Auftrag erhalten, eine Methode zur raschen Ausbildung neuer Mitarbeiter im Zentrum «Bruno» zu entwickeln.

Von den Geheimdiensten der Westalliierten arbeiteten die

*Leiter des Zentrums «Bruno», Oberstleutnant Gwido Langer
und Oberst Gustave Bertrand, mit dem britischen Vertreter
Kenneth McFarlan*

französischen Funkaufklärungs- und Dechiffrierstellen im Vor-
frühling 1940 am erfolgreichsten. Das war in erster Linie den
polnischen Fachleuten und Bertrands Einsatz zu verdanken.

Um die Lösung der Enigma-Schlüssel zu verbessern und zu
beschleunigen, wurden – wie schon erwähnt – auf beiden Seiten des Ärmelkanals, im Zentrum «Bruno» und in Bletchley,
Fernschreiber installiert. Wer den Tagesschlüssel zuerst gelöst
hatte, informierte sofort seinen Partner. Dieses System, das eine
Doppelarbeit ausschloß, funktionierte während der Kampfhandlungen in Norwegen im April 1940 sehr zuverlässig.

Bevor die Kämpfe in den norwegischen Fjorden und an der
zerklüfteten Küste einsetzten, hatte das polnisch-französische
Team einen äußerst «harten» Dreibuchstabencode gelöst, der

103

den Wehrmachtstäben für die Verbindung mit den Jagd- und Bombergeschwadern diente. Mit diesem Code wurden ferner meteorologische Informationen zwischen Flugzeugbesatzung und Bodenpersonal ausgetauscht.

Der undurchsichtige Dreibuchstabencode war schon im Dezember 1939 aufgetaucht, doch die überlasteten Kryptologen konnten sich nicht gleich mit ihm befassen. Als nunmehr der faschistische Angriff auf Westeuropa Realität wurde, war die Lösung des Luftwaffencodes unbedingt erforderlich.

Wiederum führte die Spur von diesem Code (das Buchstabensystem veränderte sich alle 24 Stunden), der sich jedem Versuch, ihn zu bezwingen, widersetzte, zur Enigma. Diesmal kam der erste Hinweis aus Bletchley. Dort hatte man festgestellt, daß die Vertauschung der Buchstaben im Code nicht beliebig war. Erfolgte zum Beispiel eine Veränderung von A zu P, so ersetzte man zugleich an anderen Stellen P durch A. Diese Angaben genügten den Polen im Zentrum «Bruno». Sie kannten die mathematischen Relationen zwischen den einzelnen Baugruppen der Enigma und wußten, daß auch hier das von ihnen schon 1932 entdeckte «Gegenseitigkeitsprinzip» wirkte: Der Code hatte etwas mit dem Schaltbrett, mit den Steckerverbindungen der Enigma zu tun. Man wollte zunächst nicht glauben, daß die deutschen Chiffreure so unvorsichtig sein könnten, aber sie waren es. Durch diesen Fehler – oder wohl richtiger: durch die Selbstzufriedenheit der deutschen Chi-Stellen – waren die Polen jetzt imstande, den Code zu lösen. Damit war noch ein Glied in der geheimen deutschen Nachrichtenkette gerissen – bei den zunehmenden Luftkämpfen ein nicht unwichtiges Glied.

Doch kein noch so beachtlicher Erfolg der Funkaufklärung konnte indes die kommenden Ereignisse verhindern. Bald schon rollte die faschistische Lawine auf Frankreich zu.

Angriff auf Frankreich

Am 10. Mai 1940, 5.45 Uhr, traten 136 deutsche Divisionen, darunter 10 Panzerdivisionen, zu einer Offensive an. Sie überrollten Belgien, Luxemburg und die Niederlande und erreichten bald die Grenze Frankreichs.

Schon in den ersten Tagen der Invasion war ein Großteil der fünfzehnköpfigen polnischen Mannschaft nach Paris, in die Rue Tourville 2b, verlegt worden – ein dreistöckiges Gebäude aus dem 19. Jahrhundert in der Nähe der Place des Invalides.

Bald verschlechterten sich die Meldungen von der Front, ähnlich wie während des polnischen Septembers, von Tag zu Tag. Der massive Schlag der Panzerverbände der Heeresgruppe A reichte über die Ardennen bis in die Flanke und in den Rücken der vorgeschobenen französisch-britischen Truppen. Sie wurden zum Rückzug gezwungen.

Nachdem sich die polnischen Kryptologen in der Rue Tourville eingerichtet hatten, taten sie alles, um einen normalen Arbeitsrhythmus aufrechtzuerhalten. Das war jedoch nicht einfach.

Unmittelbar vor dem 10. Mai 1940 hatte der Gegner das System für den Einsatz der Enigma-Maschinen in allen Teilstreitkräften verändert. Wie schon vor dem Überfall auf Polen, als neue Chiffrierwalzen eingeführt worden waren, modifizierte man auch Anfang Mai 1940 die Chiffriermethoden. Wenngleich die Enigma immer noch als absolut sicher galt, sollten diese Änderungen ein Mitlesen der Funksprüche von vornherein ausschließen. Nach dem Prinzip «Sicher ist sicher» wollten die Faschisten jedem Zufall zuvorkommen, schließlich ging es um die Geheimhaltung ihrer strategischen Absichten und um das Überraschungsmoment.

Diese Veränderungen stellten sich tatsächlich als wirksam heraus. In den ersten Tagen schien es völlig unmöglich, den faschistischen deutschen Befehlshabern «über die Schulter zu sehen», ihre Anordnungen und Befehle mitzulesen. Doch schon am zehnten Tag waren die polnischen Kryptologen wieder dazu in der Lage. «Eine übermenschliche Arbeit war erforderlich, ohne Unterbrechung, Tag und Nacht, um die neuen Komplikationen zu überwinden. Am 20. Mai ging es dann mit der Entzifferung wieder los», schreibt G. Bertrand.*

Die polnischen Kryptologen und Techniker arbeiteten in jenen Tagen in drei Schichten, ohne das Gebäude in der Rue Tourville zu verlassen. Die französischen Abhörstationen lieferten eine Fülle chiffrierter Befehle, Anordnungen und Meldungen der faschistischen Wehrmacht. Nach der Entzifferung wurden die Texte unverzüglich dem Alliierten Obersten Kriegsrat und den Armeestäben zugeleitet.

Je mehr die französische Front ins Wanken geriet und je weniger Informationen von dort eintrafen, desto wertvoller wurden die Unterlagen, die man wenigstens noch von der Funkaufklärung erhalten konnte.

Die Empfänger warteten auf die «gelben Blätter» bereits am Eingang zu den Räumen, wo die Dechiffrierung erfolgte. Einige übernachteten sogar in der Rue Tourville, um sie so schnell wie möglich zu erhalten.

Doch die französischen Stellungen konnten schon bald nicht mehr gehalten und die Panzer und Flugzeuge der Faschisten nicht mehr gestoppt werden. Die deutschen Panzerverbände drangen im Nordwesten an der Maginotlinie vorbei tief in Frankreich ein.

Die polnischen Kryptologen erlebten – gleich den französischen Patrioten – viele bittere Stunden in jener Zeit. Wenn sie die Informationen weitergaben, hofften sie, daß die enthüllten Absichten des Gegners durch entsprechende Gegenmaßnahmen zunichte gemacht würden. In Wirklichkeit wurden die Chancen, die die Funkaufklärung bot, von den Verantwortlichen nur in begrenztem Maße genutzt. Als Beispiel dafür mag hier die Re-

---

* G. Bertrand, S. 88 f.

Henri Braquenié (1. v. l.), Chefkryptologe im Zentrum «Bruno», und zwei seiner Mitarbeiter

aktion der französischen Führung auf die Hinweise über die Bombardierung von Paris dienen. Zum erstenmal erfuhren die Kryptologen von dem geplanten Fliegerangriff, dem sogenannten Unternehmen «Paula», am 26. Mai um 0.35 Uhr. Die nächsten chiffrierten Befehle, die den Plan des Luftangriffs auf Paris präzisierten und auch die Bombardierung anderer Ortschaften anzeigten, wurden am 29. Mai (1 Funkspruch), 30. Mai (6 Sprüche), 31. Mai (3 Meldungen) und am 1. Juni (5 Sprüche) bekannt. Die französische Seite kannte somit alle Daten für das Unternehmen «Paula»: die Einheiten der Luftwaffe, die dabei eingesetzt werden sollten, die Zahl der Bomber und Jagdflugzeuge, die für die Angriffe auf die einzelnen Objekte bestimmt waren. Trotzdem unternahm sie nichts dagegen. General Joseph Vuillemin, der Chef der französischen Luftstreitkräfte, behauptete schlankweg, es bestehe keine Möglichkeit, «die zur Verteidigung von Paris notwendigen 100 Jagdflieger bereitzustellen, ohne die Entblößung der Front zu riskieren».*

Am 3. Juni um 15.00 Uhr flogen die Heinkel und Messerschmitt mit den Balkenkreuzen den Raum Paris an. Das Echo der

* Zitiert nach: G. Bertrand, S. 95.

Detonationen war zu hören – aber es erfolgte keine Reaktion der französischen Luftstreitkräfte. Die Flugzeuge griffen außer den Renault- und Citroën-Werken auch Wohngebiete an, zerstörten viele Häuser; es gab Tote und Verwundete. All das, was Marian Rejewski und seine Kollegen mit ohnmächtiger Wut beobachteten, erinnerte sie an den September 1939.

Die Ereignisse, die zur Kapitulation und zur Bildung des Vichykabinetts führten, waren eine Folge der «Appeasement»-Politik in den Jahren 1935 bis 1939, eine Folge der Zustimmung zur Remilitarisierung des faschistischen Deutschlands, des Kompromißkurses gegenüber dem faschistischen deutschen Regime beim Münchener Abkommen sowie nicht zuletzt auch eine Folge dessen, daß man im September 1939 Polen nicht zu Hilfe geeilt war.

Nun war das unbesetzte Frankreich auf kaum zwei Fünftel des Territoriums reduziert. Die Armee von 5 Millionen Mann wurde auf 100 000 Mann begrenzt und diente lediglich der «Aufrechterhaltung der Ordnung». Über 1 Million Kriegsgefangene wurden interniert oder zur Zwangsarbeit deportiert.

Obzwar die Mehrheit der französischen Bevölkerung in Apathie verfiel, gab es zahlreiche mutige Männer und Frauen, die sofort nach der Besetzung den Kampf gegen die Okkupanten und Kollaborateure aufnahmen. Allen voran gingen die Kommunisten; sie bildeten noch im Sommer des Jahres 1940 die ersten bewaffneten Gruppen der Résistance. Patrioten aller Klassen und Schichten reihten sich in den Kampf gegen die Fremdherrschaft ein. In ganz Frankreich, sowohl im besetzten Teil als auch in der «Zone libre», entstanden Widerstandszentren. Der damals noch relativ unbekannte General de Gaulle organisierte mit britischer Unterstützung in den französischen Kolonialgebieten und in Frankreich die bürgerliche Bewegung «Freies Frankreich», später in «Kämpfendes Frankreich» umbenannt.

Als am 10. Juni 1940 der Evakuierungsbefehl für das Zentrum der Funkaufklärung eintraf, hatte der französische Generalstab nicht einmal mehr ausreichende Transportmittel. Die deutschen Truppen waren Paris bereits gefährlich nahe. Es war keine Zeit zu verlieren.

Das Zentrum «Bruno» mußte um jeden Preis davor bewahrt werden, in die Hände des Gegners zu fallen. Ohne Rücksprache mit seinen Vorgesetzten beschlagnahmte Oberst Bertrand für das Personal des Zentrums einen städtischen Autobus. Andere requirierte Fahrzeuge wurden mit Akten und Geräten beladen. Die schweren stationären Abhör- und Sendeanlagen mußten mit Trotyl an Ort und Stelle gesprengt werden.

Die Kolonne brach um Mitternacht in südlicher Richtung auf. Der neue Einsatzort war La Ferté-Saint Aubin, etwa 30 Kilometer südlich von Orléans. Die polnische Gruppe baute hier erneut die Enigma-Maschinen auf und las die durch den Äther schwirrenden Funksprüche: Befehle und Meldungen der auf die Loire vorstoßenden deutschen Korps und Verbände. Diese Meldungen zeugten bereits vom Sieg der Aggressoren.

Die Verbindung von «Bruno» zum französischen Oberkommando wurde immer seltener. Nach drei Tagen Improvisation mußten die Apparate abgebaut und ein neuer Einsatzort gewählt werden. Er befand sich in dem Städtchen Vensat im westlichen Teil der französischen Hochebene. Auch hier wurde versucht, zu einem normalen Arbeitsrhythmus zu kommen. Doch der Generalstab antwortete bereits nicht mehr. Noch einmal, am 17. Juni, konnte Kontakt hergestellt werden, nur um den Befehl zur weiteren Evakuierung in südlicher Richtung nach Agen-sur-Garonne und später nach Toulouse zu erhalten. Dort erreichte die polnische Gruppe die Nachricht von der Kapitulation Frankreichs.

Beim Waffenstillstand forderten die Faschisten die Aushändigung sämtlicher Anlagen der Funkaufklärung und Namenslisten des entsprechenden Personals. In unerhörter Hast gelang es, mit zwei Flugzeugen die ganze fünfzehnköpfige Gruppe der Polen, ferner die sieben Spanier und einen Teil des französischen Personals nach Algier auszufliegen.

«Cadix»

In Algier waren die Polen unter falschem Namen im Hotel «Touring Club» untergebracht. Sie bemühten sich, nicht aufzufallen, vermieden jegliche überflüssigen Kontakte sowohl mit der französischen als auch mit der arabischen Bevölkerung dieser Großstadt.

In Nordafrika wurde der faschistische deutsche Geheimdienst immer aktiver, so daß die Arbeit der Kryptologengruppe zunehmend schwerer wurde. Daher bereitete man sich bereits in den ersten Septembertagen 1940 auf eine baldige Rückkehr nach Europa vor.

Nach der Niederlage hatte sich nämlich in der französischen Armee, die dem reaktionären Vichyregime unterstand, eine konspirative militärische Organisation gebildet. Ihr gehörten patriotisch gesinnte Offiziere an, unter ihnen Gustave Bertrand. Sie beschlossen, in Südfrankreich eine eigene Aufklärung und Spionageabwehr aufzubauen.

Von der polnischen Exilregierung in London erhielt die Kryptologengruppe unter Oberst Langer die Genehmigung, dort mit Bertrand zusammenzuarbeiten. Die Entzifferungsergebnisse sollten nach London weitergeleitet werden.

Im September und Oktober 1940 erhielten die fünfzehn polnischen Spezialisten gefälschte Personalausweise und gelangten in Gruppen von zwei bis drei Mann auf dem Seewege in das südliche Frankreich. Marian Rejewski hieß nun Pierre Ranaud und war Lehrer an einem Gymnasium in Nantes. Henryk Zygalski hieß Sergent, Oberst Gwido Langer erhielt den Namen Charles Lange. Ingenieur Palluth hörte auf den Namen Lenoir. Sie hatten sich in Geschäftsleute, Postbeamte und Handwerker verwandelt. Da nicht alle fließend Französisch sprachen, hatte man sie mit glaubwürdigen Lebensläufen naturalisierter Ausländer ausgestattet.

Auf die gleiche Weise wurde auch das spanische und französische Personal, das im neuen Zentrum arbeiten sollte, nach Frankreich zurückgeführt.

Bereits einige Wochen zuvor hatte «Monsieur Barsac» – so der neue Deckname von Oberst Bertrand – in Südfrankreich die Räume und die technische Ausrüstung für das geheime Funkaufklärungszentrum vorbereitet, das mit den Alliierten wie auch mit der Résistance zusammenarbeiten sollte. Bertrand hatte einen geeigneten Ort finden müssen. Seine Wahl war auf die Kleinstadt Uzès gefallen. Von dort war es nicht weit nach Nîmes und dem Hafen von Marseille.

So kaufte der solide aussehende «Geschäftsmann» Barsac unter dem Vorwand, in der unruhigen Kriegszeit hier «Kapital anlegen» zu wollen, von einem Rechtsanwalt die große Villa «Les Fouzes».

Das Zentrum erhielt den Decknamen «Cadix». Da es sich unweit der Küste befand, konnte man es bei Gefahr leichter auf dem Seewege nach Algerien evakuieren.

Die Villa mußte für die neuen Aufgaben erst hergerichtet werden. Insgeheim, zumeist nachts, wurden im ersten Stock und im Dachgeschoß Kurzwellensender installiert. In den Mauern brachte man entsprechende Löcher und Nischen an. Daneben standen griffbereit Wannen mit Sand, Zementsäcke und alle erforderlichen Maurerutensilien, damit man im Notfall die Apparaturen schnell einmauern konnte.

Die polnischen Kryptologen konnten also unmittelbar nach ihrem Eintreffen in Uzès die Arbeit wieder aufnehmen.

Die faschistische Wehrmacht und die SS-Stäbe bedienten sich weiterhin des Enigma-Chiffrierverfahrens, was aufatmend quittiert wurde. Also hatte man noch immer keinen Wind davon bekommen, daß es seit Jahren dechiffriert wurde. In Uzès gab es weniger Abhörmaterial als im Zentrum «Bruno» bei Paris. Doch genügte es, um die Truppenbewegungen und den Arbeitsablauf der deutschen Dienststellen in Frankreich zu verfolgen.

Dem Zentrum «Cadix» gehörten an: die polnische Gruppe «Z» (15 Personen), die spanische Gruppe «D» (7), das französische Bedienungspersonal (7), Oberst Bertrand, seine Frau Mary, Hauptmann Honoré Louis, Bertrands Stellvertreter – insgesamt 32 Personen.

Den Kern von «Cadix» bildeten die Fachleute aus Polen und Spanien. Während sich die Spanier mit italienischen und franco-spanischen Chiffren befaßten, gehörte die Aufklärung der deutschen Streitkräfte, besonders aber die Entzifferung der Enigma, zum Aufgabengebiet der polnischen Spezialisten.

Den Kryptologen standen anfangs drei nachgebaute Enigma-Geräte zur Verfügung, die man aus Gretz-Armainvillers evakuiert hatte. In den folgenden Monaten montierte man noch vier Geräte aus den Teilen, die schon im Herbst 1939 in Auftrag gegeben worden waren. Wieder las man die Befehle und Tagesmeldungen der Wehrmacht und SS aus Nordfrankreich und Deutschland mit.

In der Villa war ein Zimmer für Oberst Bertrand reserviert, der – zuweilen mit seiner Frau – nach Uzès kam, um mit der polnischen Gruppe über die Kriegslage und die Gefahren zu sprechen, die ihnen vom faschistischen deutschen SD und Geheimdienst und von der Vichypolizei drohten. Er erteilte ihnen auch neue Aufträge und nahm die inzwischen vorliegenden Klartexte mit. Die entzifferten Funksprüche enthielten begehrte Daten über die Pläne und Absichten der Befehlshaber des deutschen Heeres, der Luftwaffe sowie – allerdings viel seltener – der Kriegsmarine.

Die Kanäle, über die solche Informationen durch Bertrands Vermittlung in die alliierten Stäbe gelangten, waren den Kryptologen nur in allgemeinen Umrissen bekannt. Die Sicherheitsbestimmungen sahen vor, daß selbst die Vertrauenspersonen aus dem «Cadix» nur das erfuhren, was sie für ihre Arbeit unbedingt brauchten. Die Offiziere, die die Funksprüche nach Großbritannien verschlüsselten, hatten keine Ahnung, was die Mathematiker im Erdgeschoß taten, denn die Türen waren den ganzen Tag verschlossen und die Doppelfenster mit einem Eisengitter geschützt.

Mit diesem Gitter hängt eine Episode am Rande zusammen. Als ein Pole auf die Idee kam, zum Andenken Aufnahmen von den vergitterten Fenstern zu machen, protestierte Oberst Bert-

Uzès und Umgebung

rand heftig. Vermutlich fühlte er sich etwas verletzt, daß die Polen «Cadix» als einen Ort der Isolation in Erinnerung behalten wollten. Vielleicht war er aber auch nur vorsichtig, denn die Gefahr, aus der Villa «Les Fouzes» in ein faschistisches Gefängnis zu kommen, war sehr groß.

Zu den technischen Fragen, die vorrangig gelöst werden mußten, gehörte der Aufbau einer zuverlässigen Funkverbindung zu den alliierten Stäben, da die verfügbaren Sender dies nicht immer gewährleisteten. Im März 1941 begab sich Bertrand deswegen nach Lissabon, wo er von Kurieren aus Großbritannien einen neuen Sender erhielt. Einige Tage später wurde er im «Cadix» installiert; seitdem funktionierte diese Verbindung ohne größere Störungen.

Die polnische Gruppe, wenngleich in organisatorischer Hinsicht der französischen Leitung des Zentrums zugehörig, stand in direkter Funkverbindung mit dem Stab des polnischen Oberbefehlshabers in London. Von ihm nahm sie die Aufträge entgegen und übermittelte die Meldungen dorthin. Allerdings kam der ständige Kontakt erst am 7. März 1941 zustande, fünf Monate nach der Einrichtung von «Cadix».

Die Funkstation leitete auch die Nachrichten zwischen der polnischen Aufklärungsstelle «Rygor» in Algier und der Zentrale in London weiter. «Rygor» oblag es, militärische und politische Informationen aus Algerien und Marokko im Zusammenhang mit der geplanten Landeoperation der Alliierten in Nordafrika zu beschaffen. Die Funksprüche verschlüsselte man mit Hilfe der polnischen Chiffriermaschine «Lacida», die die höheren Stäbe schon vor dem Kriege verwendet hatten und von der zwei Geräte noch vor dem September 1939 nach Frankreich geschickt worden waren (siehe Skizze S. 99).

Bevor wir auf den wichtigsten Aufgabenbereich im «Cadix» eingehen, auf die Entzifferung des geheimen Funkverkehrs der faschistischen deutschen Wehrmacht, des Geheimdienstes und der Polizei, wollen wir kurz das System der Erfassung von Funksprüchen erläutern, das sich gegenüber dem aus der Zeit vor Mai/Juni 1940 wesentlich unterschied. Diese Aufgabe oblag naturgemäß den Franzosen, die trotz der Beschränkungen durch die Waffenstillstandsklauseln nach wie vor über alle technischen Möglichkeiten verfügten, um den gegnerischen Funkverkehr zu verfolgen.

Im Waffenstillstandsvertrag vom 22. Juni 1940 behielten sich die deutschen Eroberer die volle Kontrolle über den geheimen Funkverkehr der Pétain-Regierung sowie ihrer militärischen und zivilen Dienststellen vor. Die militärische Aufklärung (SR) sowie die Abhör- und Funküberwachungsdienste (REG und RCR) wurden aufgelöst, das Militärpersonal demobilisiert. Man gestattete lediglich den Aufbau des Abhördienstes «Groupement des Controles Radioélectriques de l'Interieur» (GCR), der sich mit der Aufklärung von Geheimsendern der gegen Hitler-Deutschland und die Vichyregierung gerichteten Widerstandsbewegungen befassen sollte. Dieser Dienst unterstand den französischen Zivilbehörden, wurde aber von den Besatzern kontrolliert. Obwohl nur noch ein Rumpfgebilde, besaß Frankreich von 1940 bis 1942 nach wie vor ein umfangreiches Funknetz, das sich über den ganzen Erdball spannte. Das Funkzentrum Übersee (Deckname FUB) befand sich im Marineministerium; die Funkstellen Fernost waren in Shanghai (FUZ), Saigon (FUS) und auf dem Flaggschiff der französischen Marine im Pazifik (FNEO) untergebracht; die Relaisstationen für die Funkfernverbindungen lagen in Beirut.

Parallel dazu bauten die Vichybehörden einen Geheimdienst der Polizei auf, das «Bureau Menée Antinationale» (MA). Auch hier, wo überzeugte Pétain-Anhänger und Kollaborateure den Ton angaben, gelang es Angehörigen der Résistance einzudringen, unter anderen ehemaligen Mitarbeitern des militärischen Geheimdienstes. Sie spielten ein gefährliches Doppelspiel. Es gehörte schon viel Mut dazu, den Gegner zu täuschen: die deutschen Faschisten und ihre französischen Helfershelfer.

Es war für «Cadix» recht vorteilhaft, daß der GCR unter der Leitung von Capitaine Gabriel Louis Romon stand, zu dem Oberst Bertrand seit der Vorkriegszeit freundschaftliche Beziehungen unterhielt. Binnen kurzem richtete sich der GCR, offiziell dem Staatssekretariat für Nachrichtenwesen der Vichyregierung unterstellt, auf das Abhören deutscher Funkstationen ein. Er verfügte über sechs Abhörstationen und lieferte «Cadix» viel Material. Romon verstand es, diese illegale Operation geheimzuhalten, indem er alle Stellen, die sich mit den Wehrmacht- und SS-Funksprüchen befaßten, mit seinen Leuten besetzte.

G. L. Romon, ein aktives Mitglied der Résistance, Oberstleutnant und Nachrichtenchef der französischen Partisanenarmee Armée Secrète (AS) und später der FFI, der Französischen Streitkräfte des Innern, wurde im Juni 1943 von den deutschen Faschisten verhaftet. Sie warfen ihn in das Gefängnis von Vichy, brachten ihn danach nach Deutschland und ermordeten ihn am 20. August 1944 in einem schwäbischen Gefängnis während einer Massenexekution. Mit ihm wurden weitere 23 Gefangene, meist seine ehemaligen Unterstellten, getötet.

Außerdem gab es im «Cadix» vier Empfangsstationen zum Abhören deutscher Kurzwellensendungen. Zwei Stationen arbeiteten im Auslandsnetz und dienten der Verbindung mit London und Nordafrika. Die Anlagen wurden von polnischen Funkern bedient. Das Zentrum fing die Funksprüche der Agenten des deutschen Geheimdienstes und des SD in Südfrankreich auf, hörte zuweilen auch deutsche Militärsender ab, falls das notwendig schien, so beispielsweise zum Erfassen von Daten über ein neues Nachrichtennetz. Die weitere Beobachtung erfolgte durch den GCR.

Dieses gut durchdachte System zur Beschaffung gegnerischer Funksprüche funktionierte bis zum Ende des Krieges – ein Beweis dafür, wie man «sogar mit geringen Mitteln, aber mit einem Team fähiger Männer, die zu allem bereit sind, die Ziele zu erreichen vermag, die man sich zuvor gestellt hat»*.

Das Zentrum «Cadix» beschäftigte sich insbesondere mit folgendem Abhörmaterial:
– Funkverkehr der Wehrmachtstäbe und -einheiten in Frankreich und Deutschland, in anderen okkupierten Gebieten und in den Ländern, die unter starkem deutschem Einfluß standen.
– Funkverkehr der Polizei und SS in Frankreich, Österreich, in der Tschechoslowakei, in Holland, Luxemburg, Norwegen, Polen und im okkupierten Teil der UdSSR.

* G. Bertrand, S. 117.

- Funkverkehr der militärischen Geheimdienst- und SD-Agenten in Frankreich und Nordafrika mit ihren Zentralen in Deutschland.
- Funkverkehr der deutschen Waffenstillstandskommission in Wiesbaden mit ihren Stellen in Frankreich und Nordafrika sowie zwischen diesen Stellen. Insgesamt wurden 17 Linien des deutschen Funkverkehrs beobachtet, unter anderem Wiesbaden – Paris – Marseille; Wiesbaden – Toulon; Paris – Nantes; Tanger – Casablanca; Casablanca – Madrid.

Die gesamte Geheimkorrespondenz der faschistischen deutschen Wehrmacht und die Übermittlung eines großen Teils der Polizei- und SS-Funksprüche erfolgten im Enigma-Chiffrierverfahren. Die Agenten hingegen verwendeten manuelle Chiffren oder spezielle Codes.

Der wohl größte Teil der militärischen Informationen stammte aus den entzifferten Enigma-Funksprüchen. Daneben gab es noch die sogenannte Quelle K. Unter diesem Decknamen verbarg sich eine kühne Aktion der Résistance, deren Ziel es war, geheime Nachrichten über Feldkabel, insbesondere zwischen Paris und Metz sowie zwischen Paris und Strasbourg, aufzufangen. Widerstandskämpfer fertigten insgeheim Kopien der Telegramme an und leiteten sie nach Südfrankreich weiter. Im Zentrum «Cadix» wurden diese dechiffriert, den alliierten Stäben in Großbritannien zur Verfügung gestellt oder aber an Ort und Stelle genutzt, wenn sie Razzien, Verhaftungen und andere Repressalien der Faschisten betrafen.

Die Okkupanten beobachteten die Entwicklung in Südfrankreich sehr aufmerksam, jederzeit zur Intervention und zur Besetzung der «Freien Zone» bereit. Schon Ende 1940 hatte Hitler die Truppengruppierung für eine solche Operation, für das Unternehmen «Attila», bestätigt. Ende Januar 1941 wurde überdies ein Sonderplan für die operativen Einsatzgruppen vorgelegt, die sofort die wichtigsten Objekte besetzen und zusammen mit der Gestapo die Mitarbeiter der französischen und westalliierten Geheimdienste verhaften sollten.

Über den Angehörigen des Zentrums «Cadix» hing also ständig das Damoklesschwert. Sie wußten das auch, denn sie hatten entsprechende Informationen von Widerstandskämpfern erhal-

Das Hauptgebäude des Zentrums «Cadix»

ten, die illegal in Vichybehörden arbeiteten, auch in der deutschen Botschaft in Paris und in anderen Dienststellen der Besatzer.

Als nach dem Überfall der deutschen Faschisten auf die Sowjetunion am 22. Juni 1941 der Hauptkriegsschauplatz weit von Frankreich entfernt war, wurde der überwiegende Teil der faschistischen Befehlsstellen und Stäbe, die sich der Enigma bedienten, an die deutsch-sowjetische Front verlegt. Sie wurden von den Abhörgeräten des Zentrums «Cadix» nur in den Nachtstunden erreicht. Dagegen konnten die Enigma-Funksprüche aus dem ganzen Reich mühelos empfangen werden, so daß sich die Kryptologen nicht über Arbeitsmangel zu beklagen brauchten.

Die Funkstationen der SS und der Wehrmacht in Frankreich, vor allem in der französischen Hochebene, sendeten und empfingen viele Funksprüche, in denen von der Widerstandsbewegung die Rede war. Die Entzifferung ermöglichte es, gefährdete

Polnische und spanische Kryptologen im Zentrum «Cadix» (1.v.l.
M. Rejewski; 4.v.l, H. Zygalski; 2.v.r. A. Palluth; 4.v.r. J. Różycki)

Im Park des Zentrums «Cadix»; im Vordergrund Mary Bertrand

Widerstandsgruppen über angekündigte Strafexpeditionen zu informieren. Manchmal wurden sogar bestimmte Personen gewarnt, denen die Verhaftung durch die Gestapo und die Polizei Pétains drohte. Ein Teil der Funksprüche enthielt auch Informationen über die Struktur und das Personal der Naziorgane, des Geheimdienstes und der Polizei. Solche Informationen wurden unverzüglich an die Zentrale nach London weitergeleitet.

In der Villa «Les Fouzes» dechiffrierten Rejewski und seine Kollegen auch Chiffren, deren sich die Faschisten im Telegrammverkehr unter Verwendung der französischen Postkabel bedienten. Kopien der chiffrierten Telegramme wurden insgeheim von Postbeamten angefertigt, die mit der Résistance zusammenarbeiteten. Es ging dabei unter anderem um Meldungen deutscher Peil- und Abhörstationen in Südfrankreich, die Résistancesender orteten und auf Karten markierten.

In Uzès fehlte es an technischen Einrichtungen, die seinerzeit in Gretz-Armainvillers die Arbeit erleichtert hatten. Dennoch lieferten die entzifferten Funksprüche viele Informationen über den Gegner und gewährten Einblick in die Arbeitsmethoden des faschistischen Chi-Dienstes in ganz Europa. So erfuhr man beispielsweise von der sogenannten Vorpräparierung der Texte und stellte daraufhin Tabellen der vereinbarten Abkürzungen und Erkennungssignale zusammen. Mitte 1941 wußten die Kryptologen, daß die deutschen Chiffreure nur die Zahlen mit verschiedenen Ziffern chiffrierten, die Zahlen mit mehreren Nullen aber durch besondere Bezeichnungen ersetzten: Statt zwei aufeinanderfolgender Nullen benutzten sie das Wort «Centa», statt drei Nullen die Bezeichnung «Mille» und anstelle von vier Nullen das Wort «Myria». Diese Kombinationen erschwerten die Entzifferung. Ein und dieselbe Zahl, zum Beispiel 500000, konnte als «fünf centa mille», «fünf myria null», «fünf mille centa», «fünf null myria» chiffriert werden. Die Tastenfelder der Chiffriergeräte hatten keine Ziffern, sondern nur Buchstaben.

Der Gegner traf noch weitere Vorsichtsmaßnahmen. Traten irgendwelche Fehler auf, so war es nicht erlaubt, die gleiche Chiffre noch einmal zu senden. Der Text wurde «umredigiert», wobei der Inhalt unangetastet blieb – verändert wurde meist nur die Wortfolge. All das brachte dem Chi-Dienst trotzdem nicht viel ein, da das Enigma-Verfahren ja schon bis ins Detail bekannt war.

Eine bedeutsame Leistung der Kryptologen war die Lösung der Schweizer Chiffre im Herbst 1941. Dabei handelte es sich durchaus um keine bloße Routinesache, wie manchem scheinen mag. Wer ahnte denn schon, daß diese Chiffre etwas mit der Enigma zu tun hatte! Die Texte waren ja nicht nur in Deutsch, sondern auch in Französisch und teilweise in Italienisch abgefaßt. Sie wiesen einige Merkmale auf, die bisher nicht aufgetreten waren. Es bedurfte der Phantasie, um in dem Schweizer Gerät einen Ableger der Enigma zu erkennen, allerdings mit ganz anderen Zwischenverbindungen als die deutsche. Zum Lesen dieser Chiffre brauchte man außerdem den gültigen Tagesschlüssel.

Trotz großer Schwierigkeiten gelang es den polnischen Spezialisten in Uzès, mit ihren Familien Briefkontakt aufzunehmen. Das wäre ohne die Hilfe französischer Kameraden, die ihnen unverdächtige Adressen «loyaler» Personen aus Frankreich, Nordafrika oder aus der Schweiz gaben, unmöglich gewesen. Die Briefe gingen auf Umwegen nach Polen, zuweilen über viele Länder und mehrere Kontinente, so über die Türkei und Südamerika.

Die Verbindung mit den Angehörigen war zwar selten, hatte aber für die seit langem von der Außenwelt isolierten Männer eine große moralische Bedeutung. Weder das Zentrum «Bruno» bei Paris noch das konspirative «Cadix» in Südfrankreich begünstigte Kontakte dieser Art. Die Polen bedienten sich verschiedener Codes, um etwas mehr schreiben zu können als «Ich bin gesund» oder «Grüße an Tante Kazia». Doch selbst das barg große Gefahr in sich, so daß sie alles bis ins letzte durchdenken mußten. Dennoch unterliefen ihnen einige Fehler.

So erhielt beispielsweise Rejewskis Frau in Warschau Briefe aus der Schweiz mit dem Absender B. Rosner. Frau Rejewska wußte aber nicht, ob der fiktive Absender ein Mann oder eine Frau war; wäre sie verhört worden, so hätte sie nicht erklären können, wer ihr Briefpartner sei. Im Dezember 1940 bekam sie

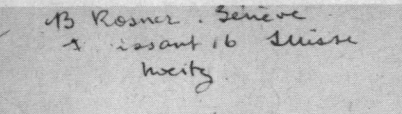

einen Brief aus den Vereinigten Staaten von einer unbekannten
Person, angeblich von einer Ordensschwester. Anstatt die Informationen geschickt weiterzugeben, legte sie in den Umschlag
eine Oblate und einen Brief von Rejewski, der an sie selbst
adressiert war und in dem er sie gebeten hatte, seiner Frau mit-
zuteilen, daß er sich in Südfrankreich aufhalte. Zum Glück
hatte sich der deutsche Zensor nicht für den Text interessiert.
Der Umschlag war übersät mit Farblinien, ein Reaktionsmittel
auf unsichtbare, sympathetische Tinte, die zuweilen für geheime Mitteilungen benutzt wurde. Selbst die Oblate war mit
der Bemerkung konfisziert worden, daß «Warenproben» nicht
erlaubt seien. Im Frühjahr 1943 traf eine Ansichtskarte aus Spanien mit Grüßen von einer Señora Maria aus Seo de Urgel ein.
Frau Rejewska hatte nie von einer solchen Frau gehört, nahm
also an, ihr Mann Marian sei nun in Spanien.

Es entspräche nicht der Wahrheit, wollte man behaupten, daß
die Beziehungen der Polen in Uzès untereinander immer har-
monisch gewesen wären. Es gab dort auch Dünkel und ge-
kränkte Eitelkeit. Die Berufsoffiziere hielten nach wie vor Di-
stanz zu anderen Mitgliedern der Gruppe, selbst zu denen, ohne
die man die Enigma überhaupt nicht enträtselt hätte. Vor der
Kapitulation Frankreichs gingen polnische Politiker und höhere
Offiziere des Ministeriums und des Generalstabes sowie aus

dem Pariser Hotel «Regina» im Zentrum von Gretz-Armainvillers aus und ein, gaben sich salbungsvoll und führten vertrauliche Gespräche mit den Vorgesetzten, die sich jedoch mit den Kryptologen nur über fachliche Fragen unterhielten.

Die Aussichtslosigkeit auf eine Rückkehr in die Heimat, das gemeinsame Erleben des Krieges und die drohenden Gefahren festigten jedoch die Gruppe. Obwohl die Militärs und die zivilen Fachleute nicht so leicht aus der Ruhe zu bringen waren, mußten sie ja ständig damit rechnen, daß eines Tages hinter den Fenstern von «Les Fouzes» deutsche oder Vichypolizei auftauchte.

Um sich nicht vom Heimweh überwältigen zu lassen, arbeiteten die Männer hart, bildeten sich weiter, lernten Sprachen und lasen französische Bücher, die Monsieur David, der unschätzbare Quartiermeister des Zentrums, beschaffte. Er besorgte auch Fahrräder, so daß die Polen kurze Ausflüge in die Umgebung von Uzès unternehmen konnten. Verboten waren Kontakte mit der französischen Bevölkerung.

Manche griffen mitunter auch zum Alkohol, aber nur ein Mitarbeiter verfiel der Trunksucht. Er wurde zu einer Entziehungskur nach Algerien geschickt. Nach seiner Genesung kam er nicht mehr ins «Cadix» zurück, sondern wurde einem anderen Dienst zugeteilt. Im allgemeinen aber lebten die Männer normal, waren sie physisch und geistig leistungsfähig.

Rejewski, Różycki und Zygalski waren meist zusammen, mieden aber auch geselliges Beisammensein in der Villa nicht. Dabei wurde oft gesungen, einige Mutige traten sogar als Solisten auf. Glanzvoller Höhepunkt des «Repertoires» von Major Ciężki, dem zweiten Offizier der Gruppe «Z» nach Oberst Langer, war die Arie des Nadir aus den «Perlenfischern». Auch Jerzy Różycki zeigte hier sein vielseitiges Talent.

Zur besonderen Attraktion für die Einsiedler gehörte die Jagd – auf Frösche; die Anregung dazu kam von den französischen Gastgebern, die sicherlich kulinarische Interessen im Auge hatten. Wie eine solche Jagd verlief, berichtete Tadeusz Suszczewski, ein Kryptologe, den man in Grenoble wiedergefunden und im Frühjahr 1942 ins Zentrum «Cadix» geholt hatte: «Wenn wir mit dem Auto oder auf Rädern auf den Wiesen ankamen, suchten wir uns einen kleinen Teich aus, wo die Frösche am lautesten quakten. Wir legten eine große rote Plane aufs Gras. Rot zieht offenbar die Frösche an, denn schon ein paar Minuten später hüpften einige von ihnen auf die Plane, es kamen immer mehr. Reichte unserer Meinung nach die hier versammelte Menge aus, so hoben wir die Plane an, schütteten die Frösche in einen Pappkarton und brachten sie nach Hause.»

Große Anziehungskraft hatte auch die subtropische Flora, der Bambus zum Beispiel, der ungeheuer schnell wuchs. Im Laufe eines Tages schnellten die Setzlinge um mehr als 20 Zentimeter hoch und hatten nach wenigen Tagen Mannshöhe erreicht.

Eine weitere «Attraktion» dieser urwüchsigen Umgebung des Rhône-Deltas, der sogenannten Garrigues, waren Moskitos und Skorpione. Nur wenn man ein Moskitonetz über das Bett spannte, konnte man schlafen. Besondere Vorsicht war gegenüber Skorpionen geboten. Ein Biß konnte tödlich sein, da der Impfstoff gegen das Skorpiongift damals nicht immer half. Am meisten quälte alle die Hitze. In festverschlossenen Räumen arbeiteten sie ohne Hemd, nur mit einer Leinenhose bekleidet.

Die Isolierung wirkte sich nachteilig auf das psychische Befinden aus. Um sich zu entspannen, begingen sie alle nur möglichen polnischen und französischen Feiertage; jeder Namens- und Gedenktag war ihnen willkommen. Dennoch schienen das Heimweh, die Sehnsucht nach der Familie und die Erschöpfung oft unerträglich. «Ich bin hier freiwillig unter einem neuen Namen eingesperrt», schrieb einer aus der Gruppe, «ich halte mich in einer fremden Umgebung auf, darf mich nicht frei bewegen. Immer die gleiche nüchterne mathematisch-linguistische Arbeit, immer dieselben Menschen von früh bis spät.» Doch sie überwanden die Depressionen und gingen mit neuer Energie wieder an die Chiffren.

Anfang 1941 wurde in Nordafrika eine Außenstelle von «Cadix» eingerichtet, die das deutsche Chiffrenmaterial von den dortigen Abhörstationen an Ort und Stelle entziffern sollte. Das trug zur Erleichterung der Arbeit des Zentrums bei, da der Transport des gefährlichen «Rohstoffs» über das Mittelmeer jetzt überflüssig geworden war. Dadurch sparte man viel Zeit, und die Kuriere brauchten sich nicht der Gefahr auszusetzen, von der Vichypolizei verhaftet zu werden.

Die neue Entzifferungsstelle befand sich in der Villa «Kouba» in einem Vorort von Algier. Der polnische Deckname der Stelle lautete «PO 1», der französische «Post Z». Hier war die Arbeit weitaus sicherer als im Zentrum «Cadix», wo die Deutschen jederzeit auftauchen konnten, wo die Mitarbeiter – wie Bertrand sagte – ständig die Frage «Qui vive?» – etwa: «Halt! Wer da?» – im Ohr hatten.

Um das Zentrum «Cadix» und sich selbst nicht zu gefährden, unternahmen die Polen nur selten längere Kurierfahrten. Eine der wenigen Reisen führte sie nach Algerien, wo sie am Aufbau der Filiale mitwirken sollten. Doch die Reise endete tragisch. Unter nicht aufgeklärten Umständen erlitt das französische Schiff «Lamoricière» am 9. Januar 1942 in der Nähe der Balearen Schiffbruch. Es ist unbekannt, ob das Schiff bei einem Sturm im Mittelmeer auf ein Felsenriff oder auf eine Mine aufgelaufen ist. Bei dieser Katastrophe kamen der Mathematiker Jerzy Różycki, Hauptmann Jan Graliński und Piotr Smoleński ums Leben. Die Vichypresse veröffentlichte nur die Namen der Überlebenden, nicht die der Opfer. Alle drei Polen waren außerdem unter falschem Namen gereist. Auch der sie begleitende französische Offizier erlitt den Tod.

Das Jahr 1942, das mit diesem tragischen Ereignis begann, kündigte aber ebenfalls in den ersten Wochen bereits einen Umschwung im Kriegsverlauf zugunsten der Antihitlerkoalition an. Durch die Niederlage vor Moskau wurde die faschistische Kriegsmaschinerie schwer erschüttert. Damals scheiterte der auf der Blitzkriegstrategie beruhende faschistische Eroberungsplan endgültig. Der Sieg der Roten Armee in der Schlacht vor Moskau hatte nachhaltige Auswirkungen auf das gesamte weitere Kriegsgeschehen und stärkte die Siegeszuversicht aller antifaschistischen Kräfte.

Die polnischen Spezialisten wirkten streng geheim über zwei Jahre in Südfrankreich, bis in die ersten Novembertage des Jahres 1942 hinein, als die faschistischen Truppen nunmehr auch die «zone libre» okkupierten.

Das konspirative Zentrum «Cadix» verschwand blitzschnell

Im Zentrum «Cadix»; v.l.n.r. Piotr Smoleński, Jerzy Różycki und Jan Graliński. Sie kamen beim Untergang der «Lamoricière» ums Leben

Bericht der französischen Presse über die Schiffskatastrophe

La terrible catastrophe
du « LAMORICIÈRE »

LE P

18 EDITIONS

DÉSEMPARÉ et faisant eau depuis jeudi soir
LE PAQUEBOT S'EST ENGLOUTI
LE VENDREDI A MIDI 40

50 passagers sur 272 et 43 hommes d'équipage
sur une centaine, ont échappé à la catastrophe

8 autres rescapés sont morts d'épuisement

Le croiseur "Jean-de-Vienne" est attendu ce matin à Marseille, avec 14 survivants

aus Uzès, und zwar schon einige Tage vor dem Einmarsch. Als in den ersten Novembertagen 1942 ein deutscher Funkspruch abgefangen und entziffert wurde, wonach ein im Raum Uzès arbeitender Geheimsender angepeilt und aushebereif sei, und als etwa zwei Kilometer vom «Cadix» entfernt Peilfahrzeuge des SD mit Drehrichtstrahlern auftauchten, begann das Personal mit der Erfüllung des frühzeitig ausgearbeiteten Alarmplans. Die Geräte wurden in vorbereitete Nischen eingemauert und die Dokumente vernichtet. In Gruppen von zwei bis drei Mann fanden die polnischen Spezialisten Unterschlupf bei Mitgliedern der Résistance, die ihnen auch halfen, in größere Städte zu kommen, wo die Gefahr ihrer Entdeckung geringer war.

In den reichlich zwei Jahren seines Bestehens – vom 1. Oktober 1940 bis zum 6. November 1942 – hatte das Zentrum «Cadix» den westalliierten Stäben zahlreiche Informationen über den Gegner geliefert, darunter viele von strategischer und operativer Bedeutung. Die entzifferte Korrespondenz der faschistischen deutschen Wehrmacht, der SS und Gestapo stammte nicht allein aus Frankreich, sondern aus nahezu allen okkupierten Ländern. Dadurch war es möglich, viele Details über die Kriegführung und über das Vorgehen der Faschisten in Deutschland und den besetzten Ländern zu erfahren.

Insgesamt entzifferten die polnischen Kryptologen in den gut zwei Jahren 4679 deutsche Funksprüche, die mit der Enigma sowie nach anderen Verfahren verschlüsselt worden waren. Die meisten davon stammten von Polizei- und SS-Stellen (3091), ihnen folgten Funksprüche der Stäbe und Einheiten der Wehrmacht (679), der deutschen Waffenstillstandskommission (391) und von faschistischen Geheimdienstagenten (518). Da fast alle Funksprüche aus zwei Teilen bestanden, die nacheinander gesendet wurden, handelte es sich im Grunde genommen um die doppelte Menge. Die meßbaren Arbeitsergebnisse der Kryptologen aus dem «Cadix» zeigten sich also in der Entzifferung von etwa 9000 geheimen Weisungen, Berichten, Befehlen und Meldungen.

Die weniger meßbaren Resultate – die Nutzung der im «Cadix» ermittelten Daten durch westalliierte Kommandostellen – lassen sich wegen des zur Zeit noch begrenzten Zugangs zu den

Kriegsarchiven der Antihitlerkoalition, besonders aber zu den britischen Archiven, weitaus schwerer bestimmen. Man kann jedoch sagen, daß die «Cadix»-Daten zusammen mit anderen Informationen den westalliierten Stäben die Möglichkeit gaben, sich ein relativ genaues Bild über die zahlenmäßige Stärke und Dislozierung der Kommandos und Stäbe sowie der operativ-taktischen Verbände der Wehrmacht, der Polizeiabteilungen und SS-Formationen in Frankreich und in anderen europäischen Ländern zu machen. Großen Wert für die Westalliierten hatten vermutlich auch die im Frühjahr 1941 dechiffrierten Funksprüche der deutschen Luftwaffe, insbesondere während der Kämpfe in Jugoslawien und Griechenland.

Die Westalliierten erhielten ferner Informationen über das Ausmaß der faschistischen Ausrottungspolitik in den okkupierten Gebieten. So konnte beispielsweise anhand des Funkverkehrs der Polizei- und SS-Kräfte ermittelt werden, daß die Faschisten im Laufe nur eines Tages – am 27. August 1941 – in der Sowjetunion 5130 Juden erschossen. Die Namen der Einheiten, die diese Verbrechen begingen, wie auch die Zahl der Opfer wurden so bekannt.

Solche Informationen sowie andere militärische Daten wurden an die Führungsstellen weitergeleitet und dort für militärische Entscheidungen und für die propagandistische Arbeit genutzt. Hierbei mußten selbstverständlich die Informationsquellen getarnt werden; die Faschisten durften, wenn sie die Rundfunksendungen der Alliierten analysierten, nicht zu dem Schluß kommen, daß das Enigma-Verfahren inzwischen gelöst worden war. Daher wurden die Informationen, bevor sie zu den Kommando- und Propagandastellen gelangten, verschiedentlich modifiziert, wobei ihr Inhalt unangetastet blieb.

Außerdem fingen die Abhörstationen des «Cadix» etwa 3000 chiffrierte Berichte von und Instruktionen für faschistische Geheimdienstagenten ab. 518 wurden vollständig entziffert. Dadurch war es möglich, Standorte von Agentensendern auszumachen und Agenten festzunehmen. Überdies erhielten die Westalliierten Einblick in die konkrete Aufgabenstellung von fünf deutschen Abwehrstellen, die in der Waffenstillstandskommission wirkten: Toulon (Observation der Kriegsschiffe und Beschaffung von Informationen über die französische Admiralität), Marseille (Gewinnung von Informationen über die Handelsflotte und über das Wirken der westalliierten und anderen Geheimdienste in Südfrankreich), Casablanca (tägliche Nachrichtenübermittlung via Madrid nach Berlin über den dortigen Schiffs- und Flugzeugverkehr), Saint-Jean-de-Luz (tägliche Berichte an die Abwehr in Paris) und Nantes (tägliche Berichte an die Pariser Abwehrstellen und meteorologische Berichte für die faschistische Luftwaffe). Die Analyse des Funkverkehrs gewährte ferner Einblick in die Tätigkeit der faschistischen Agenten in Gibraltar und an anderen Orten der spanischen Küste.

Die Informationen wurden nach London geleitet. Wir werden später die Frage zu beantworten versuchen, wie die Meldungen genutzt wurden. Zunächst beschäftigt uns das weitere Schicksal der polnischen Spezialistengruppe.

Spanisches Intermezzo

Nachdem Anfang November 1942 die «Cadix»-Mannschaft Uzès verlassen hatte, begann für sie erneut eine äußerst gefahrvolle Zeit. Die faschistischen Okkupanten entwickelten in den eroberten Ländern immer grausamere Methoden, um die Bevölkerung in die Knie zu zwingen und die Widerstandsbewegung zu unterdrücken. Obgleich die Besatzer oft blindlings vorgingen, fügten die Massenverhaftungen der französischen Résistance schwere Verluste zu. Für jeden Patrioten bestand akute Gefahr, der Gestapo in die Hände zu fallen. Von den zwölf polnischen Mitarbeitern des ehemaligen Zentrums «Cadix» konnten nur sieben den Häschern entkommen.

In Südfrankreich existierten bereits seit Herbst 1940 geheime Stellen für die Evakuierung polnischer Soldaten nach Großbritannien. Eine davon – in Marseille – organisierte die Flucht auf dem Seeweg. An verschiedenen Küstenorten wurden die Polen in kleinen Gruppen auf Fischkutter geschmuggelt und nach Gibraltar gebracht oder auf hoher See britischen Kriegsschiffen übergeben. Auf diese Weise evakuierte man vor allem Soldaten verschiedener Spezialeinheiten.

Einige Flüchtlinge wollten sich nach Spanien durchschlagen und von dort aus ins Nachbarland Portugal, von wo aus es ihnen leichter schien, auf Handels- oder Kriegsschiffe der Alliierten zu gelangen.

Außer den Evakuierungsstellen der Résistance gab es aber auch private Organisationen, die an den Gefährdeten lediglich verdienen wollten. So beispielsweise die «Coco-La-Boule» in Marseille. Sie beauftragte Gendarmen, die mit diesem Unternehmen zusammenarbeiteten, an der Grenze bestimmte Personen zum Schein festzunehmen. Die mit Handschellen Gefesselten wurden an die portugiesische Grenze gebracht und von den dortigen Behörden als politische Flüchtlinge übernommen.

Obwohl dieser Weg sehr teuer war – 10 000 Francs je Flüchtling –, wandten sich allmonatlich etwa 20 Personen an diese Stelle.

Die meisten geheimen Evakuierungsstellen organisierten die Flucht auf dem Landwege, über die französisch-spanische Grenze in den Pyrenäen. Man wählte einsame, wilde Pfade durchs Gebirge. Es kam vor, daß die «Helfer» zuerst Geld von den Flüchtlingen nahmen und sie dann gegen hohe Belohnung den deutschen Besatzern übergaben. In einigen Orten richtete die Gestapo Hotels ein, die als Falle dienten. Die französische Widerstandsbewegung warnte vor solchen Praktiken. Sie registrierte die Namen und Adressen solcher Kollaborateure und Betrüger, die auf Flüchtlinge Jagd machten, und verurteilte einige von ihnen zum Tode. Viele mußten sich nach dem Kriege für ihre Untaten verantworten.

Mit alledem mußten auch die polnischen Experten rechnen, als sie Uzès verließen und sich auf die Evakuierung vorbereiteten.

Bertrand hatte Rejewski und Zygalski in die italienische Besatzungszone Frankreichs bringen lassen, wo die Gefahr der Verhaftung geringer schien. Sie mußten indes schon bald von dort fliehen, weil sich die italienische Polizei für die «Franzosen», die einen so merkwürdigen Dialekt sprachen, zu interessieren begann. Das Katz- und Mausspiel zog sich wochenlang hin, wobei die Gestapoagenten in Südfrankreich schon allgegenwärtig waren.

Die Methoden des Untertauchens waren vielfältig. Ingenieur Palluth und sein Neffe Sylwester, beide aus Poznań gebürtig, aber mit einem ungarisch klingenden Namen, konnten ohne weiteres für Ungarn gehalten werden. Ungarn war seinerzeit mit Deutschland verbündet. Dagegen fiel der stämmige, fast zwei Meter große Ingenieur Suszczewski unter den kleinwüchsigen Südfranzosen auf. Diese Sorge hatte Pierre Ranaud alias Marian Rejewski mit seinem ausdrucksvollen «Intellektuellengesicht» nicht. Er konnte sich als Franzose, Schweizer oder Deutscher ausgeben, zumal er fließend und akzentfrei Französisch und Deutsch sprach. Oberst Langer und Major Cieżki beherrschten Deutsch ebenfalls perfekt. Auch die anderen aus der Gruppe bemühten sich um eine glaubwürdige Legende, die ihrem Aussehen, ihren Sprachkenntnissen und ihrer Ausbildung entsprach. In kritischen Augenblicken, beim Zusammentreffen mit der Gestapo, konnte diese Tarnung für sie lebenswichtig werden.

Nach ihrer Flucht aus der italienischen Besatzungszone gingen Marian Rejewski und Henryk Zygalski nach Cannes. Dort wohnten sie eine Zeitlang in einem billigen Hotel, dessen Besitzer ein Vertrauensmann der Résistance war. Als ihnen aber auch hier der Boden zu heiß wurde, setzten sie sich nach Antibes ab. Dort nahmen sie Kontakt zu einem Polen auf, den seine Nachbarn für einen Bildhauer hielten, der aber in Wirklichkeit eine Aufklärungsstelle der Westalliierten leitete. In den Büsten und Gipsabgüssen bewahrte er Sprengstoff auf. Der «Bildhauer» war jedoch selbst stark gefährdet und konnte seinen Landsleuten nicht helfen, die über die Pyrenäen flüchten wollten.

Sie kehrten in die italienische Zone nach Nizza zurück. Bertrands Leute hatten in der Vorstadt ein kleines Haus gemietet und dort einen Stützpunkt eingerichtet. Nach einiger Zeit gelang es ihnen, mit Hilfe der dortigen Résistance einen Weg ins Ausland ausfindig zu machen. Doch unvorhergesehene Umstände verhinderten ihre Flucht über die Pyrenäen.

Sie mußten die nächsten vier Tage in einem Kohlenlager am Stadtrand von Toulouse zubringen. Dann ging es weiter nach Perpignan. Von dort war es nicht mehr weit bis zur spanischen Grenze. Tags darauf fuhren sie mit dem Zug nach Ax-Les-Thermes, einige Kilometer näher an ihr Ziel. «Als der Zug auf der Station Ax-Les-Thermes hielt», erinnerte sich Marian Rejewski in einem Gespräch, «fielen uns beim Aussteigen zwei junge Mädchen um den Hals und küßten uns wie gute Bekannte, um den deutschen Posten, die der Szene zusahen, den Eindruck zu vermitteln, daß es wohl kaum unsere Absicht sei, die französisch-spanische Grenze zu überschreiten. Wir befanden uns ja in der Grenzzone. Die List war uns geglückt, und die beiden Mädchen – es waren Kellnerinnen – brachten uns in ein Hotel, wo wir einige Tage wohnten. In Ax-Les-Thermes nahm ein

Schmuggler mit uns Kontakt auf, wir legten den Tag und die genaue Uhrzeit der Abfahrt nach Tour de Carol fest. Er versicherte uns, er würde mit demselben Zug fahren wie wir. Vielleicht ist er auch in den Zug gestiegen, unser Abteil hat er jedenfalls nicht betreten. Erst in der Dämmerung fand er uns im Gebüsch, wo wir uns versteckt hielten. Er sagte, unser Zug hätte sich verspätet. Wahrscheinlich wollte er nicht mit uns im Abteil fahren, aus Angst vor den Folgen, falls wir in die Hände der Deutschen gerieten. Er führte uns in eine Schenke, in der wir zu Abend aßen, ein paar Stunden schliefen und uns dann auf den Weg in die Pyrenäen machten.»

Vier Stunden wanderten sie durch eine menschenleere Bergeinöde. Unterwegs vernichteten sie ihre Personalausweise. Der Bergführer begann, ehe sie die Grenze überschritten, fürchterlich zu fluchen und beklagte sich, daß man ihm für diesen gefährlichen Einsatz keinen Pfifferling gezahlt hätte. Dann forderte er immer hartnäckiger Geld. Schließlich holte er aus seiner Manteltasche einen Revolver hervor und hantierte unzweideutig am Abzug. Zur Grenze war es noch ziemlich weit. Sollte man den «Wohltäter» überwältigen, der sich als gewöhnlicher Bandit entpuppte? Er hätte aber kehrtmachen und sie ihrem Schicksal überlassen können. Nach blitzschneller Verständigung untereinander beschlossen die Flüchtlinge, alle Geldscheine, die sie bei sich hatten, hervorzukramen und den Strauchdieb zu überreden, sie doch unbedingt bis zur Grenze zu führen.

Endlich war das ersehnte Ziel erreicht. In der Nähe lagen der Kleinstaat Andorra und im Tal das spanische Städtchen Puigcerdá. Die Flüchtlinge hatten Hunger, sie froren und hatten nur wenige Francs in der Tasche.

Sie wollten nach dem Weg zum nächsten Bahnhof fragen, doch die ersten Spanier, denen sie in die Arme liefen, waren Polizisten. So wurden sie in das Untersuchungsgefängnis Bellver, etwa 30 Kilometer von Puigcerdá entfernt, eingeliefert. Die nächsten Monate verbrachten Marian Rejewski und Henryk Zygalski in den Gefängnissen von Seo de Urgel und Lérida. Von dort aus wurden sie unter Bewachung nach Madrid gebracht, wo auf Ersuchen einer Niederlassung des Polnischen Roten Kreuzes ihre Gefängnishaft durch «polizeiliche Überwachung» ersetzt wurde.

Auch in anderen spanischen Gefängnissen befanden sich ehemalige polnische Mitarbeiter aus dem Zentrum «Cadix», beispielsweise im berüchtigten «Modelo» in Barcelona. Einer der Insassen, Tadeusz Suszczewski, schrieb darüber: «Das Modelo sah aus wie ein Seestern mit sechs gleich langen Armen, die in ein mehrstöckiges Haus mündeten. Nur in diesem Haus in der Mitte gab es einen Eingang und einen Ausgang für den ganzen Komplex, der für 1000 Gefangene gedacht war. Die franco-faschistischen Behörden hielten hier über 5000 Personen fest. Die Verpflegung bewegte sich hart an der Grenze des Hungers: ein Kochgeschirr voll Malzkaffee und ein Stück Brot zum Frühstück, mittags und abends Bohnensuppe. In den zehn Quadratmeter großen Betonzellen saßen sechs bis acht Häftlinge. Die Verhöre fanden gewöhnlich gegen zwei Uhr nachts statt und dauerten bis zum Morgen. Am härtesten hatten es die Spanier, ehemalige Soldaten der republikanischen Armee ...»

Im April 1943 wurden die Polen und andere Ausländer aus dem Modelo in ein Sonderlager gebracht. Mehrere hundert ausländische Gefangene zogen in Handschellen durch die Straßen der Stadt, begleitet von bewaffneten Posten und vielen Schaulustigen.

Als die Vertreter des Polnischen Roten Kreuzes in Barcelona die Erlaubnis erhielten, den inhaftierten Polen zusätzlich Nahrungsmittel zu beschaffen, kam jemand auf die Idee, die Listen mit den Namen der Personen, die solche Lebensmittelsendungen erhielten, für das Herausschmuggeln von Nachrichten zu nutzen. Die spanischen Wachmannschaften sahen nämlich nur auf die laufende Nummer und die Anzahl der Sendungen, ohne einen Blick auf die «unmöglichen» polnischen Namen zu werfen. Die Personenlisten sahen jetzt beispielsweise so aus:

1. Zygmunt Przybylski   – Zygmunt Przybylski
2. Jutro Przyjeżdża   – Morgen kommt
3. Zestoli Cykomisja   – Aus der Hauptstadt eine Kommission
4. Będzie Uwas   – Sie wird bei euch sein
5. Przygotujcie Uwagi   – Bereitet Angaben vor

6. Owarunkach Wobozie – Über Verhältnisse im Lager
7. Ispis Chorych – Und Verzeichnis aller Kranken
8. Trzymaj Ciesię – Macht's gut
9. Mikołaj Cieślak – Mikołaj Cieślak
10. Marian Woźniak – Marian Woźniak.
Dann folgten weitere Namen.

Diese Methode wurde mehrere Monate lang, bis zur Auflösung des Lagers, verwendet.

Das Polnische Rote Kreuz in Barcelona betreute nicht nur viele Häftlinge im Modelo und in dem Sonderlager, sondern auch in Seo de Urgel, Lérida, Caldos, Gerona und Figueras. Es gab noch andere Orte, wo Polen gefangengehalten wurden: Jaraba, Tarragona, Pamplona, Irún, vor allem aber Miranda de Ebro.

Das riesige Lager in Miranda de Ebro war während des Bürgerkrieges errichtet worden und diente damals als Kaserne für die ausländischen – vor allem deutschen und italienischen – Söldnerabteilungen, die auf der Seite Francos kämpften. Obwohl es für etwa 1 200 Mann vorgesehen war, mußten jetzt, 1942 und 1943, 3 000 bis 4 000 Internierte Platz finden. Das rechtekkige Lager war von einer Mauer und einem drei Meter hohen Stacheldrahtverhau umgeben. In Abständen von hundert Metern standen Posten, und über den Toren und an den Mauerekken befanden sich MGs. Vom Einbruch der Dunkelheit bis zum Morgengrauen erhellten Scheinwerfer das Lagergelände. Tag und Nacht liefen Patrouillen an der Mauer entlang.

«In der Nacht», schrieb ein polnischer Flüchtling über seinen Aufenthalt in Miranda, «rufen die Wachtposten pausenlos: Alerta! Alerta! Wenn dieser Ruf im Lager zu hören ist, weiß der Kommandant, daß die Posten nicht schlafen und niemand fliehen kann.»*

Die Internierten wurden nach ihrer Nationalität in 12 Kompanien aufgeteilt: 1. Gemischte Offizierskompanie, 2. Polnische Offizierskompanie, 3. «Kanadische» Offizierskompanie. Die

* O. Jabłoński, Żołnierze polskich sił zbrojnych w obozie koncentracyjnym Miranda de Ebro 1940–1943, Institut für Militärgeschichte, Warschau, Sign.: II (53) 16.

Polnische Soldatenkompanie trug die Nummer 7. Die 10. Kompanie, in der sich Briten befanden, genoß viele Privilegien; der 11. gehörten Personen verschiedener Nationalität mit falschen Papieren an, der 12. Staatenlose, meist Flüchtlinge aus Deutschland, aber auch Ungarn, Rumänen und ehemalige Soldaten der republikanischen Armee Spaniens. Die größte Gruppe im Lager bildeten die Polen, die in der 2., 6. und 7. Kompanie zusammengeschlossen waren, insgesamt etwa 1300 bis 1400 Mann. Einige Polen befanden sich auch in der 4. und 5. «Kanadischen» Soldatenkompanie.

Während der Morgenappelle zwang das Lagerkommando die Internierten, das Francoregime und den Caudillo hochleben zu lassen. Wenn der Kommandant die Meldungen von seinen Unteroffizieren entgegengenommen hatte, hob er den Arm und rief: «España!», worauf die Internierten antworten sollten: «Granda!» Die Polen taten das mit einer gewissen Genugtuung. In ihrer Sprache bedeutet das Wort – Gaunerbande! Solche Rufe jedoch wie «Una!» oder «Libra!» wurden von einem Murren begleitet, in das unzensierte Ausdrücke in vielen Sprachen einflossen, so das spanische «mierda» (Scheiße), «puta» (Hure) und andere. Manche Gefangenen taten so, als wollten sie auf den Gruß des Kommandanten antworten, und hoben die rechte Hand mit zwei gespreizten Fingern – dem Victoria-Symbol.

Die spanischen Lager können trotz aller Schikanen und Brutalitäten, die dort an der Tagesordnung waren, dennoch nicht mit den deutschen KZ verglichen werden. So wird erklärlich, daß sich Ende 1941 eine Gruppe polnischer Offiziere regelmäßig in der katholischen Kapelle des Lagers zusammenfinden konnte, um angeblich Chorproben abzuhalten. In Wirklichkeit gruben die Mitglieder des «Chors» wochenlang an einem Tunnel, der von der Kapelle nach draußen führte. Als dann ein Offizier fliehen wollte, wurde er von den Lagerposten erschossen. Doch die Gefangenen gaben nicht auf. Ihre Findigkeit war schier unerschöpflich, wenn es darum ging, zu entkommen und sich wieder den Kampfabteilungen anzuschließen.

Marian Rejewski und Henryk Zygalski gelang es erst in den letzten Augusttagen 1943, zusammen mit einer größeren Gruppe Polen, nach Portugal zu flüchten.

*M. Rejewskis Regi-
strierkarte, ausgestellt
von spanischen Behör-
den*

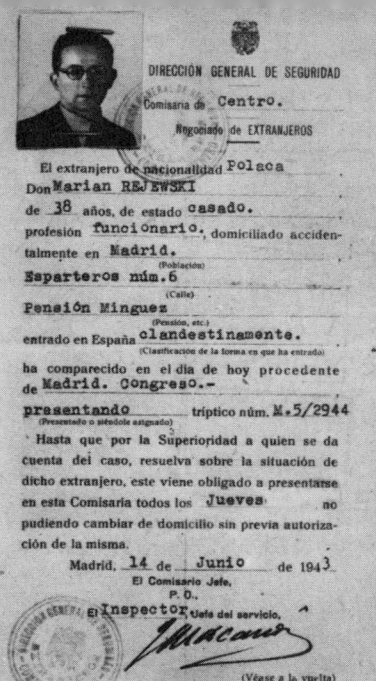

*Auf der Rückseite
Stempel der franco-fa-
schistischen Polizei*

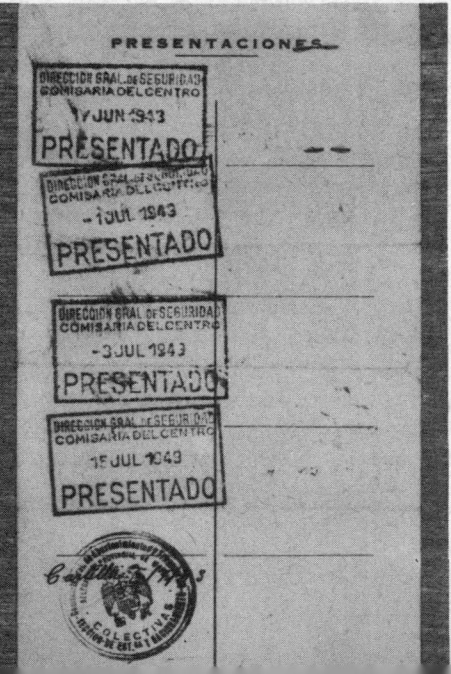

Von einem kleinen portugiesischen Fischereihafen liefen sie später im Schutze der Nacht auf hohe See aus, wo sie zur festgesetzten Zeit von einem britischen Zerstörer an Bord genommen wurden.

Die Matrosen nahmen die ungewöhnlichen Passagiere sehr gastfreundlich auf. Der Kapitän ließ einige Flaschen Whisky an Deck kommen und maß jedem die gleiche Portion in die verschieden großen Kochgeschirre, Becher und Gläser ab. Man stieß auf den Sieg an, auf eine glückliche Heimkehr. Die Kojen reichten nicht für alle, aber die Nacht war klar und warm, und so konnten die Flüchtlinge auf den an Deck ausgebreiteten Matratzen ausruhen. Als ein scharfer Landwind sie in der Dämmerung weckte, sahen sie ein Felsmassiv am Horizont schimmern: Gibraltar.

Die Halbinsel glich einer belagerten Festung. Bevor der Abend hereinbrach, war das Signal zum Zapfenstreich zu hören, in der Stadt patrouillierten nachts britische Soldaten, die flachen Helme auf dem Kopf, mit schußbereiten Maschinenpistolen. Die Spanier, die auch während des Krieges in den Docks arbeiteten, verließen sofort nach dem Signal die Hafenanlagen und kehrten über die Grenze nach Algeciras und anderen spanischen Orten zurück.

Mehrere Tage hielten sich die Polen in Gibraltar auf. Rejewski und Zygalski ließen sich in der polnischen Vertretung registrieren und warteten auf den Abflug nach Großbritannien.

Der Krieg war in eine neue, entscheidende Phase getreten; das wußten auch die beiden Kryptologen. Die Stalingrader Schlacht hatte entscheidenden Einfluß auf den weiteren Verlauf des Krieges. Der Sieg der Roten Armee aktivierte die antifaschistische Widerstandsbewegung und stärkte die Antihitlerkoalition.

Doch obgleich der faschistische Kriegsblock immer mehr in eine tiefe Krise geriet, verfügten die Aggressoren noch über genügend Mittel und Methoden, um in den okkupierten Ländern ein grausames Terrorregime aufrechtzuerhalten. Auch aus ihrer polnischen Heimat erreichten Marian Rejewski und Henryk Zygalski erschütternde Nachrichten über Vernichtungslager, über die Verschleppung und Tötung von Landsleuten, insbesondere von Patrioten, die den Faschisten die Stirn boten. Wie mochte es ihren eigenen Angehörigen ergehen? Seit sie im Herbst 1942 das Zentrum «Cadix» verlassen mußten, hatten sie nichts mehr von ihren Familien gehört.

Mit diesen bedrückenden Gedanken begaben sie sich am 30. August 1943 in eine klapprige «Dakota», die sie von Gibraltar nach Großbritannien ausfliegen sollte. Die zweimotorige Maschine flog weit über dem Atlantik, um den von der Bretagne aus operierenden deutschen Jagdfliegern zu entgehen. Unversehrt landete das Flugzeug wenige Stunden später in Mittelengland.

Passagiere, die zum erstenmal die Britischen Inseln betraten, wurden in einer Dienststelle der Spionageabwehr intensiv verhört, bestand doch die Gefahr, daß sich faschistische Agenten unter den Ankömmlingen befanden.

Den beiden Kryptologen jedoch blieben diese Verhöre erspart. Höhere Militärdienststellen hatten dafür Sorge getragen. Sie wollten verhindern, daß von ihrer bisherigen Tätigkeit etwas bekannt wurde. Noch am selben Tag flogen sie in die schottische Kleinstadt King Horn. Dort wurden sie in den Kasernen einer polnischen Funkeinheit eingekleidet und erhielten Ausweise mit der Dienstzuteilung zum «Funkregiment des Oberkommandos» in Boxmoor bei London.

Nachdem sie alle Formalitäten erledigt hatten, begaben sie sich zu ihrem Einsatzort.

Und was war unterdessen aus ihren Gefährten vom Zentrum «Cadix» geworden?

Wie sich später herausstellte, gehörten Marian Rejewski und Henryk Zygalski zu den wenigen, denen die Flucht aus Frankreich gelang. Die beiden rangältesten Offiziere, Oberst Langer und Major Ciężki, sowie Ingenieur Palluth, Edward Fokczyński und Kazimierz Gaca wurden im März 1943 verhaftet, als sie ebenfalls die französisch-spanische Grenze überschreiten wollten. Nach einem Verhör kerkerte die Gestapo die beiden Offiziere im «Stalag 122» in Compiègne ein. Am 9. September wurden sie zum SS-Sonderkommando auf Schloß Eisenberg (Železny Brod in der Tschechoslowakei) gebracht und dort am 10. Mai 1945 von amerikanischen Truppen befreit.

Antoni Palluth und Edward Fokczyński kamen in das Konzentrationslager Sachsenhausen bei Oranienburg. Noch kurz vor Kriegsende mußten sie dort ihr Leben lassen. Die genauen Umstände ihres Todes sind allerdings nicht bekannt. Einer glaubwürdigen Version zufolge kam Antoni Palluth während eines Fliegerangriffs um, während Edward Fokczyński vor Entkräftung starb.

Die dritte Etappe:
Ultra

In Boxmoor – einer Kleinstadt in der Umgebung Londons – befand sich in einer Seitenstraße die polnische Einheit für Funkaufklärung und Dechiffrierung. Zur Wahrung des Geheimnisses und zur Abschirmung vor dem faschistischen Geheimdienst trug das polnische Chiffrenzentrum die Bezeichnung: «Exploitationszug».

Der Arbeitsrhythmus der Kryptologen in Boxmoor unterschied sich wesentlich von dem in Polen und Frankreich. Sie befaßten sich nicht mehr mit den Enigma-Chiffren. Alles, was mit der Enigma zusammenhing, befand sich nun ausschließlich in englischen Händen.

Die Briten hatten zu diesem Zeitpunkt bereits einen solchen Spezialisierungsgrad erreicht, daß sie jede fremde Hilfe verschmähten. Sie zeigten sich auch nicht bereit, den Polen die notwendigen Apparaturen zur Verfügung zu stellen. Offensichtlich hatten sie die Besuche vor dem Kriege in Warschau vergessen, als ihnen im Juli 1939 eine nachgebaute Enigma-Chiffriermaschine ausgehändigt worden war. Auch schienen sie sich nicht mehr daran zu erinnern, daß ihnen polnische Kryptologen die mathematischen Lösungen geliefert hatten und wie das polnisch-französische Zentrum in Gretz-Armainvillers bei Paris sie unterstützt hatte.

Doch bevor wir die Tätigkeit von Marian Rejewski und Henryk Zygalski in Boxmoor weiter verfolgen, wollen wir die Arbeiten der britischen Spezialisten an der Operation «Enigma» sowie die der US-amerikanischen an der «Magic» näher beschreiben.

Betrachten wir zunächst die britischen Aktivitäten.

Ähnlich wie die polnischen und französischen arbeiteten

141

auch britische Kryptologen an der Lösung der Enigma-Chiffren. Der geheime Funkverkehr sowie die zuverlässige Chiffrierung und Dechiffrierung hatten für die britischen Streitkräfte eine noch größere Bedeutung als für die beiden anderen Staaten. Das militärische Potential Großbritanniens stützte sich weitgehend auf die See- und Luftstreitkräfte, in denen das gesamte Nachrichtensystem auf Funk und Chiffren basierte. Zum anderen brauchte Großbritannien für die Aufklärung der gegnerischen Kräfte eine hervorragend organisierte Funkaufklärung und Entzifferung, um die Marine- und Fliegerkräfte der faschistischen Achsenmächte, vor allem Deutschlands, beobachten zu können.

Daraus erklärt sich die Beharrlichkeit, mit der sich der britische Geheimdienst seit dem ersten Weltkrieg mit den deutschen Chiffren befaßte. Das war eine Existenzfrage für das britische Imperium. Es war bestrebt, dem deutschen Rivalen zuvorzukommen, der die Inseln nur von der See her oder aus der Luft tödlich treffen konnte. Angesichts einer solchen Konstellation sparte man bei der Funkaufklärung des Vereinigten Königreiches verständlicherweise an nichts, weder an qualifiziertem Personal noch an materiell-technischer Ausrüstung noch an Geld. All das ist auch effektiv eingesetzt worden.

Die britischen Funkaufklärungsspezialisten nahmen etwa im Frühjahr 1940 die Arbeit an der Enigma auf. Damit war der dritte Stafettenwechsel vollzogen. Ein halbes Jahr danach starteten die USA die Operation «Magic», mit der sie die japanische Enigma-Variante lösten, worüber noch zu berichten sein wird.

Die Leistungen der polnischen Mathematiker sowie das übergebene Enigma-Gerät und die Pläne für die «Kryptographiebombe» hatten – wie selbst neuere britische Untersuchungen bestätigen – die Voraussetzung dafür geschaffen, daß das britische Zentrum in Bletchley den gegnerischen Funkverkehr der strategischen und operativ-taktischen Ebene immer regelmäßiger abzuhören vermochte. Während das Zentrum «Cadix» gezwungen war, die Arbeit illegal fortzuführen, verfügte Großbritannien weiterhin über günstige Möglichkeiten, die Anfangserfolge schneller in die Praxis umzusetzen, ein effektives System für die Beobachtung des Enigma-Funkverkehrs zu entwickeln und die gewonnenen Informationen an die britischen und alliierten Kommandos weiterzuleiten.

In den folgenden Darlegungen stützen wir uns insbesondere auf die Arbeiten von R. Lewin, G. Welchman und F. W. Winterbotham* sowie auf derzeit zugängliche Archivmaterialien zur Enigma–Ultra.

An anderer Stelle haben wir bereits auf die lange Tradition der britischen Funkaufklärung und Entzifferung hingewiesen, vor allem auf die Leistungen des Room 40 der Admiralität im ersten Weltkrieg. Dieses Erbe hatte in den zwanziger und dreißiger Jahren die Government Code and Cipher School (GCCS) angetreten, deren Sitz sich in London, Broadway 56, unweit des St. James Park in Westminster befand. Im Frühjahr 1939 wurde die GCCS nach Bletchley verlegt, wo eine kleine Kryptologengruppe seit Ende des vorangegangenen Jahres arbeitete. Die «School» zählte anfangs nur etwa 20 bis 30 Mitarbeiter. Der rote Backsteinbau lag inmitten eines Parkes, in dem es einen Teich mit Schwänen gab, und war von einer steilen Böschung umgeben, die einen Zaun überflüssig machte, dennoch vor Neugierigen schützte und zudem einen weiten Ausblick bot.

Als sich später das Zentrum vergrößerte, wurden um das Hauptgebäude Wellblechbaracken errichtet, die fortlaufend numeriert waren.

Bletchley liegt etwa in der Mitte zwischen Cambridge und Oxford, eine nicht unwesentliche Tatsache, da aus diesen berühmten Universitäten Mitarbeiter für die kryptologische Abteilung gewonnen wurden. So nahm hier beispielsweise Gordon Welchman, Professor für Mathematik in Cambridge und Prodekan des Sidney Sussex College, im September 1939 seine Tätigkeit auf. Im Herbst 1938 hatte er einen Chiffrierkurs besucht, wo ihn unter anderen Oliver Strachey, ein Chiffrenexperte und ehemaliger Mitarbeiter des Room 40, ausbildete.

Gleich nach seiner Ankunft in Bletchley überzeugte sich Welchman davon, daß das Enigma-Team weder konzeptionell

* R. Lewin, Ultra Goes to War, London 1978.
  G. Welchman, The Hut 6 Story, London 1982.
  F. W. Winterbotham, The Ultra Secret, London 1974; die russische Übersetzung erschien unter dem Titel «Operazia ‹Ultra›» 1978 im Militärverlag Moskau.

Bletchley. Gebäude, in dem die Leitung des britischen Zentrums untergebracht war

noch praktisch auf die kryptologischen Aufgaben unter Kriegsbedingungen vorbereitet war. Dem britischen Historiker Lewin
zufolge fühlten sich Denniston und Knox ihren Aufgaben nicht
gewachsen. Denniston sei als Leiter von Bletchley mit administrativen Arbeiten überlastet gewesen, außerdem habe er gekränkelt. «Weder er noch sonst jemand wußte, wie das entzifferte Funkmaterial für die Aufklärung aufbereitet werden
mußte. Er brauchte die Unterstützung eines Praktikers. Der
geistreiche Knox, der ihm zur Seite stand, war indes ein Wissenschaftler par excellence, sein wacher Geist fand sich überall
im Labyrinth der Kryptographie zurecht, er begriff aber die
praktischen Forderungen nicht, die der heraufziehende Krieg an
sie stellte.»*

* R. Lewin, S. 53 f.

A. D. Knox, Chefkryptologe in Bletchley Park

Nach Auffassung eines anderen britischen Autors gebührt der hervorragenden Arbeit einer neuen Generation von Kryptologen, die Anfang des Krieges nach Bletchley kam, das Verdienst, ein effektives System zur Entzifferung des Enigma-Chiffrierverfahrens geschaffen zu haben. Zu ihnen gehörten vor allem der 1912 geborene Alan Turing, die drei berühmten Schachspieler Stuart Milner-Barry, Alexander Conel H. O'Donel und Harry Golombek und nicht zuletzt die bewährten Mathematiker aus Cambridge.

Jeder Bewerber wurde eingehend überprüft. Solche Sicherheitsmaßnahmen waren sehr wichtig in einer Dienststelle, in der Intellektuelle arbeiteten, die man wegen ihrer Kenntnisse des Deutschen, des Italienischen oder anderer Sprachen, die im faschistischen Machtblock dominierten, ausgewählt hatte.

«Als sich das Zentrum Bletchley ausweitete und Hunderte, später gar Tausende Mitarbeiter zählte» – berichtet Lewin –, «stellte man immer mehr Personal aus dem Heer, der Marine und der Luftstreitkräfte ein; auffallend war die große Zahl an weiblichen Kräften ..., die Nachrichtengeräte und andere technische Anlagen bedienten.»* Wer in die Aufgaben von Bletchley einmal eingeweiht worden war, mußte bis zum Ende des

* R. Lewin, ebenda.

Krieges dableiben. Ein Stacheldrahtverhau umgab das Gelände, das Posten Tag und Nacht bewachten.

Die Einstellung großer mathematischer Talente und anderer Fachleute war nicht einfach, da sich viele Militärdienststellen, die miteinander rivalisierten, um diesen Personenkreis bemühten. Besonders «raffgierig» waren Institutionen, die sich mit Radaranlagen und – gegen Ende des Krieges – mit der Atombombe beschäftigten. Sie alle versuchten, eine Meistbegünstigungsklausel von Premier Winston Churchill zu erwirken, der keine Mittel für die wissenschaftlich-technische Aufklärung, insbesondere für die Enigma–Ultra scheute. So stellte Bletchley eine Konzentration hoher Technologie, intellektueller Talente und finanzieller Mittel dar, was in der Folgezeit zu den erwarteten Ergebnissen führte.

Zur britischen Operation «Enigma–Ultra» gehörten, vereinfacht gesagt, drei Bereiche:

1. Der Horchdienst, der die gegnerischen Funksprüche, das erforderliche «Rohmaterial», abfing und registrierte.

2. Die kryptologischen Teams, die sich mit der Lösung der Chiffren und mit der Umsetzung des Funkspruchmaterials in Klartext befaßten.

3. Die Dienste für Auswahl, Bewertung und Weiterleitung der entzifferten Informationen sowie für den Sicherheitsschutz, das heißt für die Tarnung der Quellen solcher Informationen, die an die Regierung und höheren Militärkommandos weitergeleitet wurden.

Der Horchdienst arbeitete mit den Stationen zusammen, die noch vor dem Kriege in Großbritannien, auf Gibraltar, Malta, Zypern und in Ägypten eingerichtet worden waren. Nach dem Kriegseintritt Japans wurden weitere britische Abhörstellen in Asien – in Indien, Singapur, Burma – und in Australien geschaffen.

Die Mehrzahl der abgefangenen Wehrmachtfunksprüche stammte aus der Abhörstation Chatham an der Themsemündung, etwa 40 Kilometer östlich von London. Chatham unterhielt eine direkte Fernschreibverbindung zu Bletchley, wohin die Anfänge jedes abgefangenen Funkspruchs gelangten und von den diensthabenden Kryptologen sofort entziffert wurden.

Das Material brachte man täglich in versiegelten Kuriersäcken mit dem Auto, in dringenden Fällen mit dem Flugzeug, nach Bletchley.

Der Funkverkehr der deutschen Luftwaffe wurde vorwiegend von den Stationen Cheadle und Chicksand beobachtet, etwa 80 Kilometer nordwestlich von London, wo man auch Funker für Bletchley ausbildete.

Das Abhörmaterial über die deutsche Kriegsmarine kam von den Stationen Flowerdown und Scarborough an der Ostküste. Diese Stellen fingen nicht nur Funksprüche auf, sondern befaßten sich auch mit der Nachrichtenaufklärung, spürten gegnerische Sender und Funknetze auf, ermittelten ihre Arbeitsweise, stellten technische Besonderheiten, Namen des Personals und andere Daten fest.

Der wichtigste Bereich in Bletchley war die Entzifferungsabteilung, in welcher die Umwandlung gegnerischer Chiffren in geheimdienstliche Informationen erfolgte. Mit den deutschen Heeres- und Luftwaffenchiffren befaßte sich das Team Nr. 6 («Hut 6») unter Professor Welchman, später unter Milner-Barry. Die Marinechiffren wurden im Team Nr. 8 («Hut 8») gelöst, dessen Leiter Alan Turing und nach ihm C. H. Alexander war. Beide Teams arbeiteten mit «Kryptographiebomben» und Lochkarten.

Die wichtigste Aufgabe der Entzifferungsabteilung bestand in der Lösung verschiedener Varianten der Enigma-Chiffren. Außerdem arbeitete man an anderen gegnerischen Systemen der Verschlüsselung, an «untypischen» Chiffren und Codes, die beispielsweise vom Geheimdienst-Amt Ausland/Abwehr des OKW und für die geheime Korrespondenz mit Verbündeten verwendet wurden. Eine Sektion unter Leitung von Alfred D. Knox (Intelligence Services Knox – ISK) befaßte sich mit solcherart Chiffren des faschistischen deutschen Heeres und der Luftwaffe; eine andere, unter Oliver Strachey (Intelligence Services Oliver Strachey – ISOS), arbeitete an Marinechiffren. Untersucht wurden unter anderem italienische Chiffren (verschlüsselt mit der handelsüblichen Enigma), Meldungen von faschistischen Agenten, Funksprüche der franco-faschistischen «Blauen Division», die sich auf seiten der Hitlertruppen an der

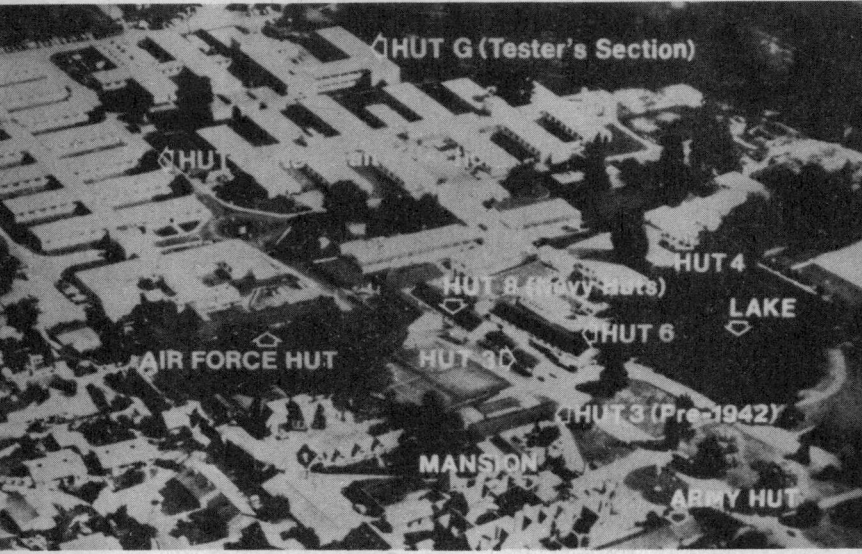

Eine der sogenannten Huts

Okkupation der Sowjetunion beteiligte. Man entzifferte auch herkömmliche «manuelle» Chiffren und setzte damit die Tätigkeit des Room 40 fort.

Die nichtmaschinellen Chiffren, wenngleich aus den wichtigsten Nachrichtenverbindungen verdrängt, lieferten oftmals wertvolle Informationen über die Tätigkeit des OKW-Amtes Ausland/Abwehr, über Diversionsakte, Agenten und militärische Täuschungsmanöver. Für den Funkverkehr des faschistischen militärischen Geheimdienstes und des SD waren unter anderen Denis Page und Leonard Palmer verantwortlich. Nach dem Kriege machten sie als Professoren für klassische Philologie von sich reden.

Die italienische Sektion leitete Professor E. R. Vicent. Während der Kriegshandlungen in Nordafrika gingen immer mehr Funksprüche der italienischen Marine ein, die gleichfalls eine Enigma-Variante verwendete. Später bedienten sich die Italiener der Chiffriermaschinen vom Typ «Hagelin», deren Lösung recht bald gelang. Die Mitarbeiterinnen, die sich mit diesen Chiffren beschäftigten, nannte man scherzhaft «Hags» (Hexen).

Das Eindringen in das Hagelin-Verfahren, das übrigens auch von der amerikanischen Armee verwendet wurde, war durch einige Fehler der italienischen Funker möglich geworden.

Die japanische Sektion war mit talentierten Absolventen der Universität Cambridge besetzt, die zuvor Sechsmonatskurse für Kryptologie besucht hatten.

Der dritte Bereich der Operation «Ultra» – die Bearbeitung und Weiterleitung der wachsenden Anzahl entzifferter Informationen – war eine Domäne des militärischen Geheimdienstes von Bletchley. Nach dem Modell der Entzifferungsstellen «Hut 6» (Chiffren der Land- und Luftstreitkräfte) und «Hut 8» (Marinechiffren) existierten hier zwei operative Teams: «Hut 3» für das Material des Heeres und der Luftwaffe und «Hut 4» für Fragen der Kriegsmarine.

«Hut 3», wohin der größte Teil des entzifferten Enigma-Materials gelangte, arbeitete rund um die Uhr in drei Schichten. In jeder Schicht waren unter der Leitung eines Offiziers etwa zehn Fachleute tätig, die Deutsch – auch die militärischen Termini – perfekt beherrschten. Zur Bearbeitung der Funksprüche gehörte eine exakte Übersetzung ins Englische sowie die Auswahl und Eintragung aller Informationen, die der Arbeit an anderen Funksprüchen dienlich sein konnten, in eine Sonderkartothek. Diese Datenbank für den täglichen Gebrauch wuchs von Tag zu Tag und nahm im Laufe der Jahre so große Ausmaße an, daß sie in einem eigens dafür errichteten Gebäude untergebracht werden mußte. Die Karteikarten wurden doppelt angefertigt, ein Exemplar verblieb in Bletchley, das zweite kam in eine Geheimabteilung der Bibliothek Oxford. Falls Bletchley bombardiert und die Datensammlung vernichtet werden sollte, konnte man auf die Oxforder zurückgreifen.

In «Hut 4» war die Prozedur nicht so kompliziert. Hier übersetzte man die entzifferten Funksprüche nicht, sondern bearbeitete sie nur redaktionell und schickte sie in der deutschen Originalversion zum Operational Intelligence Centre (OIC).

Mit dem festen Personal von «Hut 3» und «Hut 4» arbeiteten die Aufklärungsoffiziere des Heeres, der Royàl Air Force und der Marine zusammen. Gemeinsam wurden schwierige Fragen besprochen, durch schlechte Abhörbedingungen entstandene Lücken in den Texten der Funksprüche gefüllt.

Die Vorbereitung der britischen Admiralität auf den unsichtbaren Kampf mit der faschistischen Kriegsmarine wurde an der Wende 1938/39 beschleunigt, als sich die Gefahr eines Krieges immer deutlicher abzeichnete. Die Royal Navy erweiterte das Funkpeil- und Abhörnetz. Sie besaß in jener Zeit fünf Stationen: drei auf den Britischen Inseln, eine auf Malta und eine im Nahen Osten.

Das faschistische Deutschland hingegen hatte dreizehn und Italien elf.

Mitte 1939 nahm das streng geheime Operational Intelligence Centre (OIC) – ein Organ der Marineaufklärung für Beschaffung von Informationen und Daten über den Gegner – seine Tätigkeit auf. Die Navy-Sektion in Bletchley wurde verstärkt. Das OIC, anfangs in einem Bürohaus der Admiralität untergebracht, zog in einen neuen Bunker aus Stahlbeton um, in eine Art Zitadelle unweit Horse Guard Parade, wo es nunmehr über eigene Funkstationen, Fernschreiber, eine geheimdienstliche Kartothek und Arbeitsräume verfügte.

Das OIC als Teil des Departments Marineaufklärung in der Admiralität bestand zunächst aus zwei Sektionen:

Sektion 8 E – Aufklärung gegnerischer Überwasserschiffe
Sektion 8 S – Aufklärung und Verfolgung von U-Booten.

Im Juli 1939 kam eine weitere Sektion hinzu, die sich mit der Ermittlung und Beobachtung gegnerischer Schiffe nach den gewonnenen Daten der Funkpeilstellen befaßte. Ihre Zahl erhöhte sich von fünf auf fünfzehn (zehn auf den Britischen Inseln, drei im Mittelmeerraum und zwei im Fernen Osten). Auch eine Sonderstelle zur Beobachtung der deutschen, italienischen und japanischen Handelsflotte wurde gebildet; sie sammelte Informationen über die Zahl der Handelsschiffe und ihre Bewegungen, um die Admiralität nach Kriegsausbruch bei der Verhängung einer wirksamen Blockade zu unterstützen. Eine weitere Stelle unterhielt Kontakte zur Royal Air Force, die alle Angaben über die deutschen und italienischen Luftstreitkräfte beschaffen sollte, welche die britischen Seestützpunkte und

Schiffe bedrohten. Das OIC hatte das Recht, mit allen Stellen der Admiralität wie auch mit den Kommandeuren der Flotten und Schiffsverbände auf hoher See direkt Verbindung aufzunehmen. Es stand auch in ständigem Kontakt mit der obersten Armeeführung, mit dem Außenministerium, dem Marineministerium und dem Ministerium für Kriegswirtschaft.

Im August 1939 war das OIC gefechtsbereit; die Mobilisierung wurde durch «Übungen zur Küstenverteidigung» getarnt. Es stand unter Leitung von Admiral Jack Clayton und seinem Stellvertreter Geoffrey Colpoys. Als der Krieg ausbrach, zählte das OIC 36 Offiziere, Unteroffiziere und Zivilpersonen und bestand aus folgenden Abteilungen:

Überwasserschiffe Deutschlands und Handelsflotten (Commander Norman Denning)

Überwasserschiffe Italiens und Japans (Commander Barrow-Green)

Beobachtung der U-Boote (Captain Thring)

Funkpeilung (Commander Peter Kemp).

Zu den wichtigsten Aufgaben des OIC gehörte nach P. Beesly die Beschaffung, Koordinierung und Auswertung von Informationen aller Art über Bewegungen, Absichten und Pläne der gegnerischen Seestreitkräfte, darunter Nachrichten aus der Entzifferung, Daten der Funkpeil- und Abhörstellen, Agentenaussagen, Beobachtungen der Handelsschiffe, Angaben aus der Luftaufklärung und anderen Quellen. Von besonderem Wert war dabei zweifellos die regelmäßige Versorgung der Admiralität mit Nachrichten aus Bletchley, jener Tag und Nacht tätigen «Informationsfabrik» mit mehreren tausend Beschäftigten.

Die mit sieben Walzen ausgestatteten Chiffriermaschinen «M» der deutschen Kriegsmarine waren im Vergleich zu der Enigma-Variante «W» des Heeres und der Luftwaffe viel sicherer. Trotz großer Anstrengungen der fähigsten Kryptologen brauchte die Marinesektion in Bletchley («Hut 8») ziemlich viel Zeit, um die Chiffren zu lösen. Der Funkverkehr der faschistischen Marine wurde nur hier und da sporadisch mitgelesen. Die Deutschen verwendeten unterdessen mehr als zehn Enigma-Schlüssel, die je nach Zielstellung in bestimmten Chiffriernetzen zum Einsatz kamen, beispielsweise:

«Hydra» – Verbindung zwischen allen Überwasserschiffen in der Ost- und Nordsee sowie an den Küsten der okkupierten Länder (anfangs auch für die Funkverbindung mit den U-Booten);

«Triton» – Verbindung mit den U-Booten, die im Atlantik operierten;

«Thetis» – im Funksystem der U-Boote, die in der Ostsee auf Probefahrt waren;

«Medusa» – im Funksystem der U-Boote im Mittelmeer;

«Aegir» – Verbindung mit den Überwasserschiffen, die sich eine längere Zeit außerhalb der Ost- und Nordsee aufhielten, beispielsweise im Einsatz gegen Konvois waren;

«Neptun» – Verbindung mit Panzerschiffen und großen Kreuzern («Bismarck», «Gneisenau», «Scharnhorst» und anderen);

«Tibet» – Verbindung mit Tankern und anderen Versorgungsschiffen, die sich nach Kriegsausbruch in den Häfen neutraler Staaten befanden (sie verfügten über ältere Enigma-Typen);

«Freya» – Funkverkehr des OKM mit unterstellten Kommandos und Stützpunkten an den Küsten;

«Bertok» – Funkverbindung zwischen dem OKM und dem deutschen Marineattaché in Tokio;

«Sleipner» – Verbindung zwischen den Schiffen, die in der Ostsee eine Torpedoausbildung erhielten;

«Potsdam» – Operationen gegen die sowjetische Flotte in der Ostsee;

«Süd» – Verbindung mit den Überwasserschiffen im Mittelmeer und Schwarzen Meer.

Außerdem verwendete die faschistische deutsche Kriegsmarine folgende Chiffren: «Sonderschlüssel 100» (für die Verbindung zu den Schiffen mit Sonderaufgaben und zu den sogenannten Hilfskreuzern), «M-Front-U-Boote» (Chiffriernetz der U-Boote in fernen Gewässern), «M-Heimische-Gewässer» (für die in Küstennähe operierenden Schiffe) und andere.

In den ersten Kriegsmonaten, als die Marine-Enigma noch nicht bezwungen war, stützte sich das OIC auf andere Nachrichtenquellen (Luftaufklärung, Funkpeilung, Agentenmeldungen

*F. W. Winterbotham,
ein leitender Mitarbei-
ter der Operation «Ul-
tra», Autor des Buches
«The Ultra Secret»*

von Liegeplätzen oder Häfen in Deutschland und in den okkupierten Ländern). Diese Informationen waren anfangs recht dürftig, da weder die Luftaufklärung noch andere geheimdienstliche Stellen mit der erforderlichen Routine arbeiteten. Es fehlten Flugzeuge für Aufklärungsflüge zwischen Schottland und der norwegischen Küste, dem ersten Ausfalltor der faschistischen Kriegsmarine in den Atlantik, zwischen Schottland und Island sowie zwischen Island und Grönland (Dänemarkstraße).

Im Mai/Juli 1941 gelang es Bletchley dann, den geheimen Funkverkehr der deutschen Kriegsmarine mitzuhören. Die britischen Stellen konnten in den fremden Funkverkehr eindringen, nachdem es der Admiralität und dem Geheimdienst durch sorgfältig geplante Aktionen gelungen war, zwei deutsche Wetterschiffe zu kapern: die «München» am 7. Mai 1941 und die «August Wriedl» am 29. Mai 1941. Außerdem kam Großbritannien am 9. Mai 1941 in den Besitz des U-Bootes U 110. Man erbeutete mehrere Enigma-Maschinen, Codebücher und anderes Material. Im Juni 1941 barg man aus den an der englischen Küste versenkten Versorgungsschiffen «Gedania» und «Lothringen» sowie aus dem Wetterschiff «Lauenburg» weitere Enigma-Geräte vom Typ «M».

Aus den Darstellungen von Winterbotham, Beesly und Lewin geht nicht eindeutig hervor, auf welche Weise Bletchley die Marinechiffre gelöst hat. Rejewski beurteilt die Arbeiten zu dieser Frage wie folgt: «Wir wissen, daß die Engländer mit Hilfe der Zygalski-Lochkarten die ersten Funksprüche der deutschen Landstreitkräfte im Januar 1940 und die der Luftwaffe im April 1940 gelöst haben (Winterbotham). Jetzt aber erfahren wir, daß sie die Marinesprüche erst seit Mitte 1941 entzifferten, als sie einige deutsche Schiffe versenkten oder kaperten und das Chiffrenmaterial erbeuteten. Es ist anzunehmen, daß sich darunter auch die Chiffrierwalzen VI und VII der Marine-Enigma befanden; dies erst ermöglichte das Abheben der Schlüssel für die wichtigsten Chiffriersysteme der Kriegsmarine. Interessant ist die Information, daß Bletchley im allgemeinen 30 Minuten oder eine Stunde zuvor mitteilte, weitere Nachrichten würden folgen. Diese Bemerkung läßt sich dahingehend interpretieren, daß das Haupthindernis beim Abheben des Schlüssels – zum Beispiel die Steckerverbindungen – nun beseitigt war und alles andere nicht allzuviel Zeit erforderte.»

Das bearbeitete Enigma-Material erhielt eine entsprechende Dringlichkeitsstufe: von Z (normal) bis ZZZZZ (sehr dringend, sofort aushändigen).

Die höchsten militärischen Führungsstellen erhielten die Enigma-Ultra-Informationen über eine geheime Fernschreibverbindung in englischer Übersetzung. Hierbei handelte es sich um einen engbegrenzten Personenkreis: die Oberbefehlshaber der drei Teilstreitkräfte, den Chef des Nachrichtenwesens, der Jagdfliegerkräfte u. ä., insgesamt acht Personen.

Die wichtigsten Funksprüche wurden unverzüglich dem Premierminister zugeleitet.

Die Kommandos außerhalb Großbritanniens erhielten das Ultra-Material über die Special Liaison Units (SLU). Bereits im Frühjahr 1940 waren in Frankreich zwei SLU im Einsatz, die man nach der Niederlage von Dünkirchen auf die Britischen Inseln evakuierte.

Im Laufe der nächsten Monate und Jahre nahm die Zahl dieser Spezialeinheiten ständig zu, wie die Übersicht zeigt:

1941 und 1942
Kommando Naher Osten (Kairo)
Kommando Desert Army
Kommando Desert Air Force
Kommando Royal Navy (Alexandria)
britische Kommandos auf Malta, Gibraltar, in Beirut und Algier

1943
Oberkommando der 15. Armeegruppe in Italien (Bari, später Caserta) sowie 15. US-Luftflotte und 5. US- und 8. britische Armee

1944
Oberstes Hauptquartier der alliierten Expeditionsstreitkräfte (SHAEF)
strategische Fliegerkräfte
britische taktische Fliegerkräfte

US-amerikanische taktische Fliegerkräfte

12. US-Armeegruppe

21. britische Armeegruppe

2. britische Armee

1., 3., 7., 9. und 15. US-Armee.

Außerdem wurden 1944 mehrere SLU außerhalb Europas eingerichtet, unter anderem beim Kommando Südostasien (SEAC), in den US-amerikanischen Bombenfliegerkräften in Indien und China, beim Kommando der alliierten Streitkräfte in Australien sowie 1945 zwei Einheiten in Neuguinea (Morotai und Lae). Bis August 1945 entstanden mehrere SLU auf dem fernöstlichen Kriegsschauplatz (unter anderem auf den Philippinen).

Alle Offiziere und Unteroffiziere der SLU gehörten zum Personalbestand der Royal Air Force-Aufklärung und trugen Fliegeruniformen.

Die für die operativen Kommandos und Stäbe vorgesehenen Funksprüche wurden abermals verschlüsselt. Dafür verwendete man die britische Chiffriermaschine «Typex» oder eine «einmalige» Chiffre (one time pad).

Jede SLU verfügte über eine eigene Funkstation und eine Chiffriermaschine. Hatte der Leiter der SLU den Ultra-Funkspruch aufgefangen und entziffert, so machte er seinen Vorgesetzten mit dem Inhalt bekannt. Danach wurde der Funkspruch vernichtet.

Wie die Zentrale in Bletchley arbeiteten auch die SLU in drei Schichten. Zum Personalbestand einer Einheit gehörten je nach Kommandoebene ein oder zwei Offiziere und etwa zehn Unteroffiziere (Operatoren, Techniker, Chiffreure).

Manche Kommandeure wollten die SLU in unmittelbarer Nähe ihres Befehlsstandes haben. Andere wiederum, so General Bernard L. Montgomery, richteten sie möglichst weit vom Stab ein, da sie fürchteten, die gegnerische Funkaufklärung könnte die Funkstation der SLU anpeilen und somit auch die Kommandostelle entdecken. Es gab Befehlshaber, die zwar das ihnen übermittelte Informationsmaterial schätzten, aber die SLU selbst scheel ansahen, weil diese ein eigenes Nachrichtennetz und eigene Chiffriermaschinen besaßen und sich jederzeit direkt mit London verständigen konnten. Ein weiterer Grund für das reservierte Verhalten war das den SLU-Leitern eingeräumte Einspruchsrecht, falls die Befehlshaber Entscheidungen fällten, die beim Gegner den Verdacht aufkommen ließen, daß die Befehle auf Informationen von Enigma-Funksprüchen basierten. Wenn die geplanten Gefechtshandlungen nicht vorschriftsmäßig getarnt, also nicht durch andere Aufklärungsmittel «begründet» waren, erhielt das Hauptquartier in Großbritannien eine entsprechende Meldung. In solchen Fällen wurde die Operation kurzfristig eingestellt.

Churchill förderte die Aufklärungsoperationen der SLU. Der britische Premier hatte stets eine solche SLU-Einheit in seiner Nähe.

Nach diesem Exkurs zurück zum Zentrum in Bletchley.

Wie schon erwähnt, bestanden zwischen dem polnisch-französischen Zentrum «Bruno» und Bletchley Kontakte. Gestützt auf das polnische Modell der «Kryptographiebombe», arbeiteten die britischen Experten an einer eigenen, verbesserten elektronischen Dechiffrieranlage.

Den größten Anteil an der ersten britischen «Bombe» hatte Alan Turing, wohl der begabteste Mathematiker in Bletchley. Daher taucht in einigen Arbeiten der Terminus «Turing-Bombe» auf.

Von Zeit zu Zeit kam Turing in das polnisch-französische Zentrum «Bruno», um mit den Spezialisten über den neuesten Stand der Entzifferung zu sprechen. «Wir haben ihn wie einen jüngeren Kollegen behandelt, der sich zwar in der mathematischen Logik sehr gut auskannte, in der Kryptologie aber die ersten Schritte machte», erinnerte sich Marian Rejewski. «Wenn ich mich recht entsinne, diskutierten wir über das Schaltbrett, das ihn zu fesseln schien, und über die Steckerverbindungen, das Kernstück der Enigma. Turing interessierte sich auch für den Dreibuchstabencode der deutschen Luftwaffe.»

Damals ahnte wohl keiner im Zentrum, daß Jahre später Turing als führender Theoretiker der Computertechnik gelten würde.

Darüber, seit wann das Zentrum in Bletchley – zunächst mit Hilfe des polnischen Enigma-Geräts, der Lochkarten und der

Alan M. Turing

«Bombe» – die Technik des Mitlesens deutscher Chiffren beherrschte, gibt es in den Quellen abweichende Auffassungen. Winterbotham schreibt, daß man dort Ende Februar 1940 alle Texte der deutschen Maschinenchiffre (der Luftwaffeneinheiten) erstmals zu lesen vermochte. Polnische und französische Quellen indes geben an, daß Bletchley eng mit dem polnisch-französischen Zentrum «Bruno» (zumindest seit Dezember 1939) zusammenarbeitete und beispielsweise über eine besondere Fernschreibleitung die gelösten Tagesschlüssel, das Abhörmaterial und anderes austauschte.

Die frühe Etappe der Operation «Ultra» behandelt Winterbotham nur am Rande. Angeblich hatte man in Bletchley nur weniger wichtige Funksprüche der deutschen Luftwaffe entziffert. «Dennoch arbeitete die Bronzegöttin von Bletchley Park» – die erste Version der britischen «Bombe» – «in der ersten Kriegsphase noch sehr unregelmäßig. Es war daher für uns reines Glück, daß wir aus einem deutschen Flugzeug, das vor der norwegischen Küste abgeschossen worden war, eine weitere Enigma-Chiffriermaschine mit allen Codes bergen konnten. Später erbeuteten wir ähnlich wertvolles Material von einer deutschen Panzernachrichteneinheit, die während des Frankreich-Feldzuges zu weit vorgestoßen war. Im Mai 1941 eroberte unsere Kriegsmarine sogar ein deutsches U-Boot, in dem ebenfalls eine Enigma und zahlreiche Schlüsselunterlagen gefunden wurden ...»*

Es haben sich Originaldokumente aus jener Zeit erhalten, unter anderem ein Bericht von Oberst Gwido Langer, der von Januar bis Juni 1940 täglich die Daten der gelösten Enigma-Schlüssel notierte. Der Bericht enthält ferner eine summarische Zusammenstellung und die Notiz, daß bei der Lösung von insgesamt 126 Enigma-Schlüsseln die britischen Spezialisten damals zu 83 Prozent mitgewirkt haben.

Diesen hohen Anteil Bletchleys an der praktischen Lösung deutscher Chiffren im ersten Halbjahr 1940 unterstreicht noch ein anderer Bericht, den Gwido Langer in Frankreich verfaßte. Daraus sei ein Abschnitt zitiert, der die Beziehung zwischen den polnischen, französischen und britischen Enigma-Experten charakterisiert: «Als ich im Dezember 1939 in England war, sprachen wir auch über die Organisation der Zusammenarbeit. Die Engländer baten uns um einige Fachleute. Ich persönlich war seinerzeit der Meinung, daß wir dort bleiben müßten, wo unsere Armee formiert wurde. Dem Vorschlag der Engländer, eine gemeinsame Abteilung im ‹Bruno› zu schaffen, stimmten die Franzosen nicht zu. Es blieb also dabei, daß wir uns mit der Forschung befassen sollten, die Engländer aber mit der technischen Seite und mit der praktischen Nutzung.»**

«Am Anfang», stellt Langer in einem weiteren Bericht, der sich ebenfalls in Rejewskis Besitz befindet, fest, «verfügten wir über drei Maschinen. Eine von ihnen hatten wir im Januar zerlegt wegen der Konstruktionszeichnungen. An der zweiten führte eine Gruppe (drei Personen) Untersuchungen durch.» Zum Lesen der Enigma-Chiffren blieb nur eine Maschine. Erst Ende Juli 1940, als das Zentrum «Bruno» nach Nordafrika evakuiert werden mußte, stellte die Firma, die einen Auftrag zum Bau weiterer Geräte erhalten hatte, drei Maschinen her.

Unterdessen setzten die britischen Experten in den ersten Monaten des Jahres 1940 alles daran, um möglichst schnell ein wirksames System für die Beobachtung und Entzifferung des

---

* F. W. Winterbotham, S. 33.
** Der Bericht befindet sich im Privatarchiv von M. Rejewski.

gegnerischen Funkverkehrs zu entwickeln. Die Zahl der Analytiker und Kryptologen in Bletchley erhöhte sich damals auf das Zehnfache: von sechs auf sechzig Mitarbeiter, darunter die beiden hervorragenden Mathematiker Alfred D. Knox und Alan M. Turing.

Knox hatte sich bekanntlich schon in den dreißiger Jahren mit einem Team von Kryptologen bemüht, das Enigma-Chiffrierverfahren zu lösen, allerdings ohne Erfolg.

Die wichtigsten Leistungen erzielten die britischen Spezialisten unbestritten erst in der späteren Kriegsphase. Dennoch hatte Bletchley auch vom Herbst 1939 bis Mai 1940 große Fortschritte bei der Entwicklung von Methoden zur Entzifferung der deutschen militärischen Chiffren zu verzeichnen. Überdies wurde damals das Netz der sogenannten Spezialverbindungseinheiten, der Special Liaison Units (SLU), geschaffen, das sich – wie schon bekannt – in der Folgezeit über fast alle Kontinente spannte. Es ermöglichte eine zuverlässige Verbindung zwischen den über den ganzen Erdball verstreuten Abhörstellen des deutschen, italienischen und später auch des japanischen Funkverkehrs und der Entzifferungszentrale in Bletchley, die den Inhalt der dechiffrierten Funksprüche unverzüglich an den festgelegten Nutzerkreis weiterleitete.

Im Verlauf des zweiten Weltkrieges bildeten sich neue, bis dahin unbekannte Bereiche und Formen der Konfrontation heraus: offensive Rundfunkpropaganda, funkelektronische Erkundungen, Radar. Die Funkaufklärung entwickelte sich, ebenso das Eindringen in gegnerische Chiffriersysteme wie die Maßnahmen zum Schutz der eigenen Nachrichtenmittel. Das stellte naturgemäß die Oberkommandos der kriegführenden Seiten vor ganz neue, komplizierte Aufgaben. So ist verständlich, daß in den beiden wichtigen Publikationen über die Tätigkeit in Bletchley, bei Winterbotham (1974) und Lewin (1978), die organisatorisch-technischen Aspekte der Enigma–Ultra, ihre «Computerisierung», im Mittelpunkt stehen.

Zwar wissen wir heute weitaus mehr darüber als noch vor einigen Jahren, als man lediglich in Anspielungen über das «Orakel von Bletchley» oder über die «Bronzegöttin» schrieb, und doch gibt es immer noch weiße Flecken über Konstruktion und

Einsatz der Geräte für die Entzifferung. Fest steht, daß während der ersten vier Kriegsjahre in Bletchley im wesentlichen jene Methoden und Geräte für das Mitlesen der Enigma-Chiffren zum Einsatz kamen, die in Polen entwickelt worden waren. Gegen Ende 1943 tauchten speziell für die Entzifferung entwickelte elektronische Rechner auf. Davon erfuhr die Öffentlichkeit erst im Herbst 1975, als die britische Regierung nach mehr als dreißig Jahren Schweigen die Aufnahmen vom ersten Computer der Welt, dem «Colossus», freigab. Professor B. Randall, einem Kenner der Geschichte der Computertechnik, zufolge beweisen diese Aufnahmen recht deutlich, daß in Großbritannien im Verlauf des zweiten Weltkrieges eine Serie programmierbarer elektronischer Rechner entwickelt wurde. Der erste Computer entstand im Dezember 1943.*

Das Spezialistenteam, das sich mit der Entwicklung dieses Gerätes befaßte, stand unter Leitung des Oxforder Mathematik-Professors Max H. Newman (Projekt und Programmierung) und T. H. Flowers (Konstruktion und technische Lösung). Sie stützten sich auf die theoretischen Arbeiten von Alan M. Turing.

Der Prototyp des «Colossus» mit seinen 1 500 Röhren wurde nach Bletchley gebracht, um dort Versuchsläufe durchzuführen. Im März 1944 erhielten T. H. Flowers, K. W. Coombs, W. W. Chandler und andere den Auftrag, drei dieser Computer zu bauen, die bis zum 1. Juni, also noch vor der Invasion der Alliierten in Frankreich, in Betrieb genommen werden sollten. Allerdings gelang es nur, einen Computer bis zum festgesetzten Zeitpunkt fertigzustellen. Der verbesserte «Colossus» (Mark 2) hatte 2 400 Röhren und arbeitete mit einer Geschwindigkeit von 5 000 Impulsen je Sekunde. «Bis Kriegsende», resümiert Randall, «wurden noch weitere Exemplare der Colossus-Serie gebaut; sie erwiesen sich als zuverlässig. Was dann mit ihnen geschah, ist bislang nicht ermittelt worden.»**

Soviel in aller Kürze über die ersten britischen Computer, die

* B. Randall, The «Colossi» – Britain's Wartime Secret Computers. Beitrag auf dem Internationalen Wissenschaftlichen Symposium zu Fragen der Geschichte der Computer, Los Alamos, 10. bis 15. Juni 1976.
** B. Randall, ebenda.

Computer «Colossus»

Bletchley etwa im Juni/Juli 1944 zur Verfügung standen, als der Krieg in seine letzte Phase eintrat und insbesondere durch die Siege der Roten Armee eigentlich schon entschieden war. Dennoch verdienen die Leistungen der britischen Konstrukteure beim Bau des ersten Computers höchste Anerkennung, obwohl der «Colossus» für die Arbeiten in Bletchley keine solche Rolle mehr spielte wie die von 1940 bis 1944 verwendeten Methoden und Geräte, beispielsweise die «Kryptographiebombe», die auf polnische Konstruktionspläne zurückgingen.

Schon im Herbst 1939 hatte Turing ein Projekt entwickelt und dem Ministerium für Post- und Fernmeldewesen den Bau eines Entzifferungsgeräts empfohlen, das – wie der polnische Vorgänger – die Bezeichnung «Bombe» trug. Nach Meinung des britischen Historikers Lewin gab es ja in Bletchley bereits eine solide Grundlage, auf der weitergearbeitet werden konnte: «Die britischen Theoretiker und Techniker entwickelten die

162

polnische Methodologie sehr schnell weiter, bis sie dann auf neue Schwierigkeiten stießen; sie schufen im Prinzip ihre eigene Version einer Anlage für die Verarbeitung von Daten, die unter dem Namen ‹The Bomb› in die Geschichte einging. Wie wir schon gesehen haben, ist der menschliche Geist nicht fähig, die nahezu unendliche Zahl von Möglichkeiten des Enigma-Systems in der gebotenen Geschwindigkeit zu erfassen. Die in Bletchley eingesetzten Modelle der ‹Bombe› aber haben diese wichtige Funktion erfüllt.»*

Die erste britische «Bombe» wurde in der British Tabulating Company in Letchworth bei London gebaut. Wie der Chefingenieur dieses Projekts, Harold Keen, meint, funktionierte sie nach dem gleichen System des Stromkreislaufs wie die Enigma. Ihr «Geheimnis» habe darin bestanden, daß sie die Steckerverbindungen der Enigma-Chiffrierwalzen simulieren sollte.

Über die Lösungsverfahren der Enigma-Chiffren in Bletchley gibt es nur Vermutungen. Nach Meinung von Marian Rejewski konnten die Rechner zwar verschiedene Ausgangsdaten im Blitztempo verarbeiten, aber keineswegs das Programm für die Operationen aufstellen.

Durch die Nachbildung der Schlüssel mit Hilfe der deutschen Chiffre «Meteo», eine Methode, die in den ersten Kriegsmonaten im Zentrum «Bruno» bei Paris und in Bletchley üblich war, konnte man nur ein einziges Enigma-Netz mitlesen. Heute wissen wir, daß es in Deutschland und in den okkupierten Gebieten mindestens sechzig solcher Netze gegeben hat. Obwohl der britische Abhördienst während des Krieges ausgebaut wurde, konnte er nicht den gesamten Funkverkehr verfolgen. Dennoch gelang es zuweilen, Funksprüche aus verschiedenen militärischen, paramilitärischen und zivilen Netzen gleichzeitig zu entziffern. Einen Beweis dafür liefert die Vielfalt von Enigma-Informationen, wie man den Beispielen von Winterbotham, Beesly, Lewin und anderen Autoren entnehmen kann. Offenbar wurden die bewährten Verfahren – Untersuchung der Spruchanfänge oder Ausnutzung des Umstands, daß der Buchstabe Y im Deutschen sehr selten auftritt – weiterhin verwendet. Es

* R. Lewin, S. 58.

muß aber noch andere Methoden gegeben haben, da sich die deutschen Chiffren und die Arbeitsweise der Enigma-Maschinen während des Krieges oft änderten.

Die britischen «Bomben» bildeten von 1940 bis 1945 anscheinend den Grundstock aller technischen Anlagen in Bletchley, mit deren Hilfe die Schlüssel der deutschen Funksprüche automatisch gelöst wurden. Wie Rejewski meint, waren diese «Bomben» im Hinblick auf den theoretischen Ausgangspunkt und das Funktionsprinzip eine Kreuzung aus der polnischen Kryptographiebombe und dem Lochkartensystem von Zygalski, das sich für den Computer leicht aufbereiten ließ.

Die «Bomben» waren seit September 1942 in einem Spezialgebäude (Hut F) untergebracht; einige von ihnen befanden sich in den Außenstellen. Dort arbeiteten etwa tausend Personen, meist junge Mädchen, die in Kursen von vier bis sechs Monaten als Funker ausgebildet wurden.

Bei Kriegsende setzten die britischen Theoretiker und Konstrukteure aus Bletchley und der funktechnischen Versuchsstelle von Dollis Hill ihre Arbeiten fort. Professor M. H. Newman und einige seiner Mitarbeiter gingen an die Universität Manchester. Alan M. Turing erhielt eine Stelle im National Physical Laboratory. K. W. Coombs und W. W. Chandler blieben in Dollis Hill. Turing lieferte bereits im Jahre 1945 die erste komplette Dokumentation eines Computers mit Speicher (stored program), die zu einer neuen Art von Rechnern (der ACE-Serie) führte.

Während des zweiten Weltkrieges ging die «romantische», «geheimnisvolle» Ära in der Kryptologie unweigerlich zu Ende, die Mathematik wurde zur Grundlage der «Enträtselung» aller Chiffren. Das schränkte indes die Bedeutung subjektiver Faktoren, der Begabungen und Talente, keineswegs ein. Dort, wo es um Entdeckungen ging, um herausragende Leistungen, mußten sich Willenskraft und Wissen ergänzen, mußten intellektuelle Fähigkeiten und leidenschaftlicher Forschungsdrang zu einer wirksamen Synthese finden.

Die Erfolge der westalliierten wissenschaftlich-technischen Aufklärung von 1939 bis 1945 gingen – wie wir gesehen haben – auf die Anstrengungen talentierter Kryptologen aus vielen Ländern zurück, aber auch auf das Wirken der Organisatoren, der Fachleute für Nachrichtenwesen sowie der Konstrukteure von Entzifferungsanlagen, Abhörapparaturen und anderen Geräten.

Im Zusammenhang mit der organisatorischen Seite muß Gustave Bertrand, der aktiv in der Résistance gekämpft hat, mit an erster Stelle genannt werden. Sein größtes Verdienst besteht darin, kurz vor Ausbruch des zweiten Weltkrieges ein enges Zusammenwirken zwischen den polnischen, französischen und britischen kryptologischen Diensten angeregt und realisiert zu haben. Bertrand war ein wichtiger «Katalysator». Ohne seine Energie, Initiative und Ausdauer hätte die Operation «Ultra» nicht so schnell zum Erfolg geführt.

Als 1974 die wertvolle, aber etwas einseitige Arbeit «The Ultra Secret» von Winterbotham erschien, der den Beitrag der polnischen Spezialisten herunterspielte und die französischen Bemühungen einfach ignorierte, forderte Gustave Bertrand, seinerzeit General a. D. und Bürgermeister der kleinen Stadt Theoule-sur-Mer an der Côte d'Azur, der historischen Wahrheit zu genügen und die Leistungen aller an der Enigma-Aktion Beteiligten nach dem Prinzip «à tout seigneur tout honneur» (jedem nach seinem Verdienst) zu würdigen. Außer seiner schon mehrmals zitierten Arbeit veröffentlichte er mehrere Schriften – oft verbreitete er sie auf eigene Kosten –, in denen er einseitige oder gar falsche Behauptungen britischer Autoren korrigierte.

Anerkennung verdient auch der Franzose Henri Braquenié, ein Fliegeroffizier und Kryptologe, der am Warschauer Treffen im Juli 1939 teilgenommen und sich zusammen mit seinen polnischen Kollegen um eine gemeinsame Funkaufklärung des Gegners bemüht hatte. In einem Interview von 1975* vermittelte er erstmals viele wichtige und interessante Details über den «heißen Draht», der in der ersten Hälfte des Jahres 1940 zwischen dem polnisch-französischen Zentrum «Bruno» in Gretz-Armainvillers und der britischen GCCS bestand. Bereits im Dezember 1939 hatte sich Braquenié nach Bletchley begeben und mit den britischen Kryptologen den Informationsaus-

* Der Wortlaut befindet sich im Archiv des Autors.

tausch abgestimmt. Hierbei ging es vor allem darum, wie die gelösten Enigma-Schlüssel, die das Mitlesen aller abgefangenen Tagesfunksprüche ermöglichten, beiden Zentren zugänglich gemacht werden konnten.

Dabei entbehrt es nicht der Ironie, daß für die Geheimhaltung des Funkverkehrs zwischen «Bruno» und Bletchley sowie für die Informationen über die täglich wechselnden Enigma-Schlüssel ausgerechnet das deutsche Enigma-System verwendet wurde! Die Fernschreiblinie, die beide Zentren verband, war 600 Kilometer lang und verlief teilweise durch okkupiertes Territorium, so daß der faschistische deutsche Geheimdienst – zumindest theoretisch – den Funkverkehr abhören konnte. Daher mußte die Chiffre absolut zuverlässig sein. Braquenié, der für diese Funkkorrespondenz verantwortlich war, sorgte für die nötige Sicherheit.

Alle Chiffrierstellen, die alliierten wie die deutschen, gingen nach dem Prinzip vor, lange Funksprüche aufzuteilen und die einzelnen Textteile in regelmäßigen Zeitabständen zu senden. Verschieden waren die Methoden bei der Textaufbereitung, um die Entzifferung zu erschweren, beispielsweise durch Substitution des Ausgangstextes. Die deutschen Chiffreure verwendeten dafür gewöhnlich den Buchstaben X oder ganze Wörter, die nichts mit dem Inhalt eines militärischen Funkspruchs zu tun hatten, zum Beispiel «Gurkensalat», «Schweinefleisch», und sich zu absurden Buchstabenverbindungen fügten. Braquenié ging auf die gleiche Art vor und setzte am Schluß der nach England gesendeten Funksprüche noch «Heil Hitler!» hinzu.

Operation «Magic»

Im Jahre 1943 wurde US-amerikanisches Militärpersonal in die Operation «Enigma–Ultra» einbezogen. Es handelte sich dabei meist um Reserveoffiziere, die über eine Ausbildung im Nachrichtenwesen und in der Funkaufklärung verfügten. Unter ihnen befanden sich nicht wenige Absolventen von Harvard, Princeton und anderen renommierten Universitäten. In den höheren Kommandos der USA gab es sogenannte Ultra-Adviser (Ultra-Berater), die eine Mittlerstellung zwischen dem britischen Zentrum in Bletchley, den SLU und den US-amerikanischen Befehlshabern einnahmen, welche regelmäßig Enigma-Informationen erhielten. Der Ultra-Adviser war für die Sicherheit und Geheimhaltung der Enigma-Nutzung verantwortlich und hatte die Aufgabe, die aus dieser Quelle stammenden Daten nach außen zu tarnen. Er gestattete den Befehlshabern keine Kampfhandlungen, aus denen der Gegner schließen konnte, daß sie in irgendeinem Zusammenhang mit der Entzifferung der Enigma standen. War eine solche Wahrscheinlichkeit vorhanden, mußten die Aktionen mit einer anderen Methode der Erkundung, beispielsweise mit Luftaufklärung, «begründet» werden.

Die Ultra-Adviser, die Ende 1943 und Anfang 1944 nach Großbritannien kamen, wurden in Bletchley ausgebildet.

Die anglo-amerikanische Zusammenarbeit geschah nicht von ungefähr. Unter dem Eindruck der Siege der Roten Armee und der wachsenden antifaschistischen Volksbewegung in allen okkupierten Ländern drängten einflußreiche Politiker der USA und Großbritanniens auf eine Aktivierung der westalliierten Kriegführung. Sie fürchteten, die sowjetischen Streitkräfte könnten allein stark genug sein, mit dem faschistischen Gegner fertig zu werden, noch ehe ihre eigenen Truppen einen Fuß auf deutschen Boden gesetzt hätten. Außerdem standen sie unter dem Druck ihrer Völker, die immer energischer eine engere Zusammenarbeit mit der Sowjetunion forderten.

Die Mitarbeit in Bletchley war jedoch nur ein Teil der US-amerikanischen Funkaufklärung, und keineswegs der wichtigste. Der militärische Geheimdienst der USA verfolgte seit langem alle Neuerungen in der Chiffriertechnik und interessierte sich für die im Ausland, besonders in den deutschen Streitkräften, verwendeten maschinellen Chiffren.

Bereits am 17. Oktober 1927 informierte der amerikanische Militärattaché in Berlin, Oberst A. L. Conger, seine Vorgesetzten in Washington über die Enigma. In seinem Bericht hieß es, daß die damit chiffrierten Funksprüche selbst von erfahrenen Kryptologen nicht zu lösen seien und daß sich bislang keine einzige Dechiffriermethode bewährt habe. Ende November 1927 erhielt Conger aus Washington den Auftrag, eine handelsübliche Enigma zu kaufen. Im Mai 1928 wurde ein Gerät nach New York gebracht und den Nachrichtentruppen übergeben.

1928 und 1929 setzte der neugeschaffene Signal Intelligence Service (SIS) die Untersuchungen fremder Chiffriersysteme fort. Er besaß relativ exakte Informationen über die deutschen Chiffren, unter anderem auch über die Militärvariante der Enigma.

Am 2. Juli 1931 berichtete der Stellvertreter des Militärattachés der USA in Berlin, Major P. W. Evans, ein Fachmann für Nachrichtenwesen, über «im Nachrichtendienst der deutschen Landstreitkräfte eingesetzte Chiffriergeräte» nach Washington. Er erläuterte in seinem Bericht die Struktur der maschinellen Chiffren und den Einsatz der Enigma-Geräte während Manöver und Feldübungen. Diese Maschinen seien mit drei Walzen ausgestattet und daher der Handelsvariante ziemlich ähnlich, doch «vorn, gleich unter dem Tastenfeld, befinden sich mehrere Steckdosen mit Doppelsteckern und Leitungen, die den Stromkreislauf in der Maschine verändern können».*

Die bedeutendste Leistung der US-amerikanischen Kryptologen war zweifellos die Lösung der japanischen Purple- (Purpur-) Chiffre im August/September 1940.

* R. Lewin, S. 33 f.

Manche Historiker sprechen in diesem Zusammenhang von «Wunder» und «Eingebung» und ähnlichem. Doch solche Bewertungen wären nicht nur unwissenschaftlich, sie sind völlig unnötig. Es schmälerte keineswegs die Leistung der US-amerikanischen Experten, wenn sie die enge Verwandtschaft zwischen der japanischen Purple-Chiffre und der deutschen Militär-Enigma offen zugeben würden. Es ist doch bekannt, daß sich der kryptologische Dienst der USA seit Anfang der dreißiger Jahre mit der deutschen Enigma beschäftigte und noch früher als die Polen ein Gerät der Handelsvariante besaß. Wie der polnische hatte auch der US-Geheimdienst das Wissen über den Aufbau und die Arbeitsweise der Militär-Enigma sowie über die Steckerverbindungen aus Bertrands Material geschöpft. Mitte 1940 bedurfte es keiner «Eingebung» mehr, um jenes «teuflische» Steckerbrett auch in der japanischen Enigma zu ermitteln.

Die in den USA unter der Bezeichnung «Purple» bekannt gewordene Maschinenchiffre trug in Japan den Namen «Shiki Obun Injiki I–97». (Die Zahl 97 bedeutete das japanische Kalenderjahr 2597, also 1937.) Es handelte sich um eine Enigma-Variante, die die Japaner von Deutschland gekauft und ihren Bedürfnissen angepaßt hatten. Sie konnte japanische Texte chiffrieren und dechiffrieren und die japanische Schrift ins lateinische Alphabet transponieren. Diese modifizierte Enigma wurde im diplomatischen Verkehr und in den Streitkräften Japans eingesetzt.

Die ersten japanischen Funksprüche dieser Art wurden von Horchstationen der USA Anfang 1938 aufgefangen. Das Kryptologenteam der US-Navy unter Commander L. F. Safford hatte zuvor schon mehrere japanische Codes und Chiffren gelöst; diesmal war die Aufgabe aber weitaus schwieriger. Man erkannte bald schon, daß es um eine Maschine ging, die sich wesentlich von der «Roten», einem früheren, in Japan verwendeten Chiffriergerät, unterschied. Nach vielen erfolglosen Versuchen wurde beschlossen, die kryptologischen Dienste zu koordinieren. Der Signal Intelligence Service widmete sich nunmehr ganz der Lösung dieser neuen Chiffre. Diese Aufgabe erhielt den Namen Operation «Magic».

Wie Ladislas Farago berichtet, sei es William F. Friedman, dem Leiter des Kryptologenteams, nach Wochen mühseliger Arbeit gelungen, zu etwa 25 Prozent in das Geheimnis der japanischen Chiffriermaschine einzudringen. Dann jedoch sei die Arbeit nicht mehr so recht vorangegangen. Von Zeit zu Zeit habe der Chefkryptologe eine Teillösung melden können, die indessen nicht die Chiffre selbst, sondern spezielle sprachliche Fragen berührt habe. So sei es mehr als zwei Jahre gegangen, bis plötzlich eines Morgens im August 1940 das Wunder geschehen wäre. Der junge Kryptologe Harry Lawrence (auch Harry Clark genannt) sei strahlend zur Arbeit gekommen. Farago enthüllt auch den Grund für die Hochstimmung: «Die ganze Nacht grübelte er über dem Problem. ‹Ich fragte mich›, meinte er später, ‹ob nicht die Gelbgesichter anstelle der Chiffrierwalzen ein besonderes Schaltbrett mit Steckerverbindungen eingebaut haben. Dieser Gedanke aber war so ungewöhnlich, daß der Chefkryptologe Friedman schockiert war.›»*

Am 25. September 1940 habe man schließlich den ersten vollständigen Chiffretext der Japaner entziffern können. Wie Farago hervorhebt, wäre das der größte Sieg in der Geschichte der US-amerikanischen Kryptologie gewesen. Er grenze geradezu an ein Wunder.**

Die plötzliche «Eingebung» des jungen Kryptologen wirkt wenig überzeugend. Die japanische Chiffrieranlage besaß das gleiche Tastenfeld, die gleichen Chiffrierwalzen und Steckerverbindungen wie die Enigma und gewährleistete eine ebenso astronomische Zahl von Kombinationen. Darum hätte die Rekonstruktion des inneren Aufbaus dieser Vorrichtung ähnlich verlaufen müssen wie seinerzeit in Polen beim deutschen Enigma-Modell. Unverständlich sind auch die Bemerkungen über das Eindringen in das Chiffriergeheimnis «zu etwa 25 Prozent» noch vor der vollständigen Ermittlung des Systems der Maschine. Voraussetzung dafür wäre die Entwicklung eines Ausgangsmodells gewesen, was wiederum den Einsatz mathematischer Methoden erfordert hätte. Das japanische Enigma-

* L. Farago, The Broken Seal, New York 1967, S. 93.
** Ebenda.

Schlüsselverfahren konnte theoretisch nur ebenso gelöst werden, wie das beim deutschen weiter vorn beschrieben wurde.

Es ist anzunehmen, daß sich die US-amerikanischen Kryptologen – ähnlich wie seinerzeit die polnischen – die Fehler der japanischen Funker zunutze machten. Außerdem waren sie etwas im Vorteil, da die Japaner – im Unterschied zu den Deutschen – ihre Funksprüche bei gleicher Einstellung der Maschine abzugeben begannen. Ohne die Hinweise, die Bertrand den Polen gegeben hatte, vor allem jedoch ohne die Entwicklung und praktische Anwendung der Zyklentheorie von Rejewski wären die Ermittlung der Zwischenverbindungen sowie die später erarbeiteten Verfahren zur Nachbildung der Schlüssel in der Tat eine gigantische Leistung gewesen. Bevor dafür aber keine stichhaltigen Beweise vorliegen, tut man wohl besser, nach einer realen Erklärung des «Wunders» zu suchen.

Alles, was man heute über die Operation «Magic» weiß, rechtfertigt die Annahme, daß auch die USA auf die in Polen entwickelten Methoden zurückgriffen, von denen sie aus London Kenntnis hatten.

Bereits nach der Niederlage bei Dünkirchen Ende Mai 1940 hatte der britische Geheimdienst von der Regierung gefordert, alle geheimen Materialien Washington zugänglich zu machen.

Am 14. Juli 1940 war US-General William Donovan im Auftrag Roosevelts nach Großbritannien geflogen, wo er mit Churchill und seinem Kabinett konferierte, Rüstungsbetriebe und militärische Ausbildungszentren besichtigte und sich mit Großindustriellen und anderen einflußreichen Personen traf. Donovan lernte die streng geheimen Radarsysteme kennen, ebenso die allerneuesten Flugzeugtypen und die Anlagen der Küstenverteidigung. Man öffnete ihm auch die Panzerschränke und weihte ihn in die Geheimnisse des Secret Intelligence Service einschließlich aller technischen Mittel für den Spezialkrieg ein. Donovan, der selbst bald Chef des Office of Strategic Services (OSS), also des Auslandsgeheimdienstes der USA, werden sollte, erhielt Einblick in geheimste Fragen der britischen Streitkräfte und des britischen Geheimdienstes. So kehrte der General also nicht mit leeren Händen nach Washington zurück.

Gehörten zu jenen «technischen Mitteln des Spezialkrieges»

auch die Enigma-Unterlagen und die Geräte zu ihrer Enträtselung? Eine Antwort auf diese Frage ließe sich in den Berichten über Donovans Besuch finden, die sicherlich in britischen und amerikanischen Archiven liegen. Noch aufschlußreicher ist vielleicht folgender Umstand: Einige Tage vor Donovans Rückkreise erinnerte der britische Botschafter in Washington, Lord Lothian, Roosevelt daran, daß seine Regierung den USA verschiedene geheime Informationen zur Verfügung gestellt habe, und bat den Präsidenten, die Oberkommandos der Armee und der Marine mögen sich erkenntlich zeigen. Er erwähnte die Zusammenarbeit und den Erfahrungsaustausch auf kryptologischem Gebiet, wobei es ihm vor allem um die Entschlüsselung der japanischen Chiffre ging. Nach einigem Zögern sicherte ihm Roosevelt zwei bis drei Entzifferungsgeräte zu, unter der Voraussetzung jedoch, daß die USA ihrerseits eine deutsche Chiffriermaschine erhielten.*

Der Präsident der USA wußte also bereits Anfang Juli 1940, daß das deutsche Enigma-Schlüsselverfahren gelöst worden war und die Briten entsprechende Maschinen besaßen. Besondere Aufmerksamkeit verdient hier die konkrete, detaillierte Behandlung der kryptologischen Zusammenarbeit auf einer so hohen Ebene. Dem Gespräch des britischen Botschafters mit Roosevelt über den Austausch von Informationen und Geräten für die Entzifferung mußten selbstverständlich Kontakte beider kryptologischer Dienste vorangegangen sein. Daher ist zu vermuten, daß die anglo-amerikanischen Verhandlungen zu diesen Fragen einige Wochen vorher begonnen haben, möglicherweise im April oder Mai 1940, als die Arbeit des polnisch-französischen Zentrums «Bruno», das mit Bletchley über eine Fernschreibleitung direkt verbunden war, auf Hochtouren lief.

Alles scheint darauf hinzuweisen, daß die Informationen aus Europa, die durch Donovans Vermittlung oder auf einem anderen, nicht unbedingt offiziellen Weg in die USA gelangten, die «Eingebung» der US-amerikanischen Kryptologen Ende August 1940 «gefördert» haben.

Über die praktische Nutzung der entzifferten japanischen

---

* E. Lerville, Les Cahiers secrets de la cryptographie, Paris 1964, S. 87.

Funksprüche werden wir in einem gesonderten Kapitel berichten. Hier sollen noch kurz einige Fakten über die Funkaufklärung der USA im zweiten Weltkrieg mitgeteilt werden.

Aus den Publikationen und dem bekannten Archivmaterial geht hervor, daß die Funkaufklärung der Vereinigten Staaten bis zum Ende des Krieges dezentralisiert gewesen ist. Die Landstreitkräfte wie auch die Kriegsmarine besaßen jeweils ihre eigenen Horchsysteme und ihre eigenen kryptologischen Dienste.

Als im Dezember 1941 der Krieg mit Japan begann, verfügten die Landstreitkräfte über sieben Horchstationen in den USA und in Übersee: Fort Hancock (Hafen von New York), San Francisco, San Antonio (Texas), Fort Hunt (Virginia), in Panama, Honolulu und in Manila (Philippinen). Sie unterstanden dem Signal Corps und dem Signal Intelligence Service (SIS). Im SIS waren 1941 etwa 330 Mitarbeiter, Offiziere und Zivilfachleute tätig; ihr langjähriger Leiter war Oberst Rex W. Minckler.

In der Kriegsmarine befaßte sich die Communication Security mit Fragen der Funkpeilung und Entzifferung, die Commander Lawrence F. Safford leitete. Im Jahre 1941 zählte diese Abteilung etwa 300 Militärs und Zivilpersonen. Für die Beobachtung des gegnerischen Funkverkehrs besaß die Marine ein eigenes Netz mit fünf zentralen Horchstationen – in Bainbridge Island (im Bundesstaat Washington), Jupiter (Florida), Winter Harbor (Maine), Cheltenham (Maryland) und Cavite (Philippinen) – sowie mehrere Nebenstellen in den USA und auf einigen Pazifikinseln.

Die japanischen Sprüche wurden in dringenden Fällen über Funk nach Washington weitergeleitet, wobei man sie zuvor chiffrierte. Das war eine langwierige und recht gefährliche Prozedur, da man nicht wußte, ob der japanische Funkaufklärungsdienst diese Meldungen seinerseits abfing und entzifferte. Die Aufbereitung dieses «Halbfabrikats» verlängerte die Zeit vom Erfassen der Funksprüche, ihrer Entzifferung und Übersetzung ins Englische bis hin zur Bereitstellung der Informationen für die höchsten staatlichen und militärischen Stellen.

Das Chiffrenmaterial wurde über Funk oder per Luftpost, manchmal aber auch mit dem Zug oder Schiff weitergeleitet.

Das Postflugzeug aus Honolulu flog beispielsweise nur einmal in der Woche, bei ungünstigem Wetter sogar noch seltener. Auf dem Seeweg kam das Material erst nach zwei Wochen in Washington an. Zwar hatte man schon vor dem Kriege mit der Installation von Fernschreibleitungen begonnen, bis zum 7. Dezember 1941 (japanischer Angriff auf Pearl Harbor) verfügten jedoch nur zwei Stationen (San Francisco und Bainbridge Island) über solche Verbindungen.

Mit den eigenen Chiffren stand es auch nicht zum besten – trotz des großen Propagandarummels, der später im Zusammenhang mit der Lösung des japanischen Enigma-Systems gemacht wurde. Ein aufschlußreiches Beispiel führt H. Bonatz, der ehemalige Leiter des Chi-Dienstes der faschistischen deutschen Kriegsmarine, in seinem Buch «Die deutsche Marine-Funkaufklärung 1914–1945» an.* So hätten die US-amerikanischen Chiffreure wichtige Meldungen und Befehle mit dem einfachen «Caesar» verschlüsselt, wie ein kurzer Funkspruch beweist, der vom Flugzeugträger «Sacramento» abgegeben wurde:

NMRBM KHSPQ OMAXM OBMJK GHSZT!

Diese Chiffre scheint vollkommen, nicht aber für Fachleute. Die Deutschen kannten den Namen des Schiffes und stellten bald fest, daß sich einige Buchstaben an den gleichen Stellen wiederholten. Die erfahrenen Kryptologen aus dem B-Dienst brauchten darum nur wenige Minuten für die Entschlüsselung:

NMRBM KHSPQ OMAXM OBMJX GHSZT
SACRA MENTO BAHIA BRAZI LENDX.

Den Ausgangspunkt zur Lösung bildeten die beiden Buchstaben A im Schiffsnamen. Der US-amerikanische Marineattaché in Berlin verwendete bis zum Kriegseintritt seines Landes eine ähnliche Chiffre. «Genausogut hätten die Amerikaner offen funken können», meint Bonatz ironisch.** Auch in Großbritannien wurde die Geheimkorrespondenz der USA-Botschaft entschlüsselt, allerdings aus ganz anderen Gründen.

Im Herbst 1939 kam Tyler Gatewood Kent, ein neunundzwanzigjähriger Mitarbeiter des diplomatischen Dienstes der

* H. Bonatz, S. 113.
** Ebenda.

USA, nach London. Zuvor hatte er in der Chiffrenabteilung der US-amerikanischen Botschaft in Moskau gearbeitet. Auch sein Vater, William P. Kent, war Diplomat und bekleidete viele verantwortungsvolle Posten. Das alles schien bei ihm eine vielversprechende Karriere anzukündigen, zumal er eine gründliche Ausbildung erhalten hatte. Er hatte in Saint Albans, Princeton, an der Sorbonne und in Madrid studiert und sprach fließend Französisch, Deutsch, Italienisch, Griechisch, Spanisch und Russisch. In London nun übertrug ihm der US-Botschafter, Joseph P. Kennedy, die Leitung der Chiffrenabteilung. So hatte Kent Zugang zur Korrespondenz des Botschafters mit Präsident Roosevelt und Außenminister Cordell Hull. Er kannte außerdem den Inhalt des Schriftverkehrs mit anderen Botschaftern der Vereinigten Staaten, beispielsweise mit C. Bullit in Paris, und US-Diplomaten in vielen europäischen Hauptstädten. Als Großbritannien am 3. September 1939 in den Krieg eintrat und Winston Churchill Erster Lord der Admiralität (Marineminister) wurde, sandte ihm Präsident Roosevelt einen persönlichen Brief, der eine rege Korrespondenz einleitete. Dieser Schriftverkehr wurde streng geheimgehalten, nicht einmal das State Department oder der britische Premier Chamberlain hatten davon Kenntnis. Anfangs wurden die Briefe von Kurieren befördert. Als sich die Kriegslage zuspitzte, erfolgte die Übermittlung der Texte auf dem Funkweg, womit die USA-Botschaft in London beauftragt wurde. Die Briefe von Churchill und Roosevelt verschlüsselte man mit dem US-amerikanischen Code «Gray», der als absolut sicher galt.

Die britische Funkaufklärung fing nicht nur deutsche oder italienische Funksprüche ab, sondern auch die aus der USA-Botschaft. Die Kryptologen in Bletchley kamen ohne weiteres mit dem Gray-Code zurecht.

Einige Wochen später registrierten die britischen Abhörstellen mehrere Funksprüche des deutschen Botschafters in Rom, Hans Mackensen, an das Auswärtige Amt in Berlin. Es stellte sich heraus, daß Mackensen über all das Bescheid wußte, was in London streng geheimgehalten wurde, unter anderem auch über die Korrespondenz zwischen Churchill und Roosevelt.

Alles schien darauf hinzudeuten, daß es im Geheimnisschutz

der USA ein «Leck» geben müsse – irgendwo auf ganz hoher Ebene. Die Analyse der entzifferten Funksprüche Mackensens ließ nur einen Schluß zu: Der deutsche Botschafter hatte den Inhalt der anglo-amerikanischen Korrespondenz vom italienischen Außenminister, Graf Galeazzo Ciano, erfahren, der aber konnte nur über die italienische Botschaft in London informiert worden sein.

Der britische Geheimdienst observierte jetzt eingehend die italienischen Diplomaten, zunächst ohne Ergebnis. Ein Umstand jedoch schien verdächtig: Oberstleutnant Maringliano, ein Mitarbeiter des Militärattachés, besuchte oft ein exklusives russisches Restaurant, das einem Emigranten, dem einstigen Admiral Wolkoff, und seiner Frau gehörte. Der Grund für die häufigen Besuche des italienischen Offiziers war nicht allein die gute Küche oder der vorzügliche Kaviar, vielmehr die Beziehungen zur Tochter des Exadmirals, zu der siebenunddreißigjährigen Anna Wolkoff. Sie besaß die britische Staatsbürgerschaft, war aber bei den Behörden nicht gut angesehen, besonders nach Ausbruch des Krieges. Wegen ihrer profaschistischen Neigungen wurde sie als verdächtige Person geführt. Diskrete Observationen ergaben, daß sie oft nachts das Haus verließ und in Telefonzellen und an Straßenbahnhaltestellen Plakate mit defätistischen Losungen klebte. Man ließ sie vorerst gewähren, weil man hoffte, ihren Komplizen auf die Spur zu kommen.

Kurze Zeit später erhielt der britische Geheimdienst einen weiteren wichtigen Hinweis. Ein italienischer Journalist, ein Antifaschist, hatte herausbekommen, daß die italienische Botschaft in London vertrauliches Material von der USA-Botschaft erhielt. Diese Mitteilung klang zwar recht phantastisch, aber man ging ihr trotzdem nach. Vielleicht hatte Anna Wolkoff, die mit einem Offizier der italienischen Vertretung befreundet war, auch Bekannte in der USA-Botschaft?

Es stellte sich heraus, daß die Vermutung stimmte, denn zu ihren Freunden zählte auch der junge Diplomat Tyler Kent. Einige Wochen darauf entschloß man sich zum Handeln. Am frühen Morgen des 20. Mai 1941 betraten zwei britische Offiziere in Begleitung der Polizei und eines Vertreters der USA-Botschaft Kents Wohnung am Gloucester Place und nahmen trotz seiner Proteste eine Haussuchung vor. Das Ergebnis übertraf alle Erwartungen. Es wurden etwa 1500 Kopien vertraulicher und geheimer Dokumente aus dem Archiv der Botschaft gefunden, darunter Texte chiffrierter Funksprüche. In einem Metallkästchen bewahrte Kent überdies Vorlagen von Flugblättern und Plakaten seiner Freundin Anna Wolkoff auf.

Man brachte Kent in die USA-Botschaft, wo er die von ihm betriebene Spionage eingestand. Er wurde zu sieben Jahren Gefängnis verurteilt. Auch Anna Wolkoff entging der Verhaftung nicht. Als britische Staatsbürgerin erhielt sie eine strengere Strafe: zehn Jahre Freiheitsentzug. Das Urteil gegen Kent fiel relativ mild aus, aber die USA befanden sich seinerzeit noch nicht im Kriegszustand mit den faschistischen Achsenmächten und hatten daher noch keine verschärfte Gesetzgebung.

Gleich nach Kents Verhaftung setzte sich Botschafter Kennedy mit Roosevelt telefonisch in Verbindung und informierte ihn über den Vorfall. Er ließ ihn wissen, daß der vom State Department und den Botschaften verwendete Code «Gray» die Geheimhaltung nicht mehr gewährleistete. Das alles spielte sich in einer sehr gespannten politischen Situation ab, okkupierte doch zu diesem Zeitpunkt die faschistische deutsche Wehrmacht Frankreich.

Doch trotz mancher Mängel im eigenen Chiffrierdienst waren die führenden Politiker und Militärs der USA seit Herbst 1940 in der Lage, den Funkverkehr zwischen der japanischen Regierung und deren Botschaftern in Washington, Berlin, Rom, Bern, Ankara und anderen Hauptstädten mitzulesen. Sie kannten die Berichte der japanischen Militärattachés und Geheimagenten in Honolulu, Panama, auf den Philippinen und in den großen Häfen der USA. Sie lernten die diplomatischen Pläne Japans kennen und erfuhren auch von allem, was man in Japan über die Streitkräfte der USA wußte. Doch selbst die Überlegenheit in der Aufklärung, die durch die Magic und andere Informationsquellen (Angaben vom britischen Geheimdienst, aus der Luftaufklärung, aus dem Radarsystem, aus der USA-Botschaft in Tokio) möglich geworden war, schloß Überraschungen keinesfalls aus.

Der USA-Kongreß untersuchte während des Krieges und

auch danach die Ursachen für die Niederlage der USA-Flotte bei Pearl Harbor. Das Material, das über das Eindringen in die japanische Maschinenchiffre hätte Auskunft geben können, wurde jedoch in den Verhörprotokollen entweder bewußt verschleiert oder völlig verschwiegen. Die Akten enthalten trotzdem vier Bände entzifferter japanischer Funksprüche, die einen beredten Beweis für den Umfang und die Bedeutung der Enigma-Purple-Informationen im zweiten Weltkrieg liefern.

Doch bevor wir darauf noch einmal zurückkommen werden, wollen wir uns wieder den polnischen Kryptologen zuwenden.

Einsatzort Boxmoor

Die Okkupation ganz Frankreichs durch die deutschen Faschisten im Jahre 1942 hatte – wie beschrieben – die polnischen Funkaufklärer und Kryptologen gezwungen, ihren Einsatzort häufig zu wechseln. Schließlich waren sie nach Großbritannien gelangt, wo ihre Einheit in Boxmoor, unweit der britischen Hauptstadt, stationiert wurde.

Das polnische Zentrum für Funkaufklärung und Entzifferung war von einem hohen Zaun aus Eisengittern umgeben. Es bestand aus einer Villa – sie trug den Namen «Arches» –, in der die Leitung und die Kryptologen untergebracht waren, und drei Baracken, in denen die Funker und die Wachmannschaft wohnten. Daneben dehnte sich ein Wald von Antennen aus.

Der Funkverkehr wurde rund um die Uhr überwacht. Aus Gründen der Geheimhaltung trug die Entzifferungsstelle den nichtssagenden Namen «Einsatzabteilung». Ihr Leiter, Major Kazimierz Zieliński, hatte vor dem faschistischen Überfall die Funkaufklärungsstation Nr. 4 in Poznań befehligt. Er freute sich verständlicherweise über die Ankunft von Marian Rejewski und Henryk Zygalski. Den beiden Mathematiker-Kryptologen ging der Ruf voraus, jede Chiffre «knacken» zu können. Daß diese Meinung vollauf begründet war, zeigte sich schon in den nächsten Tagen und Wochen.

Es schien logisch, daß die britischen Verbündeten die polnischen Funkaufklärungsexperten mit offenen Armen aufnehmen würden. «Quelle aubaine pour les Anglais!» (Was für ein Glück für die Engländer!) hatte Oberst Bertrand gemeint, als er in Frankreich die letzten Stunden seiner polnischen Waffengefährten erlebte, die sich auf den Weg über die Pyrenäen und weiter nach Großbritannien vorbereiteten. Doch es sollte – wie schon erwähnt – anders kommen. In Boxmoor durften sie sich nicht mehr mit dem Enigma-System befassen.

Seit die polnischen Kryptologen ihre Arbeit in Südfrankreich unterbrechen mußten, hatte sich die Kriegslage bedeutend verändert. Jetzt, im Herbst 1943, nach der Schlacht bei Kursk und anderen bedeutsamen Erfolgen der Roten Armee während der Sommer-Herbst-Offensive war der Umschwung im Verlauf des Krieges endgültig vollzogen. Der Versuch, das bestehende Kräfteverhältnis durch Angriffsoperationen mit begrenzten Zielen allmählich wieder zugunsten des faschistischen Blocks zu verändern, war zwar von vornherein zum Scheitern verurteilt, dennoch beugte sich das faschistische deutsche Oberkommando den Realitäten nicht. Verbissen wurden weiterhin sinnlos Menschen und Material eingesetzt. Immer häufiger tauchten an den Fronten stärkere Verbände der Waffen-SS auf. Diese fanatische Garde des Naziregimes wuchs nach Goebbels' Proklamation des «totalen Krieges» von Monat zu Monat. Gleichzeitig nahm der blutige Terror in den besetzten Gebieten der UdSSR, in Polen und in anderen Ländern von Woche zu Woche an Stärke zu. Die Fäden der weitverzweigten Terrormaschine liefen in Berlin, in den Händen Himmlers, des Reichsführers SS, zusammen.

Die polnischen Kryptologen auf den Britischen Inseln begannen, da sie keinerlei Möglichkeiten zur Entzifferung der Enigma-Funksprüche mehr hatten, Chiffren der SS, Gestapo, des SD und anderer Repressivorgane zu decodieren.

Wie bereits gesagt, hatte das polnische BS4 vor dem Kriege schon derartige Chiffren entschlüsselt. Seitdem war jedoch vieles anders geworden.

Die kryptologischen Dienste der SS und des SD, die Mitte der dreißiger Jahre noch in den Kinderschuhen steckten, hatten sich zu Nachrichten- und Chiffriereinheiten entwickelt, die aufs modernste ausgerüstet und mit versierten Fachleuten besetzt waren.

Nach der Annexion Österreichs im März 1938 hatte der spätere Chef des Sicherheitsdienstes-Ausland, Walter Schellenberg, im Archiv des österreichischen Geheimdienstes komplette Chiffrierunterlagen entdeckt. Spezialisten kamen zu dem Schluß, daß manche Ideen und Lösungen in Berlin unbekannt wären und verwertet werden könnten. Die Gestapo verhaftete den Chef der österreichischen Funkaufklärung, den hervorragenden Chiffrenkenner und -theoretiker, General Andreas Figl. Nach einer gewissen Zeit konnte man ihn überreden, zum «Ruhme des Großdeutschen Reiches» beizutragen. In Berlin-Wannsee, wo Figl untergebracht wurde, richtete der SD ein vom Auswärtigen Amt und von der Wehrmacht unabhängiges Zentrum für Kryptologie ein. Seine Spezialisten entwickelten ein eigenes Chiffriersystem, darunter die komplizierten «diagraphischen Chiffren». Ihrer bedienten sich die SS-Einheiten in den Jahren 1943 bis 1945, als die polnischen Spezialisten in Boxmoor bei London eingesetzt waren.

Marian Rejewski, Henryk Zygalski und ihre Kollegen waren bestrebt, das System der Codes und Chiffren der SS schnell zu entschlüsseln. Jeder entzifferte Befehl der SS-Führung konnte dazu beitragen, die Verluste der alliierten Armeen an den Fronten zu vermindern. Außerdem konnten die Widerstandsorganisationen in den okkupierten Gebieten gewarnt werden, wenn die Faschisten Aktionen gegen Partisanen oder Razzien und Verhaftungen vorbereiteten.

Die Lösung der SS- und SD-Chiffren stützte sich meist auf das sogenannte Doppelkastenverfahren. Die Arbeiten daran hatten bereits in Frankreich begonnen und wurden in Boxmoor beharrlich fortgesetzt, so daß die Ergebnisse nicht lange auf sich warten ließen. Wie Rejewski feststellte, bereitete ihm die Textaufbereitung die größten Schwierigkeiten. Man hatte den Text zunächst in Bigramme aufgelöst, diese gemischt und erst dann den Text chiffriert. Eine so komplizierte Prozedur wies aber auch gewisse Schwachpunkte auf, die Rejewski recht bald erkannte. Wie in den dreißiger Jahren glaubten die deutschen Faschisten auch jetzt noch an die absolute Sicherheit ihrer Methoden. Selbst wenn dies «im Prinzip» stimmte, traten doch Mängel bei Verwendung der Chiffren auf; zuweilen war es die Wiederholung stereotyper Wendungen, ein anderesmal die Vorliebe für bestimmte Wörter. So tauchte beispielsweise vor 1939 das Wort «einwandfrei» sehr oft in SS-Funksprüchen auf, die polnischen Spezialisten aber wußten, daß die Geheimhaltung der SS-Korrespondenz keineswegs einwandfrei war. Beispielsweise hat das Sprichwort «Wie die Alten sungen, so zwitschern auch die Jungen», das ein SS-Funker in einem Übungsspruch sendete, nachweisbar die Lösung einer Chiffre beschleunigt.

Zu den wesentlichen Arbeiten in Boxmoor gehörte die Lösung der auf dem Doppelkastenverfahren basierenden SS-Chiffren. Bis Kriegsende entzifferten die polnischen Kryptologen viele Funksprüche, die vom nahenden Zusammenbruch des faschistischen deutschen Staates kündeten.

Das Leben der beiden polnischen Mathematiker in Boxmoor war ziemlich eintönig. Sie wohnten in der Bargrove Avenue, in einem Bungalow, der einer gewissen Mrs. Bannister gehörte. Das Haus daneben bewohnte ein Professor, der oft im Garten arbeitete. Die Polen schlossen mit dem fleißigen Nachbarn Bekanntschaft und fragten ihn, warum er nicht die schönen Reizker verwende, mit denen der Garten übersät war. Der Engländer wunderte sich sehr, daß diese Pilze eßbar sein sollten. Gern überließ er sie den Polen, und am nächsten Tag kam er aus dem Staunen nicht heraus, daß die Fremden noch lebten und gesund waren.

Am 10. Oktober 1943 abends luden Marian Rejewski und Henryk Zygalski ihre Kollegen in das «White Horse» ein, das einzige Restaurant von Boxmoor, um ihre Beförderung zu feiern. Der Rang eines Leutnants hatte zwar keinerlei Bedeutung für ihre Arbeit, schützte sie aber vor dem Übereifer mancher Wichtigtuer. Als Offiziere durften Rejewski und Zygalski zudem nach London ins Theater fahren.

Einige Monate später konnte man ohne weiteres Karten für Premieren bekommen, da damals die V1 und V2 auf London fielen. So manche Theaterfreunde verzichteten auf den Besuch einer Vorstellung, weil sie fürchteten, während des Angriffs in einem geschlossenen Saal sitzen zu müssen. Sie fühlten sich sicherer in der Nähe eines Betonbunkers, einer U-Bahn-Station oder im eigenen Keller. Darum waren die Londoner Theater in den ersten Wochen der Bombardierung gähnend leer.

Im Februar 1944 flog die faschistische deutsche Luftwaffe eine ganze Serie schwerer Angriffe auf London und Umgebung, darunter auch auf Boxmoor. Die Piloten warfen ihre todbringende Ladung auf festgelegte Ziele ab, die mit Lichtsignalen an

Fallschirmen kenntlich gemacht wurden. Viele Gebäude wurden zerstört, auch das Hauptquartier der anglo-amerikanischen Truppen, das sich in St.-Paul's-School befand. Die heftigsten Luftangriffe erlitt Großbritannien jedoch in den Monaten Juni bis August 1944.

Die erste V1 fiel in der Nacht vom 12. zum 13. Juni 1944 auf London. Die britische Führung wußte schon seit 1943 von ihrem möglichen Einsatz, die Zivilbevölkerung indessen war völlig überrascht. In dem offiziellen Regierungskommuniqué hieß es, in der Nacht sei über London ein «feindlicher Bomber abgeschossen worden, der beim Aufprall auf die Erde explodierte». Erst in der nächsten Erklärung wurde hinzugefügt, daß es sich um ein «unbemanntes Flugzeug» handelte.

Eines Nachmittags, als die beiden polnischen Mathematiker über einem Stoß neuer SS-Funksprüche saßen, klingelte das Telefon. Marian Rejewski traute seinen Ohren nicht, als er Bertrands Stimme vernahm. Einige Tage später trafen sie sich, eine Begegnung, die für die beiden Polen und den Gast aus Frankreich zu einem großen Erlebnis wurde. Wie schnell doch die Zeit verging! In dem stillen Wirtshaus «White Horse», wo sie gemeinsam zu Abend aßen, tauschten sie Erinnerungen an Gretz-Armainvillers aus, an den Überfall auf Frankreich 1940, an das Zentrum «Cadix» und an die aufregenden Wochen im Winter 1942/43, als sie die Flucht über die Pyrenäen vorbereiteten, um der Verhaftung durch die Gestapo zu entgehen.

Oberst Bertrand war auf Befehl seiner Vorgesetzten in Frankreich geblieben. Er organisierte neue geheimdienstliche Aktivitäten, um den westalliierten Stäben, die sich nach der gelungenen Landung in Afrika auf die große Landeoperation «Overlord» in der Normandie vorbereiteten, die dafür notwendigen Informationen zu beschaffen. Die neue Aufgabe Bertrands, der abermals seinen Namen ändern mußte und jetzt Monsieur B. Gustave hieß, war sehr gefährlich. Die Faschisten setzten Tausende erfahrene Agenten gegen die Widerstandsbewegung ein. Ein Auftrag Bertrands endete dramatisch. Am 5. Januar 1944 wartete er in der Pariser Kirche Sacré-Cœur auf einen Londoner Kurier. Plötzlich umringten ihn Gestapoleute und zerrten ihn auf die Straße in ein Polizeiauto. Er wurde in ein

Gefängnis gebracht. Die Untersuchungshaft war lang und brutal, aber Bertrand hielt durch, nahm sogar Kontakte nach außen auf. Die Résistance, unterstützt von den westalliierten Geheimdiensten, setzte alles daran, um ihn zu befreien. Einige Monate später gelang die Aktion; Bertrands Kaltblütigkeit und sein Mut trugen wesentlich dazu bei. Von einem improvisierten Flugplatz im Massif Central gelangte Bertrand mit seiner Frau und Kampfgefährtin Mary in einem kleinen Verkehrsflugzeug vom Typ «Lysander» auf die Britischen Inseln. Seitdem diente er in der Organisation «Kämpfendes Frankreich» unter General de Gaulle.

Von Oberst Bertrand erfuhren Marian Rejewski und Henryk Zygalski einiges über die anderen Polen aus der Gruppe «Z», unter anderem, daß Oberst Langer und Major Ciężki beim Versuch, über die Pyrenäen zu entkommen, in die Hand des Feindes gefallen waren.

Was aus Ingenieur Palluth und Edward Fokczyński geworden war, vermochte Bertrand damals nicht zu sagen. Ihr tragisches Ende wurde erst nach dem Kriege bekannt, worüber wir schon berichteten. Doch zurück zu der kleinen polnischen Gruppe, die sich auf die Britischen Inseln hatte durchschlagen können.

Bis zu den letzten Kriegstagen kämpften die fünf erfolgreich in ihrem neuen Einsatzort in Boxmoor gegen feindliche Chiffren. Sie lieferten Kommandostellen und Stäben der Antihitlerkoalition wertvolle Informationen und trugen auf diese Weise mit zum historischen Sieg über den Faschismus bei.

Die erhalten gebliebenen Akten der Funkaufklärungsstelle in Boxmoor bestätigen, daß es erst mit Rejewskis und Zygalskis Ankunft auf den Britischen Inseln möglich wurde, regelmäßig die Funkmeldungen der SS, des SD, der Gestapo und anderer Polizeidienste des faschistischen deutschen Reiches zu entziffern.

In größerem Umfang begann die Arbeit im September 1943, als eine zentrale Funkstelle Himmlers mit dem Rufzeichen «DQX» und der Wellenlänge 150 kHz sowie vier untergeordnete Stationen mit den Frequenzen 3 700 bis 6 900 kHz geortet wurden. Im Oktober wurden zwanzig SS- und Polizeistationen aufgedeckt und abgehört, im November 41. Die Anzahl wuchs kontinuierlich bis auf etwa einhundertvierzig in der ersten Hälfte 1944. Entsprechend nahm die Anzahl der gebrochenen Codes und entschlüsselten Funksprüche verschiedener SS- und Polizeistäbe zu. Insgesamt entschlüsselte die kleine Sektion «N» der polnischen Funkaufklärung in Boxmoor – also die beiden Kryptologen Rejewski und Zygalski mit ihren drei Assistenten – von September 1943 bis September 1944 immerhin 3124 chiffrierte Meldungen, darunter viele lange, mehrteilige. Der konkrete Inhalt dieser Meldungen aus Himmlers Ressort, die nicht maschinell verschlüsselt waren, ist bis heute unbekannt, da man sie in Großbritannien bisher nicht an Archive abgegeben hat, die den Historikern zugänglich sind. Über die Bedeutung der in diesen Meldungen enthaltenen Informationen für westalliierte Politiker und Militärstäbe sowie für die Aufklärung mögen die erhalten gebliebenen Rapporte der polnischen Sektion «N» Aufschluß geben. In ihnen werden etwa dreißig Kategorien und Arten aufgeführt. Hier zur Illustration nur einige:

– Personalfragen des SD, der SS, der Geheimen Feldpolizei, der Gestapo sowie der Ordnungspolizei
– Aktionen gegen Partisanen
– Resultate von Bombenangriffen auf Ziele in Deutschland, ihr Einfluß auf die Lage im Transport- und Nachrichtenwesen, die Stimmung unter der Bevölkerung
– Flucht alliierter Gefangener, darunter Polen, aus Offiziers- und Stammlagern sowie von Zivilpersonen aus Gefängnissen und Konzentrationslagern
– Bewaffnung und Ausbildungsstand sowie Gefechts- beziehungsweise Einsatzbereitschaft von SS-Truppen und Polizeikräften
– Desertionen von Wehrmachtsoldaten
– Arbeitsweise der Nachrichten- und Chiffrierstellen in Einheiten, die dem Reichssicherheitshauptamt unterstanden.

Solche Informationen waren an sich schon wertvoll für die alliierten Aufklärungsorgane. Jedoch erschöpfte sich ihre Bedeutung darin nicht. Untersuchungen aus den Jahren 1983 bis 1985 ergaben, daß die von Rejewski und Zygalski entschlüsselten Funksprüche der SS und der Polizei auch nach Bletchley geschickt wurden. Dort erleichterten sie den britischen Kryptologen das Brechen der täglichen Enigma-Schlüssel der Wehrmacht. Das wurde möglich, weil sich SS und Polizei sowohl handverschlüsselter als auch maschinenverschlüsselter Chiffren und Codes bedienten und auf Grund von Unachtsamkeit der Funker Textfragmente wörtlich, in unveränderter Form, wiederholt wurden. Solche Nachlässigkeiten auf faschistischer Seite waren ein «gefundenes Fressen» für die britischen «Kryptographiebomben», von denen in Bletchley bereits 1943/44 wenigstens achtzig arbeiteten, nicht gerechnet die zusätzlichen dreißig bis vierzig «Bomben», die ausschließlich die schwierigen Enigma-Verschlüsselungen der deutschen U-Boote und anderer Kriegsmarine-Einheiten entzifferten.

Von alledem wußten jedoch Marian Rejewski und Henryk Zygalski nichts, als sie die Tausende Funksprüche der SS und der Polizei entzifferten. Ihre Kontakte mit den britischen Kryptologen waren eigentlich schon Anfang 1940 beendet, als Alan M. Turing zu mehrtägigen Konsultationen mit den Polen ins Zentrum «Bruno» bei Paris kam.

Informationen über den Gegner

In den vorangegangenen Kapiteln wurden die vier Etappen geschildert, in denen polnische, französische, britische und US-amerikanische Kryptologen in das Geheimnis der deutschen faschistischen Maschinenchiffre Enigma beziehungsweise in die japanische Purple-Chiffre eindrangen:

1. Etappe
(Anfang 1933 bis September 1939) = Operation polnischer Mathematiker und Kryptologen in Polen
2. Etappe
(Oktober 1939 bis November 1942) = polnisch-französische Anti-Enigma-Zentren in Frankreich
3. Etappe
(Frühjahr 1940 bis Mai 1945) = Operation «Ultra» in Großbritannien, ohne persönliche Beteiligung polnischer Experten
4. Etappe
Anglo-amerikanische Operation «Magic» in den USA gegen die von Japan benutzten Enigma-Fernmeldenetze

Bei Ende des zweiten Weltkrieges verfügten das faschistische Deutschland und seine Paktpartner auf allen Kriegsschauplätzen über etwa 100 000 Enigma-Chiffrier- und -Dechiffriermaschinen, deren Funkverkehr von der Gegenseite – wie bereits beschrieben – teilweise mitgelesen werden konnte. Auf diese Weise erhielten die Westalliierten innerhalb der Antihitlerkoalition viele Aufklärungsergebnisse von strategischer, operativer und taktischer Bedeutung. Im folgenden soll nunmehr an einigen Beispielen verdeutlicht werden, welche Rolle diese Enigma-Ultra- (beziehungsweise Magic-) Operationen in den Kriegshandlungen gegen Hitlerdeutschland und seine Verbündeten gespielt haben.

Gegenüber Informationen, die aus anderen Quellen geschöpft wurden, hatten die aus der chiffrierten Korrespondenz des Gegners gewonnenen den Vorzug, sicher und glaubwürdig zu sein. Sie reichten von streng geheimen strategisch-operativen Direktiven und Befehlen des Führerhauptquartiers, des OKH, OKL und OKM, der Heeresgruppen und Armeen bis hin zu taktischen Befehlen für Gefechte zu Lande, zu Wasser und in der Luft. Die Ultra-Quelle versorgte die Westalliierten nicht allein mit militärischen Informationen, sondern lieferte auch viele Daten für die Beurteilung der innen- und außenpolitischen sowie der ökonomischen Lage Deutschlands. Durch die 1940 geschaffene und in den Jahren darauf weiterentwickelte Direktverbindung zwischen Bletchley und den Kriegsschauplätzen gelangten die Nachrichten schnell und sicher zu den höheren operativen Kommandos und Stäben und gaben ihnen Einblick in Absichten, Pläne und Kräfte des faschistischen Gegners. In welchem Umfang dieses Wissen von den Verantwortlichen genutzt wurde, hing – wie schon angedeutet – von vielen Faktoren ab, im wesentlichsten von ihren Klasseninteressen, aber auch von der konkreten Frontlage und Kräftegruppierung bis hin zu den soldatischen Fähigkeiten der einzelnen Kommandeure. Oft ist es schwer, darüber exakt Auskunft zu geben, denn unsere Kenntnisse über diesen Teilaspekt der Geschichte einzelner Feldzüge und Schlachten im zweiten Weltkrieg sind bruchstückhaft, da der Forschung immer noch Dokumente vorenthalten werden.

Die erste Phase, in der die Kommandos mit Enigma- beziehungsweise Ultra-Informationen systematisch versorgt wurden, fiel zeitlich mit dem Krieg in Frankreich (vom 10. Mai bis 22. Juni 1940) zusammen, als die Britischen Expeditionskräfte erstmals über drei Spezialverbindungseinheiten (SLU) verfügten.

Im Zeitraum vom 10. bis 31. Mai 1940 erhielt General John Gort, der Befehlshaber dieser britischen Truppen, viele Daten aus dem Funkverkehr zwischen dem Oberbefehlshaber des faschistischen deutschen Heeres, Generalfeldmarschall Walther von Brauchitsch, und den Befehlshabern der Heeresgruppen. So wurde beispielsweise am Morgen des 23. Mai ein Befehl an die Heeresgruppen A und B entziffert, wonach die Kampfhandlungen «mit größter Entschlossenheit» aufgenommen werden sollten, um den Ring um Dünkirchen zu schließen. Die Heeresgruppe unter Generalfeldmarschall Gerd von Rundstedt sollte gegen Ostende einschwenken und die Heeresgruppe B parallel zu ihren Nachbarn nach Norden abdrehen. F. W. Winterbotham zufolge veranlaßte diese Information Churchill und Gort, die Britischen Expeditionskräfte aus Frankreich abzuziehen.

Nach der Kapitulation Frankreichs drohte Großbritannien Kriegsschauplatz zu werden. Die Kenntnis der Aggressionspläne des faschistischen Deutschlands und des Zustands seiner Streitkräfte war für das Land in dieser Situation von erstrangiger Bedeutung.

Das Funkaufklärungszentrum Bletchley, das in den vorangegangenen Monaten viele Erfahrungen gesammelt hatte, vervollkommnete die Entzifferungsmethoden. Man las den geheimen Funkverkehr zwischen OKW, OKH und OKL mit und verfolgte die täglichen Lagemeldungen, die die Heeresgruppen und Armeen an das OKH in Zossen bei Berlin sendeten. Die wichtigeren Funksprüche, die Bletchley zu entziffern vermochte, gelangten unverzüglich zu Churchill, dessen Hauptquartier sich anfangs in der Downing Street und später in den unterirdischen Bunkern des Kriegsministeriums unter der Storey's Gate befand.

Am 16. Juli bestätigte Hitler die «Vorbereitungen auf eine Landungsoperation gegen England». Eine Vorbedingung für den Erfolg dieser Operation war die Eroberung der Luftherrschaft. Dabei sollte zunächst die Royal Air Force «moralisch und materiell geschlagen» werden. Der Termin für die Invasion war zunächst auf den 15. September 1940 festgesetzt worden; die daran beteiligten Kräfte sollten sich auf 25 Divisionen belaufen. Es war vorgesehen, die ersten Invasionseinheiten durch eine Luftlandung zu unterstützen.

Zwischen dem 17. und 20. Juli wurde Hitlers Funkspruch an die Oberbefehlshaber der drei Teilstreitkräfte entziffert, wobei erstmals der Name «Seelöwe» auftauchte. Ab jetzt erhielten alle Vorhaben, die mit dem Überfall auf Großbritannien zusammen-

H. Dv. g. 14
M. Dv. Nr. 168
L. Dv. g. 14

H. Dv. g. 14
M. Dv. Nr. 168
L. Dv. g. 14

Prüf=Nr. 1812

Geheim!

Schlüsselanleitung

zur

Chiffriermaschine Enigma

Vom 8. 6. 37

Berlin 1937
Gedruckt in der Reichsdruckerei

— 4 —

4. Zur Einstellung der Chiffriermaschine enthält der Schlüssel folgende Angaben, die täglich wechseln:

a) Walzenlage (in römischen Zahlen),
b) Ringstellung,
c) Grundstellung,
d) Steckerverbindungen.

Mit Ausnahme von a werden die Schlüsselangaben durch Buchstaben oder durch Zahlen ausgedrückt, wobei die Zahlen an Stelle der Buchstaben gemäß ihrer Reihenfolge im Alphabet treten.

A	B	C	D	E	F	G	H	I	J	K	L	M
01	02	03	04	05	06	07	08	09	10	11	12	13

N	O	P	Q	R	S	T	U	V	W	X	Y	Z
14	15	16	17	18	19	20	21	22	23	24	25	26

(Beachte, daß neben I der Buchstabe J als besonderer Buchstabe bei der Chiffriermaschine vorhanden ist, so daß das Alphabet aus 26 Buchstaben besteht!) Die Schlüsselangaben sind in den folgenden Beispielen in Buchstaben eingesetzt und die entsprechenden Zahlen in Klammern darunter beigefügt

5. Beispiele zu:

4a) Die Walzenlage bezeichnet die Reihenfolge, in der die einzelnen Chiffrierwalzen von links nach rechts in die Chiffriermaschine einzusetzen sind (vgl. H. Dv. g. 13, Ziff. 10a und 12)

z. B. II   I   III;

4b) Die Ringstellung zeigt die Einstellung der Buchstaben- oder Zahlenringe jeder einzelnen Walze an (vgl. H. Dv. g. 13, Ziff. 10 b und 13)

z. B. II   I   III
      M   H   K
      (13) (08) (11)

4c) Die Grundstellung schreibt die Zahlen oder Buchstaben vor, die in den 3 Fenstern der Chiffriermaschine von links nach rechts einzustellen sind (vgl. H. Dv. g. 13, Ziff. 10c und 14)

hingen, diesen Decknamen, was die Identifizierung sowie alle weiteren Nachforschungen wesentlich erleichterte.

Bereits Ende Juli 1940 gelang es Bletchley, die umfangreiche Funktätigkeit des OKL zu entziffern und genaue Informationen über die Stationierung und die zahlenmäßige Stärke der Luftflotten 2, 3 und 5 zu beschaffen, die sich auf massive Angriffe gegen Großbritannien vorbereiteten. So lagen Angaben über die Zahl der vorgesehenen Bomben- und Jagdflugzeuge, über den Personalbestand und die Ausrüstung, über die Reserven sowie über organisatorische Schwierigkeiten und fehlendes Material vor. (Unter anderem verriet ein Funkspruch, daß nur 75 Prozent der Soll-Stärke von 3 000 Bombenflugzeugen eingesetzt werden könnten.) Die Enigma-Sprüche offenbarten ferner Meinungsverschiedenheiten zwischen OKH, OKL und OKM über die Chancen und Methoden der Landungsoperation (beispielsweise über die Lufttarnung, die Zahl der Landungsschiffe, Fähren und anderes mehr). Aus den Funksprüchen hatte das britische Kommando Kenntnis über die von Göring angeordneten Übungen der Transportflugzeuge für die Landung auf Autobahnen, Chausseen und Straßen. Daher empfahlen die britischen Behör-

— 5 —

4d) Durch die Angabe der Steckerverbindungen werden die Buchstabenpaare gekennzeichnet, welche durch die Doppelsteckerschnüre miteinander zu verbinden sind (vgl. H. Dv. g. 13, Ziff. 10d und 15). Jeder Buchstabe bzw. jede Zahl bezeichnet ein bestimmtes Buchstabenpaar und zwei zusammenstehende Buchstaben oder zwei durch Schrägstrich verbundene Zahlen diejenigen Buchstabenpaare, die miteinander verbunden werden sollen, also

AO   EH   KW   RY   QT   MU
(1/15) (5/8) (11/23) (18/25) (17/20) (13/21).

IV. Verschlüsseln.

6. Die Chiffriermaschine wird auf Grund der Schlüsselangaben eingestellt. Diese Einstellung ist für alle mit demselben Schlüssel (z. B. Wehrmacht-Maschinenschlüssel) arbeitenden Stellen die gleiche.

7. Jeder Spruch ist sodann nach einem besonderen Spruchschlüssel zu verschlüsseln, den sich der Schlüßler selbst aus den Buchstaben bzw. Zahlen für die 3 Ringe A A A bis Z Z Z (01 01 01 bis 26 26 26) wählt. Bei der Wahl der einzelnen Spruchschlüssel ist es ausdrücklich verboten, gleiche Buchstaben (A A A), Wörter (ist), Abkürzungen (Rgt), Rufzeichen des eigenen Verkehrsbereiches, Verkehrszeichen (Q R M), Buchstaben in Tastaturreihenfolge der Chiffriermaschine (EHT) oder in alphabetischer Reihenfolge (vorwärts oder rückwärts: (ABC — CBA) zu verwenden.

Für jeden Spruch und für jeden Teil eines mehrteiligen Spruches ist am gleichen Tage stets ein neuer Spruchschlüssel zu benutzen.

8. Der von dem Schlüßler gewählte Spruchschlüssel, z. B. X F R (24 06 18), wird nach Einstellung der Chiffriermaschine auf Grund der vorgeschriebenen Tagesschlüssel (vgl. Ziff. 6) zweimal nacheinander auf der Chiffriermaschine getastet. Die sich dabei ergebenden 6 Buchstaben werden dem mit dem Spruchschlüssel zu verschlüsselnden Spruch vorangesetzt.

9. Der Schlüßler stellt nunmehr in den Fenstern die als Spruchschlüssel gewählten Buchstaben, z. B. X F R (24 06 18), ein und tastet den Klartext. Die hierbei aufleuchtenden Buchstaben werden hinter die durch Tasten des Spruchschlüssels gewonnenen Buchstaben geschrieben und gemeinsam zu

den den Bau transportabler Straßensperren, um nötigenfalls einige Straßenabschnitte zu blockieren und so die Landung zu erschweren.

In den Funksprüchen, die vom 1. bis 7. August an die Fliegerkräfte gingen, gab Göring Befehl, sich auf den Angriff vorzubereiten. Das britische Fighter Command erfuhr also rechtzeitig von den wichtigsten Vorhaben. Die Luftflotten sollten in folgenden Räumen handeln:

Die Luftflotte 2 (Generalfeldmarschall Albert Kesselring) hatte von Stützpunkten in den Niederlanden, Belgien und Nordfrankreich aus gegen die britische Südostküste zu operieren.

Die Luftflotte 3 sollte von der Normandie und der Bretagne aus gegen die westliche Hälfte der Südküste eingesetzt werden.

Die Luftflotte 5 (kombiniert), die von Norwegen und Dänemark aus operierte, hatte die Nordostküste anzugreifen.

In den ersten Augusttagen begann, wie Winterbotham schreibt, die deutsche Funktätigkeit überzukochen. Bletchley las täglich 200 bis 300 mitunter sehr lange, mehrteilige Funksprüche. Am 8. August wurde Görings geheimer Tagesbefehl an die Fliegerkräfte abgefangen, die sich auf den großen Angriff mit dem Decknamen «Adler» vorbereiten sollten. Innerhalb einer Stunde nach seiner Entzifferung befand sich der Funkspruch in den Händen Churchills und des Chefs der Jagdfliegerkräfte, Marschall Sir Hugh C. Dowding.

Der nächste Befehl setzte den «Adlertag» auf den 13. August fest und gab zudem Einblick in die Methoden des Angriffs und die Bombenziele. Die Luftflotte 2 sollte die Flugplätze in Kent und an der Themsemündung angreifen, die Luftflotte 3 Fliegerhorste in Südwestengland. Am frühen Morgen des 13. August entzifferte man einen Funkspruch, in dem der Beginn des Angriffs auf den Nachmittag verlegt wurde.

Am nächsten Tag dauerten die Angriffe der Luftflotten 2, 3 und 5 an. Doch auch diesmal erfuhren die Verteidiger aus den entzifferten Funksprüchen die genaue Zeit des Angriffs und die Bombenziele. Am Nachmittag sollten etwa 100 Bomber der Luftflotte 5 in Norwegen starten und Flugplätze an der Nordostküste angreifen.

Da Sir Dowding davon wußte, alarmierte er den Kommandeur der 13. Jagdgruppe, deren Geschwader dem Gegner entgegenflogen und ihn über dem Meer abfingen. Einige deutsche Bomber kamen zwar durch, doch die Luftflotte erlitt schwere Verluste; 15 Maschinen wurden abgeschossen, während es auf britischer Seite keine Verluste gab. Auch die zweite Angriffswelle der Luftflotte 5 aus Dänemark wurde von der 12. Jagdgruppe abgefangen. Die Faschisten verloren von ihren 50 Maschinen 8; die Briten hatten keine Verluste. Am selben Nachmittag flogen Bomberformationen der Luftflotten 2 und 3 an, gegen die Sir Dowding nur kleine Jagdgruppen einsetzen konnte. Doch fügten sie dem Aggressor empfindliche Verluste zu. Die Bombenflugzeuge der Luftflotte 5 waren wegen der großen Entfernung von den Basen in Norwegen und Dänemark ohne Jagdschutz. Mit den Messerschmitt, die in Frankreich starteten, kam es indessen zu verbissenen Kämpfen. Es gab auch Verluste bei der Royal Air Force, die Gesamtbilanz der in den ersten Tagen abgeschossenen Flugzeuge fiel für die faschistische Luftwaffe jedoch ungünstiger aus.

Am frühen Morgen des 18. August entzifferte man Funksprüche mit der Ankündigung neuer massierter Angriffe, deren Intensität denen vom «Adlertag» gleichkommen sollte. Doch wieder erlitt die faschistische Luftwaffe eine Schlappe.

Ein weiterer Funkspruch Görings befahl für den 28. und 29. August die Bombardierung von Flugplätzen, Flugzeugwerken und anderen wichtigen Objekten in Großbritannien. Daraufhin startete das Fighter Command einen Gegenangriff, und die in das britische Hoheitsgebiet eingedrungenen Geschwader der Luftwaffe wurden abgewehrt.

Am 5. September um 11.00 Uhr befahl Göring der Luftflotte 2 den bis dahin größten Angriff auf die Londoner Docks. Die Bomber sollten von einigen Staffeln Me 109 Jagdschutz erhalten. Der Angriff war für die Nachmittagsstunden vorgesehen. Den binnen weniger Minuten entzifferten Inhalt dieses Befehls leitete man an Marschall Sir Dowding und an Churchill weiter. Bis zum Anflug der 300 Bomber auf London waren es nur wenige Stunden, in denen die Verteidigungstaktik festgelegt wurde; unter anderem konzentrierte man Feuerwehreinheiten von Groß-London im Hafengelände. Trotz heftiger Brände und Zerstörungen der Dockanlagen endete dieser Tag mit einer negativen Bilanz für die faschistische deutsche Luftwaffe.

Vier Tage darauf, am 9. September 1940, fing Bletchley wiederum gegen 11.00 Uhr einen Funkspruch auf, der für die frühen Abendstunden einen weiteren Angriff auf London mit etwa 200 Bombern anwies. Die britischen Jäger stiegen rechtzeitig auf und griffen die anfliegenden Staffeln bereits über dem Ärmelkanal an. Diesmal schafften nur wenige Bomber den Durchbruch nach London. Die deutschen Flugzeugbesatzungen waren überrascht. Ihre Kommandeure hatten versichert, die britische Luftverteidigung sei so gut wie zerschlagen. Nun wurden sie in erbitterte Kämpfe verwickelt und zum Rückflug gezwungen.

Am 17. September 1940 lenkte ein Funkspruch des deutschen Generalstabes an die Befehlshaber der faschistischen deutschen Truppen in den Niederlanden besondere Aufmerksamkeit auf sich. Darin wurde der Abbau der Einrichtungen befohlen, die für das Beladen der Transportflugzeuge mit Truppen, Waffen und Gerät vorgesehen waren, die nach erfolgreicher Landung auf den Britischen Inseln eingesetzt werden sollten. Der Funkspruch löste in der britischen Führung Erleichterung aus, da dies möglicherweise den Verzicht auf die Invasion bedeuten konnte.

Trotz schwerer Verluste an Menschen und Material setzte die faschistische Luftwaffe ihre Angriffe auf London und andere Städte fort. Die Intensität ließ jedoch sichtbar nach.

Am 14. November gegen 15.00 Uhr entzifferte Bletchley einen Funkspruch, in dem von einem Luftangriff auf Coventry am selben Tag die Rede war. Bis zum Angriffsbeginn verblieben knappe vier, fünf Stunden. Die britische Führung hatte genügend Zeit, sich darauf einzustellen. Nun tauchte die Frage auf, ob es angebracht sei, die Behörden der Stadt davon in Kenntnis zu setzen und die Bevölkerung zu evakuieren, oder ob es ausreiche, die Feuerwehren, Retfungsstellen und Ordnungsdienste zusammenzuziehen. Im ersten Fall hätte man leicht die Informationsquelle (Enigma) verraten können, im zweiten Fall blieb zwar das Geheimnis der Enigma-Entzifferung unangetastet, die Bevölkerung von Coventry aber wäre großen Risiken ausgesetzt.

Nach Winterbotham entschied sich Churchill für die zweite Variante. Die Behauptung, Churchill habe bewußt auf eine Warnung der Einwohner von Coventry vor dem massierten Luftangriff verzichtet, um das Enigma-Ultra-Geheimnis nicht zu gefährden, und so die Stadt der geheimen Informationsquelle geopfert, löste in der Folgezeit heftige Kontroversen aus. Manche Historiker meinen, Churchills passive Haltung habe sich aus einer Reihe objektiver Faktoren ergeben, vor allem daraus, daß die britischen Luftstreitkräfte nicht über ausreichende Jagdfliegerkräfte verfügten, die imstande gewesen wären, alle Städte zu schützen. Die Wahrheit wird man wohl erst ermitteln können, wenn die Wissenschaftler vollen Zugang zu den britischen Militärsafes erhalten.

Wie aus veröffentlichtem Quellenmaterial und aus einschlägigen Publikationen hervorgeht, standen an der Jahreswende 1940/41 auch zahlreiche Enigma-Informationen über die Verlegung von Einheiten des 10. Luftwaffenkorps nach Sizilien zur Verfügung, das gemeinsam mit den italienischen Luftstreitkräften den britischen Schiffsverkehr im Mittelmeer stören sollte.

In den ersten Monaten des Jahres 1941 nahmen die Kampfhandlungen in Nordafrika an Intensität zu. Mitte Februar 1941 meldete ein deutscher Funkspruch, daß Generalfeldmarschall Erwin Rommel, der Oberbefehlshaber der faschistischen deutschen Truppen in Nordafrika, in Tripolis eingetroffen sei. Kurz danach wiesen entzifferte Funksprüche darauf hin, daß das OKW Einheiten der Panzer- und motorisierten Truppen nach Libyen verlegte. Bereits im März waren dort die 5. leichte Division und die 15. Panzerdivision stationiert worden. Die Daten aus der Enigma-Entzifferung, aus der Luftaufklärung und andere Angaben machten es möglich, das Anwachsen der gegnerischen Kräfte zu verfolgen, die sich auf einen Angriff vorbereiteten.

Außer der Entzifferung des geheimen Funkverkehrs zwischen Rommel und dem OKW gelang Bletchley in jener Zeit auch das Mitlesen zahlreicher Befehle, Weisungen und Rapporte der faschistischen deutschen Truppen auf dem Balkan.

Im Januar, Februar und März 1941 floß aus der Enigma-

Quelle ein Strom von Daten über die Konzentration deutscher Truppen in Rumänien. Die Korrespondenz zwischen der Führung dieser Truppenteile und dem OKW wurde regelmäßig verfolgt.

Eine Serie von Funksprüchen aus der zweiten Aprilhälfte informierte bis ins Detail über Vorbereitungen einer Luftinvasion auf Kreta, unter anderem über die Verlegung des IX. deutschen Fliegerkorps, das für diese Aggression vorgesehen war, über die Konzentration von Transportflugzeugen und Lastenseglern in Bulgarien. Diese Informationen gelangten unverzüglich zu General Bernard Freyberg, der die Insel verteidigte. Zunächst verlief das Unternehmen, das am 20. Mai begonnen hatte, für den Aggressor nicht allzu günstig. Den Luftlandeabteilungen war es nur gelungen, auf einem Flugplatz Fuß zu fassen, die Seelandekräfte erlitten schwere Verluste. Freybergs unentschlossene Gegenaktion ermöglichte den Faschisten jedoch, Verstärkungen heranzuführen, Brückenköpfe zu bilden und schließlich die gesamte Insel zu erobern. So ist die Verteidigung Kretas vom Standpunkt der Militäraufklärung als eine verpaßte Gelegenheit anzusehen. Trotz exakter Informationen über die Absichten und Kräfte des Gegners wurden die Anfangserfolge nicht für die Zerschlagung der Invasoren genutzt.

Im Sommer 1942 wurde ein Funkspruch Rommels entziffert, in dem er Hitler detailliert berichtete, wie er der 8. britischen Armee den Todesstoß versetzen wollte. Der Überraschungsangriff sollte mit einem Schlag auf die äußere linke Flanke der Truppen einsetzen, dann sollten Panzer die Front der 8. Armee im Norden aufrollen und ans Meer abdrängen.

Bernard L. Montgomery, der neue Befehlshaber der 8. Armee, berief daraufhin eine Beratung aller ihm unterstellten Kommandeure ein und legte ihnen in groben Umrissen seinen Plan vor, um die Absichten des Gegners zu durchkreuzen.

Der faschistische Angriff begann am 31. August 1942 – dieses Datum war den Briten aus dem entzifferten Funkverkehr bekannt – und verlief zunächst so, wie Rommel es geplant hatte. Doch es gelang Montgomery, ein Verteidigungssystem aufzubauen. In einer erbitterten Schlacht wurden die faschistischen Panzerabteilungen zum Stehen gebracht und zurückgedrängt.

Der Nachschub von Waffen und Treibstoff war für das faschistische Afrikakorps Ende 1942 das wichtigste Problem. Die britische Funkaufklärungsstelle auf Malta, deren Arbeitsräume unter Felsen lagen, fing alle chiffrierten Funksprüche aus dem Stab Kesselrings in Italien ab, die das Auslaufen der Konvois mit Nachschub – meist aus Neapel oder Taranto – ankündigten. Die verschlüsselten Texte wurden in Bletchley entziffert und über die SLU an das Oberkommando der Alliierten Truppen in Nordafrika gefunkt. So kannte man den Plan zur Überführung vieler deutscher Konvois: Tag und Uhrzeit des Auslaufens, Zusammensetzung und Art der Ladung, Geleitschutz, Kurs. Die Daten gaben den Briten die Möglichkeit, ihre Zerstörer, Unterseeboote und Torpedoflugzeuge effektiv einzusetzen. Die Oberkommandierenden der See- und Luftstreitkräfte, Admiral Andrew Cunningham und General Keith Park, die diese Operationen von Malta aus leiteten, waren verpflichtet, die Herkunft ihrer Informationen gründlich zu tarnen. Wenn die deutschen Schiffe den italienischen Hafen verließen, startete ein Aufklärungsflugzeug und tauchte über dem Konvoi auf, so daß es bemerkt werden mußte. Eine bestimmte Zeit darauf, zuweilen erst an der afrikanischen Küste, wurde der Konvoi angegriffen.

Nach drei erfolgreichen Aktionen kam dichter Nebel auf. An eine Luftaufklärung hätte der Gegner jetzt wohl kaum geglaubt. Daher wartete man den nächsten Konvoi ab. Als er sich der afrikanischen Küste näherte, kam der Befehl, ihn zu versenken.

Kesselring war überrascht, daß bei der schlechten Sicht auch dieser Konvoi ausgemacht worden war, und schöpfte Verdacht. In einem Funkspruch an die Abwehr in Berlin bat er darum, festzustellen, ob hier nicht ein «Leck» im Informationssystem vorläge. Bletchley machte Admiral Cunningham mit Kesselrings Funkspruch bekannt und befahl dem Stab erneut, die Tarnung strikt einzuhalten, da andernfalls diese Informationsquelle verlorenzugehen drohe. Kurze Zeit danach erhielt Kesselring von der Abwehrzentrale die Versicherung, daß ein «Leck» nicht gefunden worden sei. Damit wurde bestätigt, daß man in Berlin nichts von der Enigma-Entzifferung durch die Alliierten wußte.

Der Wert der Enigma-Daten als wichtiges Mittel der Aufklärung offenbarte sich erneut während der westalliierten Landeoperation in Nordafrika im November 1942, der Operation «Torch». In der ersten Oktoberhälfte 1942 entzifferte Bletchley einen Teil des Funkverkehrs zwischen dem Stab Kesselrings in Italien und dem faschistischen Hauptquartier. Daraus ging hervor, daß der Gegner zwar eine Landung erwartete, aber nicht genau über Zeit und Ort informiert war.

Die Entzifferung der nahezu vollständigen Funkkorrespondenz Hitlers mit Kesselring gab zudem Einblick in die Kräfte, mit denen während der Landeoperation zu rechnen war.

Nach der westalliierten Landung in Marokko und Algerien am 8. November 1942 las Bletchley eine Serie von Funksprüchen Kesselrings an die in Italien stationierten Luftwaffen- und Heereseinheiten mit, die den Befehl erhielten, die vorgesehenen Abteilungen auf dem Luftwege nach Tunesien zu bringen, wohin auch ein Teil der Jagdstaffeln verlegt wurde. Schon am nächsten Tag meldete Kesselring die Landung eines Transportflugzeugs mit einer Truppeneinheit in Tunis, die den dortigen Flugplatz besetzte.

Die Verlegung der faschistischen Truppenteile auf dem Luftweg erfolgte schnell und reibungslos und löste große Beunruhigung bei den Westalliierten aus. Am 11. November abends wurde dem Luftwaffenkommandeur in Tunis befohlen, auf dem Flugplatz von Bône, einem wichtigen Punkt für die vorrückenden anglo-amerikanischen Truppen, zu landen. Da es in Nordafrika wenig Flugplätze gab, hätte die Besetzung von Bône durch deutsche Truppen die Anglo-Amerikaner empfindlich getroffen. Um dem Gegner zuvorzukommen, wurde der Entschluß gefaßt, das einzige britische Fallschirmjägerbataillon, das allerdings für eine derartige Aktion nicht genügend ausgebildet war, in Bône einzusetzen. Damit begann ein Wettlauf mit der Zeit. In der Nacht vom 11. zum 12. November wurde das Bataillon in Dakota-Maschinen geladen; im Morgengrauen begann die Landung. Die gegnerischen Ju-Transporter tauchten über Bône auf, als die letzten britischen Fallschirmjäger den Boden des Flugplatzes betraten. Die deutschen Flugzeuge, die von unten mit MGs beschossen wurden, drehten ab.

Diese schnelle und erfolgreiche Aktion zeigt den Nutzen der Enigma-Informationen nicht nur für die «langfristige» Planung von militärischen Operationen, sondern auch für taktische Maßnahmen. Hier sei noch vermerkt, daß es während der Operation «Torch» gelungen war, die deutschen U-Boote im Mittelmeer aufzuspüren, die weder die Landeoperationen in Algerien noch die späteren Kriegshandlungen in Nordafrika zu behindern vermochten.

Während der Besetzung Siziliens (Operation «Husky») spielte die Enigma – Ultra ebenfalls eine wichtige Rolle. Die Erkundung der Stärke, Bewaffnung und Dislozierung des Gegners wurde dadurch wesentlich erleichtert, daß Hitler und das OKW alle Operationen im Mittelmeerraum direkt von der ostpreußischen «Wolfsschanze» oder von Berlin aus steuerten. Die Weisungen und Befehle an den Stab Kesselrings erfolgten fast ausnahmslos auf dem Funkweg.

Kesselrings sizilianischer Befehlsstand befand sich an der Felsenküste unweit von Taormina, in einem ehemaligen Kloster, das später zu einem Hotel («San Dominico») umgebaut worden war. Als die Briten davon erfuhren, ließen sie das Objekt bombardieren. Eine Bombe traf das Casino und tötete mehrere deutsche Offiziere; Kesselring selbst war zu diesem Zeitpunkt gerade in Rom.

Mitte Juni 1943 entzifferte Bletchley einen langen, detaillierten Bericht Kesselrings über die deutschen und italienischen Kräfte in Sizilien. Daraus ging hervor, daß nur relativ geringe Reserven – eine Panzerdivision – in Sizilien eingetroffen waren. Die Verteidigung der Insel oblag offiziell General Alfredo Guzzoni, dem Befehlshaber der 6. italienischen Armee (4 Infanterie- und 2 Küstenverteidigungsdivisionen). Man brauchte demzufolge nicht mit hartnäckigem Widerstand der italienischen Truppen zu rechnen. Außerdem verhinderte die felsige Gegend einen schnellen Vormarsch der deutschen Panzertruppen, die im Innern der Insel stationiert waren. Die ausgezeichnete Erkundung ermöglichte eine Landung von der See her, durch die der Gegner strategisch und taktisch überrascht wurde. Am 9. Juli 1943 sichteten deutsche Aufklärungsflugzeuge einen

Schiffsverband, der von Alexandria in Richtung Apenninen-halbinsel unterwegs war. Das italienisch-deutsche Oberkommando löste Alarm aus, ohne zu wissen, wo die Landung erfolgen könnte. Am 10. Juli begannen die Anglo-Amerikaner mit der Invasion Siziliens.

Unterdessen las Bletchley mehrere Befehle des OKW mit, alle verfügbaren Reserven (Fallschirmjägerabteilungen) einzusetzen und das XIV. Panzerkorps auf dem Seeweg nach Sizilien zu bringen. Außerdem sollte später noch die 29. Panzerdivision dorthin verlegt werden. Zu spät: Die Panzereinheiten des Generals George S. Patton drangen schnell auf Palermo und Messina vor. Am 15. Juli meldete Kesselring dem OKW, die Anglo-Amerikaner seien südlich von Catania aufgehalten worden. Das war indes ohne Bedeutung. Am 8. August gab Kesselring die Evakuierung Catanias bekannt, kurz darauf ließ er wissen, daß er sich zum Rückzug aller Resteinheiten auf die Apenninenhalbinsel entschlossen habe. Am 17. August befand sich ganz Sizilien in der Hand der Westalliierten.

Enigma-Ultra-Informationen hatten auch großen Anteil an der Aufklärung der gegnerischen Kräfte in den Kämpfen um Monte Cassino. Sie boten die Möglichkeit, alle Veränderungen im Vali-Tal sowie auf der sogenannten Cäsar-Linie (deutsche 10. Armee und die neue 14. Armee, die beide den Raum von Rom verteidigen sollten) genau zu verfolgen. Einige Beispiele aus der Endphase der monatelangen Kampfhandlungen sollen das beweisen.

Am 12. Mai 1944 meldete Kesselring dem OKW, daß der Großangriff auf Monte Cassino abgewehrt worden sei, er jedoch die Stellungen südlich der Stadt habe aufgeben müssen. Am 13. Mai bereits berichtete er darüber, daß alle verfügbaren Reserven in die Kämpfe geworfen worden seien. Am gleichen Tag forderte Churchill das gesamte entzifferte Funkspruchmaterial über die Schlacht bei Monte Cassino an.

Am 14. Mai erhielt der britische Premier Kesselrings Rapport an Hitler, in dem es hieß, daß infolge des Durchbruchs der französischen (marokkanischen) Abteilungen südlich von Cassino die «ganze Verteidigungslinie in Gefahr» sei. Am Tage darauf sprach Kesselring vom Vorstoß einer starken französischen Gruppierung in Richtung Aurunci im Vali-Tal.

Am 16. Mai meldete der deutsche Stab dem OKW über Erfolge der britischen und polnischen Truppen bei Monte Cassino. Am 17. Mai schließlich lag der lang erwartete Funkspruch vor: Kesselring befahl die Evakuierung der gesamten Front von Cassino. Bereits einige Minuten nach der Übermittlung dieses Funkspruchs war der Text Churchill, General Harold Alexander und dem US-amerikanischen Oberkommando in Washington bekannt.

Am 19. Mai entzifferte man eine Serie verzweifelter Sprüche der deutschen 10. Armee, in denen vom Verlust fast zweier Divisionen und von der notwendig gewordenen Auffüllung die Rede war. Am 22. Mai ordnete das OKW die Räumung des Vali-Tals an. Am nächsten Tag begannen die Westalliierten von Anzio eine Durchbruchsoperation. Kesselring meldete, die 10. und 14. Armee seien von den gegnerischen Truppen getrennt worden, und er schlug den Rückzug auf die Cäsar-Linie vor (etwa 35 Kilometer südlich von Rom). Im nächsten Funkspruch empfahl er, die letzten Reservedivisionen aus Norditalien in die Schlacht zu führen. Hitlers Antwort, die den Rückzug auf die Cäsar-Linie akzeptierte, wurde am 24. Mai entziffert.

Am 2. Juni unterbreitete Kesselring den Vorschlag, die Truppen kampflos aus Rom herauszuführen, wozu am 3. Juni Hitler sein Einverständnis gab. Es war aber nicht möglich, die sich nach Norden zurückziehende deutsche 10. und 14. Armee einzukreisen und zu vernichten, denn der US-amerikanische General Mark W. Clark hatte den Operationsplan eigenmächtig geändert. Da er wußte, daß Rom nicht verteidigt würde, organisierte er zwei fliegende Kolonnen und bereitete sich so einen triumphalen Einzug in die Ewige Stadt. Rom wurde zwei Tage vor «Overlord», der Invasion in die Normandie, eingenommen.

Bei dieser bekannten Landeoperation der anglo-amerikanischen Streitkräfte in Nordwestfrankreich am 6. Juni 1944 – mit der nach jahrelanger Verzögerung die USA und Großbritannien die zweite Front eröffneten – haben Enigma-Daten ebenfalls eine wichtige Rolle gespielt. Natürlich basierten die Pläne und Entschlüsse des Obersten Hauptquartiers der westalliierten Expeditionsstreitkräfte (SHAEF) nicht allein auf den Erkenntnissen aus Bletchley, sondern auch auf anderen Angaben der Gegnererkundung, unter anderem aus der Luftaufklärung, der Analyse deutscher Militärsender, aus Meldungen der französischen Widerstandsbewegung und der anderen Abteilungen der britischen und US-Geheimdienste. Dennoch bildeten die Enigma-Informationen im Hinblick auf ihre Spezifik und ihre strategischen Dimensionen das wichtigste und sicherste Bezugssystem zu den Nachrichten aus anderen Quellen.

Im weiteren seien einige besonders charakteristische Beispiele für die Nutzung der Enigma-Ultra-Meldungen während der Kampfhandlungen angeführt.

Am 6. Juni 1944 gegen 2.00 Uhr wurde ein deutscher Funkspruch aufgefangen, der die erste Mitteilung über die Invasion der Anglo-Amerikaner in Frankreich enthielt. Er kam aus dem Seeoperationsstab in Paris und war an den Oberbefehlshaber West, Generalfeldmarschall von Rundstedt, und an Hitler gerichtet, der sich gerade in der «Wolfsschanze» aufhielt. Erst nach dem Kriege wurde bekannt, daß weder von Rundstedt noch das OKW dieser Meldung Glauben schenkten. Rundstedt antwortete, man habe auf dem Radarschirm sicherlich eine Schar Möwen gesehen. Trotzdem alarmierte er die 15. Armee, obwohl er nach wie vor die Landung im Raum Calais erwartete. Das SHAEF erhielt so die Bestätigung, daß der Gegner überrascht worden war und Rundstedt sich nicht einmal die Mühe gemacht hatte, die 7. Armee in der Normandie entsprechend zu informieren.

Am Morgen wurde ein Funkspruch Rommels, des Oberbefehlshabers der Heeresgruppe A, an seinen Stabschef General Hans Speidel mitgelesen, der den Befehl erhielt, die 21. SS-Panzerdivision westlich von Caen angreifen zu lassen. Der Funkspruch kam aus Deutschland; ein Hinweis darauf, daß Rommel nicht mehr bei seinen Truppen in der Normandie war. Von nun an wurden alle Schritte von Rundstedts und Rommels sowie deren Funkverkehr mit Hitler genau verfolgt.

Am 6. Juni gegen 18.00 Uhr ordnete Hitler an, die 12. SS-Panzerdivision aus der OKW-Reserve in den Kampf zu werfen. Die

Entscheidung kam zu spät, da die Westalliierten die Lande-
köpfe bereits befestigten. Die Panzerdivision wagte es nicht,
sich vor Einbruch der Dunkelheit in Marsch zu setzen, aus
Angst vor den Luftangriffen der Alliierten, die unterdessen die
absolute Luftherrschaft errungen hatten. Einige Stunden später
meldete Rommel dem OKW, daß der britische Angriff in Richtung Caen gestoppt worden sei und die 21. und 12. SS-Panzerdivision westlich der Stadt Ausgangsstellung bezogen hätten. Am
7. Juni gab Rommel bekannt, er habe zwei weitere Divisionen,
eine motorisierte und eine Panzerdivision, aus der Bretagne ab-
gezogen, die zusammen mit dem II. Luftlandekorps den Angriff
von US-Truppen auf der Halbinsel Cotentin aufhalten sollten.
Am selben Tag befahl Rundstedt die Heranführung einer Panzerlehrdivision nach Caen.

Am 9. Juni erhielt Rommel von Rundstedt den Befehl, die Alliierten in Richtung Caen anzugreifen. Rommel antwortete
Rundstedt, die 12. SS-Panzerdivision habe keinen Treibstoff
und die Panzerlehrdivision sei noch nicht gefechtsbereit. Daher
scheine ein sofortiges Zurückdrängen des Gegners nicht möglich. Es sei erforderlich, im Abschnitt Vire – Orne zur Verteidigung überzugehen und sich auf einen Gegenangriff vorzubereiten. Diese Äußerung gab der britischen 2. Armee die Chance,
sich auf den Kampf einzustellen; zudem enthüllte der Funkspruch die weiteren Absichten des Gegners.

Am 10. Juni traf General Montgomery in der Normandie ein.
Da er sich vornehmlich auf die Enigma-Quelle stützte, änderte
er nun seinen ursprünglichen Plan, wonach Caen in einem An-
griffsstoß der britischen und kanadischen Truppen eingenommen werden sollte. Er entschloß sich, möglichst viele deutsche
Panzerkräfte zu binden und der 1. Armee unter General Bradley
den Frontdurchbruch nach Süden hin zu ermöglichen, wo die
gegnerischen Panzerkräfte schwächer waren. Die britische
7. Panzerdivision stieß am 10. Juni in Richtung Caen vor; zwar
gelang es ihr nicht, in die Stadt einzudringen, sie verwickelte
aber die deutschen Panzerdivisionen in hartnäckige Gefechte.

Am 13. Juni stellte Rommel in einem Funkspruch fest, daß
seine Panzerlehrdivision 100 Panzer verloren habe und nicht
mehr imstande sei, in Richtung Meer vorzustoßen. Am gleichen

Tag besetzte die 1. Armee unter Omar N. Bradley die kleine Stadt Casteau.

Mehrere Tage dauerten die Kämpfe, die indes keine Entscheidung brachten. Am 18. Juni befahl Hitler dem Kommandanten der Garnison Cherbourg, General Carl W. Schlieben: Der Hafen ist um jeden Preis zu halten. Inzwischen schnitt das vorrückende US-amerikanische VIII. Korps Cherbourg und den nördlichen Teil der Halbinsel ab. Am selben Tag meldete Rommel dem OKW: Unsere 91. und 77. Division wurden fast völlig zerrieben.

Die nächsten Funksprüche gaben Auskunft über die Vorbereitung dreier deutscher Panzerdivisionen im Raum Caen auf einen Gegenstoß. Zwei weitere Panzerdivisionen, die 9. und die 10. Division, waren von Osten her unterwegs nach Frankreich. Der Funkverkehr zwischen Rundstedt und Rommel verriet, daß die 1. SS-Panzerdivision aus Belgien herangeführt wurde; die 2. SS-Panzerdivision aus Südfrankreich (Toulouse) sollte ihre Stellungen in Saint-Lô beziehen. Diese Informationen veranlaßten die Westalliierten zu Änderungen der Operationspläne.

Ende Juni 1944 empfing Hitler in Berchtesgaden Rundstedt und Rommel, die ihm den «geordneten Rückzug» vorschlugen. Hitler lehnte ab. Seinen Entschluß bekräftigte er in einem Funkspruch an Rundstedt, der inzwischen nach Frankreich zurückgekehrt war: Die jetzigen Stellungen sind zu halten!

Für die Alliierten war das ein Hinweis darauf, daß die deutschen Generale einen Rückzug nach Norden erwogen.

Zu diesem Zeitpunkt wurde Rundstedt als Oberbefehlshaber West abgelöst. Seinen Platz nahm nunmehr Generalfeldmarschall Günther von Kluge ein. Er ging systematisch an die ihm übertragene Aufgabe heran und sammelte zunächst detaillierte Angaben über Personalbestand, Bewaffnung und Versorgung der handelnden Verbände. Danach meldete er alle Daten an das OKH und OKW. Da auch diese Funksprüche entziffert wurden, verfügte das SHAEF über ein genaues Bild des Gegners und erfuhr außerdem, daß die deutsche 5. Panzerarmee, die aus 9 Panzerdivisionen bestand, weniger kampffähige Panzer hatte als angenommen.

Am 10. Juli leitete die US-Armee unter General Bradley den

Angriff auf Saint-Lô ein. Am 15. Juli wurde die Stadt erobert. Das deutsche II. Luftlandekorps zog sich zurück. Gleichzeitig griffen britische Truppen Caen an. Am 18. Juli schon war das ganze Gebiet besetzt.

Als am 25. Juli Bradleys Armee die Durchbruchsoperation «Cobra» begann, meldete abends Kluge dem OKW: In diesem Augenblick wurde unsere Front durchbrochen.

Die Operation «Cobra» verwandelte sich in eine Verfolgungsjagd des Gegners. Die vorrückenden US-amerikanischen Truppen schlossen die abgeschnittenen deutschen Einheiten ein. Generaloberst der Waffen-SS Paul Hausser, Oberbefehlshaber der 7. Armee, ordnete an, sich aus der Einkreisung zu befreien, aber schon kurze Zeit später setzte Kluge Haussers Befehl außer Kraft und wies die eingekreisten Truppen an, weiterzukämpfen. Er befürchtete, durch den Abzug die stark angeschlagene linke Flanke der deutschen Truppen zu entblößen. Die Alliierten erfuhren davon und setzten Sturzkampfbomber ein.

Ende Juli wies Kluge in einer Meldung an das OKW auf die Folgen hin, die sich aus der Einnahme von Avranches durch die Alliierten ergaben: Die Front wurde durchbrochen. Die alliierten Luftstreitkräfte sind ungewöhnlich aktiv.

Auf diesen Funkspruch hatten die Alliierten lange gewartet, sie leiteten ihn daher unverzüglich an Churchill weiter. Das SHAEF führte nunmehr die 3. Panzerarmee unter General George Patton in das Gefecht. Damit stand der Weg nach Paris offen.

Von nachhaltiger Bedeutung für die weitere Entzifferungstätigkeit war der Funkspruch an Kluge, Hitler habe persönlich den Oberbefehl über den gesamten Kriegsschauplatz im Westen übernommen. Wie seinerzeit während der Kampfhandlungen in Nordafrika war auch jetzt das Mitlesen aller Befehle und Weisungen aus der «Wolfsschanze» und aus Berlin möglich. Eine Direktive an die Kommandostellen in Frankreich lautete: Wenn der Rückzug befohlen wird, sind alle Eisenbahnanlagen, Lokomotiven, Brücken und Fabriken zu zerstören. In den befestigten Hafenanlagen muß bis zum letzten Mann gekämpft werden, um die Nutzung der Häfen durch die Alliierten zu verhindern.

Am 2. August funkte Hitler an Kluge: Die amerikanischen

Truppen, die die Front durchbrochen haben, nicht beachten, wir nehmen sie uns später vor. Hitler befahl die Konzentration von vier Panzerdivisionen aus dem Raum Caen und einer ausreichenden Zahl Infanterie. Diese Kräfte sollten zum entscheidenden Gegenangriff übergehen, Avranches zurückerobern und den amerikanischen Truppen den Weg zur Halbinsel Cotentin abschneiden.

Dieser Funkspruch wurde unverzüglich dem SHAEF und Churchill übermittelt.

Bald darauf antwortete Kluge: Ein solcher Angriff wird nicht nur den Rückzug der für die Verteidigung erforderlichen Panzerkräfte aus dem Raum Caen zur Folge haben, sondern auch, falls es zu keinem sofortigen Erfolg kommt, dem Gegner ermöglichen, die heranrückende Gruppierung unserer Truppen abzuschneiden.

Hitler ließ nicht lange auf sich warten. Schon am nächsten Tag billigte er zwar Kluges Argumente als «im Prinzip» logisch, befahl jedoch: Die Lage erfordert kühnes Handeln. Der Angriff zur Zersplitterung amerikanischer Truppen muß ausgeführt werden!

Die Alliierten hatten so drei wertvolle Tage für die Vorbereitung der Schlacht gewonnen. General Dwight D. Eisenhower, der Oberkommandierende der westalliierten Streitkräfte, änderte seine ursprüngliche Absicht, einen Angriff auf breiter Front in östlicher Richtung vorzutragen. Er entwickelte eine neue Einschließungsoperation, in deren Verlauf das Gros der deutschen Kräfte in Westfrankreich vernichtet werden sollte.

Ein interessantes Kapitel im Hinblick auf die Nutzung der Enigma-Informationen für die Aufklärung von Plänen der faschistischen Führung während des Krieges hängt mit der Entwicklung neuer Waffensysteme zusammen, unter anderem mit den berüchtigten «Vergeltungswaffen», also mit den Fluggeschossen V1 und V2. Die Raketenforschung hatte in Deutschland schon vor dem Krieg begonnen. Das erste große Versuchsgelände entstand 1932, also noch vor Errichtung der Hitlerdiktatur, auf dem Artillerieübungsplatz der Reichswehr in Kummersdorf. Dort wurden verschiedene Arten flüssigen Treibstoffs und seine Verwendung für den Raketenantrieb untersucht. Von 1937 bis 1939 errichtete man mit einem Kostenaufwand von 10 Millionen Mark das seinerzeit weltgrößte Forschungszentrum für Fluggeschosse und Raketen in Peenemünde und baute es während des Krieges weiter aus. Die Erforschung der Raketenwaffen nahm 1943 ungeheure Dimensionen an, als nach der Niederlage bei Stalingrad und Kursk und den Mißerfolgen in Nordafrika die faschistische deutsche Führung den «totalen Krieg» verkündete und mit dem Einsatz neuer «Wunderwaffen» drohte.

Großen Anteil am Enttarnen der V2-Konstruktion hatte übrigens der polnische Wissenschaftler und Widerstandskämpfer Professor Janusz Groszkowski.

V-Waffen wurden zum erstenmal in Funksprüchen im Frühjahr 1943 erwähnt. Eine seinerzeit entzifferte geheime Verfügung des OKW ordnete die verstärkte Luftverteidigung des Objekts «FZG 76» (Deckname für das Forschungszentrum Peenemünde) an. Reginald Victor Jones, ein Spezialist der britischen wissenschaftlich-technischen Aufklärung, hatte nach entsprechenden Hinweisen aus antifaschistischen Kreisen beobachtet, daß die experimentellen Raketengeschosse von Radargeräten gesteuert wurden. Daher konzentrierte man sich jetzt auf den Funkverkehr besonders der deutschen Funkpeileinheiten, die mit der modernsten Radarapparatur ausgestattet waren. Den vorliegenden Funksprüchen zufolge ging es insbesondere um die 14. und 15. Kompanie des Luft-Nachrichten-Versuchsregiments (LNVR).

Nach mehreren Wochen entzifferte man tatsächlich einen Befehl des OKL, in dem es hieß, daß die 14. Kompanie des LNVR an die Ostseeküste verlegt werde. Die nächsten Funksprüche enthielten nun schon genauere Angaben über die von dieser Einheit vorgenommenen Ortungen der Fluggeschosse und Raketen. Nach genauer Luftaufklärung erfolgte im August 1943 ein Luftangriff auf Peenemünde, der die V-Waffen-Versuche eine Zeitlang unterbrach. Daraufhin wurden die Raketenteste in den südpolnischen Raum (Pustków–Blizna) verlegt, und wieder waren die Sender der 14. Kompanie des LNVR im Äther zu hören. Bletchley verfolgte den Funkverkehr und beschaffte weitere wertvolle Informationen über den Stand der deutschen Vorbereitungen zum Einsatz der neuen Waffe.

Im April 1944 wurden Hitlers persönliche Befehle zur Errichtung eines Spezialzentrums in Frankreich mitgelesen, von wo aus die Bombardierung Großbritanniens mit V1-Geschossen koordiniert werden sollte. Bletchley erfuhr unter anderem den Namen des Leiters des Zentrums (Oberst Max Wachtel) sowie die Tarnbezeichnung der Einheit (155. Flak-Regiment). Ende Mai 1944 meldete Wachtel an General Erich Heinemann, dem das Zentrum unterstellt war, daß 50 Abschußrampen fertig seien. Diese Information hat gewiß neben vielen anderen Beweggründen mit dazu geführt, daß die Operation «Overlord», die Eröffnung der zweiten Front, endlich in den ersten Junitagen des Jahres 1944 erfolgte.

Am wenigsten bekannt geworden ist die Zusammenarbeit zwischen Bletchley und den britischen Stellen der psychologischen Kriegführung, vor allem die Kontakte zu den Geheimsendern «Gustav Siegfried Eins», «Radio Calais», «Atlantiksender» und anderen. Diese Sender gaben sich als Sprecher vermeintlicher Oppositionsgruppen in der faschistischen deutschen Wehrmacht und in anderen Bereichen aus. Sie verkündeten nationalistische Losungen, traten aber gegen Hitler, gegen die NSDAP und die SS auf, die das Land in die Katastrophe führten. Diese Sender, die die deutsche Bevölkerung im antifaschistischen Geist aufklärten, bedienten sich vieler Informationen über die innere Lage des «Reiches», über die Situation in der Wehrmacht und so weiter, die teilweise aus entzifferten Enigma-Funksprüchen stammten.

Aus dem Enigma-Funkverkehr dechiffrierte Daten hatten nicht zuletzt Bedeutung für die Kriegshandlungen der Westalliierten im Pazifik und im Atlantik. Ein anschauliches Beispiel dafür ist die praktische Nutzung der entzifferten japanischen Funksprüche während der Midway-Schlacht, einer Operation, die als Wendepunkt des knapp vier Jahre dauernden amerikanisch-japanischen Krieges im Stillen Ozean angesehen wird.

Bereits vor dem Überfall auf Pearl Harbor hatte Admiral

Yamamoto, der Oberbefehlshaber der operativen Flotte, die japanische Regierung mehrmals gewarnt, daß er nur im ersten Jahr des Krieges gegen die Vereinigten Staaten einen Erfolg garantieren könne. Wenn das Überraschungsmoment vorüber sei, gerate Japan möglicherweise in eine schwierige Lage. Diese Warnungen wurden von den Politikern und vom Oberkommando der Landstreitkräfte nicht beachtet. Nach dem erfolgreichen Angriff der japanischen Flotte auf Pearl Harbor, den größten US-amerikanischen Stützpunkt im Pazifik, sollte ein weiterer Schlag die Präsenz der USA im Stillen Ozean beseitigen und die Vorherrschaft Japans in diesen Gewässern ermöglichen. Das nächste Ziel war der Stützpunkt auf den Midway-Inseln, in deren Nähe eine zweite Gruppierung der US-Flotte operierte. Der Angriff war auf den 6. Juni 1942 festgelegt. Geplant war eine gigantische Schlacht, die größte und wichtigste in der siebzigjährigen Geschichte der modernen japanischen Flotte. Anfang Mai lief ein starker japanischer Schiffsverband aus, darunter zwei Flugzeugträger modernster Bauart, «Shokaku» und «Zuikaku», und der leichte Träger «Shoko». Der Verband hatte die Aufgabe, Port Moresby im Westen Neuguineas anzugreifen und zu besetzen. Das war nur durch eine Überraschungsaktion möglich. Doch die Funkaufklärung der USA konnte zu diesem Zeitpunkt nicht nur die diplomatischen Funksprüche mitlesen, sondern auch die chiffrierten Meldungen der japanischen Kriegsmarine. Der Oberkommandierende der US-Pazifikflotte, Admiral Chester W. Nimitz, kannte somit die Absichten des Gegners und auch die Schiffe, die an dieser Operation teilnahmen. So konnte er rechtzeitig Gegenmaßnahmen treffen. Er entsandte die Flugzeugträger «Lexington» und «Yorktown» sowie Kreuzer und Zerstörer zum Begegnungsgefecht.

Das Gefecht fand in der Korallensee statt und war die erste Seeschlacht der Geschichte, in der auf beiden Seiten nur Flugzeugträger handelten; die Kreuzer und Zerstörer hingegen gaben keinen einzigen Schuß ab, haben den Gegner nicht einmal gesehen.

Das Gefecht der Flugzeugträger noch vor der japanischen Hauptoperation hatte für den Verlauf und die Ergebnisse der

Einsatz der Enigma in der faschistischen deutschen Wehrmacht (hier in einer Divisionsnachrichtenstelle, 1941, und im Stab einer Panzerarmee, 1942)

Schlacht um die Midway-Inseln weitreichende Folgen. Die Japaner versenkten zwar die «Lexington» und beschädigten die «Yorktown», mußten aber auch ihrerseits Verluste hinnehmen. Sie verloren unter anderem die «Shoko», und die beschädigte «Shokaku» blieb in den nächsten Monaten kampfunfähig. Die «Zuikaku» verlor fast alle Flugzeuge und das Flugpersonal. Sie nahm die verbliebenen Flugzeuge der «Shokaku» auf, mußte aber von der Midway-Operation zurückgezogen werden. Vizeadmiral Chuichi Nagumo standen statt der vorgesehenen sechs jetzt nur noch vier Flugzeugträger zur Verfügung: «Akagi», «Kaga», «Soryu» und «Hiryu».

In den letzten Maitagen 1942 lief eine große japanische Armada in Richtung Midway-Inseln aus: 11 Schlachtschiffe, 4 schwere und 4 leichte Flugzeugträger, 4 Flugzeugtransporter, 13 schwere und 9 leichte Kreuzer, 66 Zerstörer, 22 U-Boote sowie zahlreiche Hilfsschiffe (Transporter, Tanker, Trawler, Reparaturschiffe und andere). Die US-amerikanische Seite setzte diesen Kräften 3 schwere Flugzeugträger, 8 schwere Kreuzer, 5 leichte Kreuzer, 28 Zerstörer und 25 U-Boote entgegen.

Die Schlacht begann am Morgen des 4. Juni 1942 mit einem Luftkampf. Die US-amerikanischen Jäger starteten von den Flugplätzen auf der Insel und stießen im Nordwesten auf die ersten japanischen Staffeln. Diese Begegnung durchkreuzte teilweise die Pläne Nagumos, der nunmehr seine zweite Angriffsstaffel ins Gefecht führen mußte, obwohl sie ursprünglich für den Einsatz gegen die US-amerikanischen Schiffe vorgesehen war. Die Flugzeuge waren bereits mit Torpedos bewaffnet; kostbare Minuten vergingen, bis die Torpedos durch Bomben ersetzt waren. Zu diesem Zeitpunkt erhielt Nagumo die Meldung, daß sich in der Nähe der Inseln US-Flugzeugträger befänden, die früheren Informationen zufolge hier noch nicht zu erwarten waren. Wieder ließ er die Flugzeuge mit Torpedos ausrüsten. Da aber begannen Jäger und Bomber, die von der «Enterprise» und «Hornet» gestartet waren, einen massiven Angriff, unterstützt von Fliegerkräften der «Yorktown».

Unterdessen kreisten die japanischen Bomber ratlos über den eigenen Flugzeugträgern, die mit gegnerischen Bomben belegt wurden. Im Verlauf von nur fünf Minuten, von 10.25 bis 10.30 Uhr, entschied sich das Schicksal der japanischen Flugzeugträger: Die «Akagi», «Kaga» und «Soryu» wurden völlig zerstört. Die Bomben trafen die startbereiten Flugzeuge und ihre Mannschaften. Detonationen erschütterten die Schiffe, Benzinbehälter explodierten, der Brand weitete sich schnell aus. Drei japanische Flugzeugträger verwandelten sich in ausgebrannte Wracks. Auch «Hiryu», der vierte Flugzeugträger, der weit hinten kreuzte, wurde noch vor dem Abend entdeckt und schwer beschädigt.

In der Midway-Schlacht verlor Japan 4 Flugzeugträger, einen schweren Kreuzer, 332 Flugzeuge, 3500 Matrosen und Flugzeugführer. Die Verluste der USA waren nicht so hoch: 1 Flugzeugträger, 1 Zerstörer und 150 Flugzeuge.

Zu diesem Vorteil haben die Magic-Informationen nicht unwesentlich beigetragen. Da man die japanischen Funksprüche mitlas, konnte man Admiral Nimitz rechtzeitig warnen und ihn über die Absichten und den Kurs der sich nähernden japanischen Kräfte sowie über die Zusammensetzung der Schiffsverbände in Kenntnis setzen. Er konzentrierte dann seine Schiffe und Flugzeuge optimal und war dadurch trotz des ungünstigen Kräfteverhältnisses dem Gegner überlegen.

Aufschlußreich ist in diesem Zusammenhang ein Brief von General Georg C. Marshall an den Gouverneur T. E. Dewey, den er noch während des Krieges geschrieben hat. Darin heißt es: «Schon die Operationen in der Korallensee basierten weitgehend auf entzifferten Funksprüchen; die wenigen Schiffe, die wir hatten, befanden sich zur richtigen Zeit am richtigen Ort. Wir konnten unsere begrenzten Kräfte konzentrieren und die Japaner an der Eroberung der Midway-Inseln hindern; andernfalls wären wir etwa 3000 Meilen vom Angriffsziel entfernt gewesen ... Bei der Führung unserer Operationen im Stillen Ozean stützen wir uns auf die verfügbaren Angaben über die Gruppierung der japanischen Kräfte und Mittel. Wir kennen die Stärke ihrer Truppen in den Garnisonen und ihre derzeitigen Vorräte an Kriegsgerät und Proviant und verfolgen, was sehr wichtig ist, die Bewegungen der japanischen Flotte und der Konvois. Die schweren Verluste, die unsere U-Boote den Japanern zufügen und von denen zuweilen die Presse berichtet, sind weitgehend dem Umstand zuzuschreiben, daß wir wissen, wann ihre Konvois auslaufen, wohin sie fahren, und somit unsere U-Boot-Kräfte informieren können, an welcher Stelle sie auf sie warten sollen.»*

Aus diesem Dokument geht ferner hervor, daß die Operation «Magic» nicht allein über Japan wertvolle Informationen lieferte. «Die wichtigste Quelle und Grundlage unserer Kenntnisse über die Absichten Hitlers in Europa ist die entzifferte Korrespondenz des japanischen Botschafters Hiroshi Oshima in Berlin, der von seinen Begegnungen und Gesprächen mit Hitler und anderen deutschen Persönlichkeiten nach Tokio berichtet ... Diese Korrespondenz erfolgt in einer sicheren Chiffre, die während der Ereignisse von Pearl Harbor im Einsatz gewesen ist.»**

---

* Zitiert nach: R. Wohlstetter, Pearl Harbor, Warning and Decision. Stanford 1962, S. 177f.
** Ebenda.

Die intensive Nutzung der Enigma-Daten zur Bekämpfung der U-Boote erfolgte von Juli 1941 bis Januar/Februar 1942. Dann veränderte die faschistische deutsche Kriegsmarine ihr maschinelles Chiffrensystem. Der Informationsfluß aus Bletchley hörte plötzlich auf.

Die Lage im Atlantik, dem wichtigsten Seekriegsschauplatz, war damals sehr ungünstig. Seit der deutsche B-Dienst im Frühjahr 1942 den britischen Marinecode «geknackt» hatte, griffen die U-Boote wieder westalliierte Konvois an und versenkten sie; die Verluste nahmen mit jedem Monat zu. Im März 1942 versenkten die Faschisten eine halbe Million, im April 400 000, im Mai 600 000 und im Juni 700 000 BRT. So ging es bis Herbst 1942. Die gegnerische Offensive in Ägypten (Suezkanal) machte sich deutlich bemerkbar. Am 31. August 1942 stieß Rommels Armee auf El Alamein vor. Zum erstenmal waren die Westalliierten gezwungen, nach dem Prinzip «Keinen Schritt zurück!» zu handeln. Dönitz gab später zu, daß man die britischen Chiffren und Marinecodes in jener kritischen Periode mitgelesen hatte. Der deutsche B-Dienst verglich Tausende von Funkspruchanfängen, stellte dabei bestimmte Gesetzmäßigkeiten fest und löste allmählich die ganze Chiffre. Aus den entzifferten Meldungen erfuhr man, daß der Gegner sehr viele Daten über die Positionen deutscher Schiffe besaß, schrieb dies jedoch den Agenten in den Seestützpunkten zu und suchte nach den «Informationslecks» in den Kommandos und Stäben der Kriegsmarine. Der Glaube an die Unlösbarkeit der Enigma schien unerschütterlich zu sein.

Vom Frühjahr 1942 bis Jahresende las der deutsche B-Dienst die Hinweise der britischen Admiralität über die vermeintlich sichersten Routen der Konvois mit. Die «Wolfsrudel» der U-Boote machten sich diese Angaben zunutze und lauerten der leichten Beute auf. In den ersten drei Märzwochen 1942 kannte man die Befehle der Admiralität an 30 von insgesamt 35 Konvois, die sich auf offener See befanden. Eine große Rolle spielte hierbei der Zeitfaktor, denn nicht immer konnten die gewonnenen Informationen genutzt werden. Beesly, der sich in seinen Äußerungen auf deutsche Dokumente stützt, hebt hervor, daß von 175 mitgelesenen Funksprüchen nur 10 zur erfolgreichen

Aktion der U-Boote geführt hätten, die übrigen Informationen seien zu spät eingetroffen. Im faschistischen B-Dienst und in den Entzifferungsstellen waren zwar routinierte Fachleute am Werk, dennoch gelang es ihnen nicht, die kryptologischen Arbeiten zu mechanisieren, so daß sie im Hinblick auf die Flexibilität und Schnelligkeit ihrem Gegner in Bletchley deutlich nachstanden.

Erst Anfang Dezember 1942 ermittelten die britischen Spezialisten das neue Bedienungssystem der Enigma «M». Die zehnmonatige Pause im Mitlesen der Chiffren betraf zwar nur die im Atlantik operierenden U-Boote, hatte aber katastrophale Folgen. Da die britische Seite nicht über die wichtigsten operativen Chiffren der deutschen U-Boote verfügte, der deutsche B-Dienst hingegen die Chiffre der Royal Navy löste, stieg die versenkte Tonnage westalliierter Schiffe stark an.

Als sich Ende 1942/Anfang 1943 die Lage in ihr Gegenteil verkehrte, lasen die Alliierten in den Karten des Gegners.

Die deutsche Seite aber hatte jetzt völlig andere Chiffren der britischen Flotte vor sich und mußte wieder blind vorgehen.

Durch die wirksame Entzifferung in Bletchley kannte das OIC nicht nur die Standorte, sondern auch die Befehle an die Kommandanten der U-Boote und Versorgungs-U-Boote («Milchkühe»). Das Auslaufen in den Atlantik und die Fahrt in die Heimathäfen an der Ostsee bildeten eine große Gefahr für die U-Boote. Wenn sie die Nordsee verließen, befanden sie sich eine Zeitlang im Aktionsbereich der britischen Zerstörer und Torpedoflugzeuge des Coastal Command. Trafen sie sich dann an den genau fixierten Stellen mit den «Milchkühen», so gerieten sie in eigens dafür aufgestellte Fallen, wurden angegriffen und versenkt.

Der Umstand, daß die U-Boote während ihrer Begegnungen mit den Versorgern auf offener See gestellt wurden, schien dem faschistischen OKW-Amt Ausland/Abwehr nicht geheuer, so daß es entsprechende Ermittlungen anstellte. Man suchte nach Agenten und Verrätern in den Stäben und Einheiten der Kriegsmarine; auf das Enigma-System selbst fiel jedoch nicht die Spur eines Verdachts. Die Seeoperationsstäbe der Westalliierten ihrerseits achteten streng darauf, jede Aktion zu «begründen»:

durch Luftaufklärung, verbesserte Radargeräte oder durch vermeintliche Hinweise der in den Häfen tätigen Agenten. Irreführende Nachrichten wurden über Funk gesendet, auf diplomatischen Empfängen in neutralen Ländern «Indiskretionen» begangen oder in chiffrierten Funksprüchen fiktive Worte des Dankes an die eigenen «Agenten» eingeflochten, wenn der faschistische deutsche B-Dienst die Chiffre inzwischen gelöst hatte. Die Geheimhaltung der eigentlichen Informationsquelle schloß bisweilen das sofortige Vorgehen aus, wie günstig die Situation auch immer sein mochte.

Die Zentrale in Bletchley entzifferte selbstredend auch viele gegnerische Funksprüche von anderen Seekriegsschauplätzen. Enigma-Informationen aus dem Mittelmeerraum wurden von einer Sektion des OIC aufbereitet. Dieser Kriegsschauplatz unterstand aber nicht der britischen Admiralität, sondern einem regionalen alliierten Kommando mit Sitz in Alexandria. Die vom OIC in London beschafften Informationen über diesen Raum wurden im «Rohzustand» an die Aufklärungsstelle des dortigen Flottenkommandos weitergeleitet, das über die SLU auch Enigma-Material aus Bletchley erhielt.

Wenngleich die deutschen U-Boote viele Schiffe aus den Konvois versenkten, so waren die Zerstörer und Kreuzer der faschistischen Kriegsmarine nicht weniger gefährlich. Sie operierten auf hoher See oder lagen in den Häfen, manche von ihnen befanden sich auf Ausbildungsfahrt in der Ostsee. Die großen Schiffe setzten ihre Funkstationen sehr sparsam ein, um dem Gegner die Feststellung der Positionen zu erschweren. Bletchley besaß daher relativ wenige Informationen über sie. Bislang ungeklärt blieb der Einsatz der Enigma bei der Versenkung des Schlachtschiffs «Bismarck» am 26. Mai 1941, zumal die britischen Autoren unterschiedlicher Meinung sind. So schreibt Winterbotham im Jahre 1974: «Ein besonders treffendes Beispiel für die Nutzung der Ultra ist die Angelegenheit mit der ‹Bismarck› ... Im Glauben, er werde immer noch von britischen Schiffen verfolgt, funkte Admiral Lütjens am frühen Morgen des 25. Mai 1941 einen chiffrierten Spruch an das OKM nach Deutschland. Er unterrichtete seine Vorgesetzten davon, daß ihm während der Kämpfe mit den Schiffen des Gegners der

Antoni Palluth und Edward Fokczyński kamen im KZ Sachsenhausen um

An Herrn

Stanisław Guzicki

Warschau
Puławeskastr. 152 W. 16.
Generalgouvernement Polen

2. 3. 44.

Der Tag der Entlassung kann jetzt noch nicht angegeben
werden. Besuche im Lager sind verboten. Anfragen
sind zwecklos.

Auszug aus der Lagerordnung:

Jeder Häftling darf im Monat 2 Briefe oder Postkarten empfangen und abschicken. Eingehende Briefe dürfen nicht mehr als 4 Seiten à 15 Zeilen enthalten und müssen übersichtlich und gut lesbar sein. Geldsendungen sind nur durch Postanweisung zulässig, deren Rückseite nur Vor-, Zuname, Geburtstag, Häftlingsnummer trägt, jedoch keinerlei Mitteilungen. Geld, Fotos und Mitteilungen in Briefen sind verboten. Die Annahme von Postsendungen, die den gültigen Kennzeichnungen nicht entsprechen, wird verweigert. Unübersichtliche, schlecht lesbare Briefe werden vernichtet. Im Lager kann man alles erhalten. Nationalsozialistische Zeitungen sind zugelassen, müssen aber vom Häftling selbst im Konzentrationslager bestellt werden. Lebensmittelpakete dürfen zu jeder Zeit und in jeder Menge empfangen werden.

Der Lagerkommandant

Lieber Freund! Du wirst mir es wohl nicht übel nehmen, daß ich so
lange nicht an Dich geschrieben habe, da, wie Du es wohl weißt, ich in eindeutiger Korrespondenz mit Irene stehe. Von ihr habe ich auch erfahren, daß die Familie sich um Krimia wenig kümmert. Traurig aber wahr!
Ich würde Dir daher sehr dankbar sein, mich wissen zu lassen, ob z. B. das mir seinerzeit gegebene Versprechen eingehalten hat, seine alle Schuld allmählich abzuzahlen. Danach sollte Maria Stelle aus Kraków an seine Adresse für Krimia im Falle 43 monatlich 700 Zbl. überweisen. Ich denke, daß eine solche Summe für sie von Bedeutung wäre, besonders da sie auf ihre eigenen Kräfte angewiesen ist, die doch durch diese schwere Lungenerkrankung nunmehr herabgesetzt sind. Ist es wohl der Fall, so beschreibe damit wohl Krimia, die ja schon genug Sorgen hat. Hat sie sich schon erholt? Seit sie gesund? Wie leben die Kinder? Ist sie gesund. Danke herzlich für alle Pakete, darunter eins von Irene und eins aus Rawa Ruska. Schreib mir viel und oft. Ich grüße und küsse herzlich Krimia, Kinder, Irene und Dich. Euer Julian.

1 b

Treibstoff knapp geworden sei, und fragte an, was er nun tun solle. Mit diesem Funkspruch gab er seinen Standort preis. Ich erinnere mich noch gut daran, wie ergriffen wir alle im Büro waren, als wir von Hut 3 die telefonische Mitteilung erhielten, daß die ‹Bismarck› in den Hafen von Brest zurückbeordert worden sei und starken Schutz von der Luftwaffe und den U-Booten erhalten solle. Später erfuhren wir, daß die Admiralität inzwischen einen Aktionsplan in zwei Varianten ausgearbeitet hatte, für die nördliche Route der ‹Bismarck› nach Deutschland und für die südliche nach Frankreich. Die Position des Schiffes war

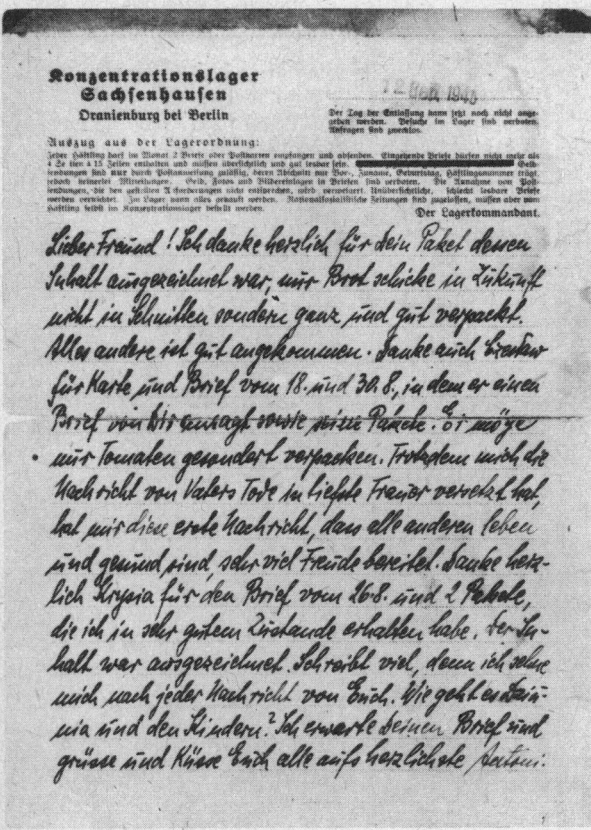

jetzt exakt ermittelt. Am 26. Mai hörten wir die ‹Bismarck› noch einmal. Alles weitere ist bekannt.›*

P. Beesly, der den Standpunkt des OIC vertritt, behauptet hingegen, die Versenkung der «Bismarck» habe nichts mit den Informationen aus Bletchley zu tun gehabt, da die Maschinenchiffre der faschistischen deutschen Kriegsmarine Ende Mai 1941 noch nicht gelöst gewesen sein.

Zu einem interessanten Kapitel der Seekriegführung gehört der Einsatz von Enigma-Informationen für die Bekämpfung deutscher Hilfskreuzer, getarnter Handelsschiffe, die mit Artillerie und Torpedos ausgerüstet waren. Diese im ersten Weltkrieg verbreitete Methode, die auf List und Überraschung beruhte, wurde besonders ab 1941 erneut praktiziert.

Im Mai 1941 eröffnete der deutsche Hilfskreuzer «Pinguin» plötzlich das Feuer auf den im Indischen Ozean operierenden britischen Kreuzer «Cornwall», der einem in Seenot geratenen Tanker zu Hilfe eilte, und versenkte ihn. Danach tarnte die «Pinguin» ihre Geschütze und Torpedorohre und entfernte sich als «harmloses» Handelsschiff – auf der Suche nach einem neuen Opfer.

Die deutschen Hilfskreuzer operierten kein volles Jahr auf Ozeanen und Meeren. Das Aufbringen dieser Schiffe, das vor allem durch die entzifferten Enigma-Funksprüche möglich geworden war, lief so erfolgreich, daß die faschistische Führung seit Anfang 1943 keine Hilfskreuzer mehr auslaufen ließ.

Der Vollständigkeit halber seien hier nur noch einige Bemerkungen über das Zusammenwirken zwischen den Aufklärungsdiensten Großbritanniens und der USA hinzugefügt, die sich an der U-Boot-Bekämpfung im Atlantik beteiligten.

Von Januar bis Mai 1942 gelang es dem faschistischen deutschen Gegner, mit U-Booten, die ungehindert vor der Ostküste der USA und in der Karibik operierten, monatlich Schiffe der USA mit insgesamt etwa 100 000 BRT zu versenken. Das Oberkommando der US-Marine stützte sich anfangs nicht auf die

* F. W. Winterbotham, S. 83 f.

britischen Erfahrungen, sondern setzte alle Hoffnungen auf die eigene Kriegsflotte und die eigenen Aufklärungsmittel.

Erst Mitte 1942, nachdem die deutschen U-Boote den USA empfindliche Verluste zugefügt hatten, wurde eine Koordinierungsstelle geschaffen, die in ihrer Zielstellung dem britischen OIC entsprach: die Atlantic Section of Operational Intelligence (Codebezeichnung: «Op 20», später «F 21»). Die britische Marineaufklärung entsandte einen Vertreter nach Washington, der die Amerikaner von der Notwendigkeit der Zusammenarbeit und des Informationsaustausches überzeugen sollte. So manche Schwierigkeit mußte beseitigt, so manches Hindernis überwunden werden, bis eine ersprießliche Kooperation zustande kam. Der gegenseitige Informationsaustausch erfolgte zunächst halboffiziell, bisweilen sogar ohne Wissen der Oberkommandos. Mit der Zeit weitete sich das Zusammenwirken auch auf die Entzifferung des gegnerischen Funkverkehrs aus, wenngleich die USA erst 1943 voll in die Enigma-Problematik eingeweiht wurden.

Obgleich das Material über die Zusammenarbeit der britischen Funkaufklärung und Entzifferung mit dem amerikanischen Verbündeten – wie P. Beesly meint – nicht vollständig sei, geben doch allein schon die vorliegenden Daten einen Hinweis auf den Stellenwert der Enigma–Ultra im Krieg gegen die U-Boote, die Hauptstoßkraft der faschistischen deutschen Kriegsmarine im Atlantik und auf anderen Seekriegsschauplätzen. Beispielsweise erfolgte eine großangelegte Aktion gegen die deutschen U-Boote und Versorgungs-U-Boote von Juni bis Oktober 1943 in der Nähe der Azoren. Sie basierte nahezu ausschließlich auf den entzifferten Enigma-Informationen. Mindestens 19 U-Boote und fast alle Versorgungs-U-Boote wurden versenkt.

Im September 1978 stellten die kryptologischen Dienste der USA einen großen Teil der archivierten Geheimdokumente aus der Kriegszeit dem Nationalarchiv in Washington zur Verfügung. Die ersten Untersuchungen der etwa 30 000 Seiten umfassenden Dokumente beweisen, daß nicht allein das moderne Radargerät die entscheidende Geheimwaffe gegen die deutschen U-Boote gewesen ist. Die Unterseeboote, die im Atlantik operierten, wurden auch durch die Entzifferung abgefangener

Funksprüche des Befehlshabers der U-Boote, Großadmiral Dönitz, geortet und von den Flugzeugen und Schiffen der Alliierten versenkt.

Nach den Angaben der gegenwärtig zugänglichen US-amerikanischen Akten wurden von Januar 1943 bis 9. Mai 1945 insgesamt 489 deutsche U-Boote im Atlantik versenkt, davon 93 durch die USA auf Grund von Enigma-Daten.

Während die Bedeutung der Enigma-Ultra-Informationen für die Kriegshandlungen im Atlantik und Pazifik relativ gut bekannt ist, fehlten bisher ähnliche Untersuchungen über den Verlauf der Seekriegführung im Mittelmeer. Diese Lücke füllen weitgehend die Arbeiten des italienischen Historikers Alberto Santoni aus, vor allem das Buch «Il vero traditore».*

Der Autor untersuchte Tausende von Ultra-Dokumenten im britischen Public Record Office und kam zu dem Ergebnis, daß die westalliierten Kommandos den ganzen Krieg über aus dem Mittelmeerraum regelmäßig – zuweilen aber 24 bis 48 Stunden verspätet – Enigma-Informationen erhielten. Obwohl einige Daten schnell ihren taktischen Wert verloren, trug ein großer Teil wesentlich dazu bei, daß die Westalliierten die Kämpfe dort zu ihren Gunsten entscheiden konnten.

In dieser Region war der «Krieg im Äther» besonders kompliziert. Die deutschen Kriegsschiffe, die Luftwaffe und das Afrikakorps verwendeten unterschiedliche Funksysteme, wobei die faschistische Kriegsmarine über einen anderen Enigma-Typ (mit einer größeren Zahl Chiffrierwalzen) als Luftwaffe und Heer verfügte. Die italienischen Luft-, See- und Landstreitkräfte hatten ebenfalls ihre eigenen Funknetze, eigene Codes und Chiffren, eigene Geräte zur Verschlüsselung des Funkverkehrs. Sie verwendeten deutsche Enigma-Maschinen (Modell «D») noch aus dem spanischen Bürgerkrieg und Hağelin-Geräte (Modell «C 36 m»).

Die Enigma-Anlagen kamen meist in den höheren Kommandos (Rom, Tripolis, Rhodos), die Hagelin-Maschinen in den

---

* A. Santoni, Il vero traditore. Il ruolo documentato di Ultra nella guerra del Mediterraneo, Milano 1981.

Schiffsverbänden und auf besonderen Kriegsschiffen, die im Mittelmeer operierten, zum Einsatz. Ab Juni 1941 wurde auch das Heer mit Hagelin-Geräten ausgestattet.

Dem Entzifferungszentrum in Bletchley gelang es im Oktober 1940, die italienische Enigma (der militärischen Führungsstellen in Rom, auf Rhodos und in Tripolis) im größeren Umfang mitzulesen. Das Eindringen in den Funkverkehr war durch kryptologische Analyse möglich geworden, außerdem verwendete man dafür Code- und Chiffrierdokumente der aufgebrachten U-Boote «Galilei» (19. Juni 1940) und «Uebi Scheheli» (29. Juni 1940). Wegen eines Fehlers konnte man sich der italienischen Codes jedoch nicht sehr lange bedienen. Um der britischen Bevölkerung nach der faschistischen Okkupation Frankreichs Mut zu machen, veröffentlichte die Presse Aufnahmen des italienischen U-Bootes «Galilei», was die italienische Supermarina und den Servizio Cifra sofort auf den Plan rief, die unverzüglich ein neues Chiffriersystem für alle U-Boote einführten.

Einige Monate später, am 8. Oktober 1940, brachten die Westalliierten des U-Boot «Durbo» auf; im Februar 1941 erbeuteten britische Fallschirmjäger nach erfolgreicher Landung auf Castelrosso, einer Insel in der Ägäis, wertvolles Chiffriermaterial.

Bald kannten die Westalliierten nicht nur die Bewegungen der italienischen Schiffsverbände, sondern vermochten auch festzustellen, was der Gegner über die Dislozierung und die Bewegungen der britischen Flotte wußte.

Dank der Enigma–Ultra kannte die britische Admiralität beispielsweise im Juni 1941 die «Fahrpläne» der Konvois «Oceania» und «Gritti» genau; im Juli 1941 war sie über die Routen der Konvois «Ernesto» und «Barbarigo» unterrichtet. Da die Briten nicht über genügend See- und Luftstreitkräfte im Mittelmeer verfügten und außerdem Angst davor hatten, daß der Gegner die chiffrierten Funksprüche mitlesen könnte, wurden in dieser Kriegsphase nicht alle entzifferten Daten für den Angriff auf die deutschen und italienischen Versorgungs- und Begleitschiffe genutzt. Von den erwähnten vier Konvois wurde nur der letzte, also «Barbarigo», angegriffen und ein Versorgungsschiff gleichen Namens versenkt.

In den nächsten zwei, drei Monaten vervollkommnete man das System der Übermittlung operativer Daten an die Kommandos sowie die Tarnung der Informationsquelle. Die RAF-Stellen auf Malta wurden von Bletchley (über Vermittlung durch SLU) rechtzeitig informiert, dann tauchten Flugzeuge über den Konvois auf, die den Gegner glauben machten, daß er durch die Luftaufklärung erkundet worden wäre. Daraufhin griffen britische U-Boote (meist aus der auf Malta stationierten Flottille) oder Torpedoflugzeuge die Konvois an, und die Informationsquelle blieb so verborgen.

Die verstärkten Aktionen gegen die Versorgungskonvois im Oktober und November 1941, von der Ultra ermöglicht, trugen wesentlich zu den Erfolgen der Gegenoffensive («Crusader») bei, die die 8. britische Armee und ihre Verbündeten am 18. November 1941 begannen, um die deutsch-italienischen Kräfte zurückzuschlagen und in das eingeschlossene Tobruk (Tubruq) einzudringen.

Als Beispiel für die von der entzifferten Enigma gesteuerten Operationen führt der italienische Historiker Santoni die Zerstörung des Konvois «Giulia» an, der am Abend des 8. Oktober 1941 aus Neapel auslief. Er nahm Kurs auf Tripolis. Noch bevor er Neapel verließ, erhielt die britische Admiralität aus Bletchley genaue Daten über Zielhafen, Zusammensetzung, Kurs, Geschwindigkeit und über die Geleitschiffe. Die Fahrt verlief an den ersten beiden Tagen ruhig, plötzlich tauchten am 10. Oktober um 22.45 Uhr in zwei Wellen anfliegende britische Flugzeuge auf und griffen den Konvoi an. Zwei Schiffe, die «Zeno» und «Casaregis», wurden von Torpedos getroffen und sanken einige Stunden später.

Ab Herbst 1941 erlitten viele Konvois mit Nachschub für die italienischen Truppen und das Afrikakorps Rommels auf ihrer Route nach Nordafrika empfindliche Verluste.

In der ersten Hälfte des Jahres 1942 verhielten sich die Achsenmächte indes keineswegs untätig. Die im Mittelmeer operierenden deutschen und italienischen Überwasserschiffe und U-Boote, die von ihnen gelegten Sperren und Minensperren, die massiven Luftangriffe auf Malta – den wichtigsten britischen Luft- und Seestützpunkt –, die sich nach der Verlegung der deutschen Luftflotte 2 nach Sizilien verstärkten – all das schränkte den Aktionsradius der britischen Kräfte ein, die trotz genauer Kenntnis über den Gegner die Lage nicht zu ihren Gunsten entscheiden konnten.

Erst als Mitte 1942 die britischen See- und Luftstreitkräfte im Mittelmeerraum beträchtlich angewachsen waren, kamen die Enigma-Ultra-Informationen voll zur Geltung.

Nach gründlicher Analyse der Archivdokumente beider Seiten kam A. Santoni zu dem Ergebnis, daß auf Grund der entzifferten Enigma-Ultra-Informationen im Zeitraum von Juni 1942 bis Mai 1943 insgesamt 86 deutsche und italienische Versorgungsschiffe versenkt wurden, die Kriegsgerät nach Nordafrika – zu tunesischen und libyschen Häfen – transportierten. Das sind 40 Prozent der gesamten, in dieser Phase des Mittelmeerkrieges versenkten Transporttonnage der beiden faschistischen Mächte. Außerdem hatten die Enigma-Informationen die Versenkung von 9 italienischen Kriegsschiffen zur Folge, darunter 2 Kreuzer («Da Barbiano» und «Di Giussano»), die nach den großen Verlusten an Versorgungsschiffen jetzt Treibstoff transportierten (am 13. Dezember 1941 durch britische Zerstörer nach präzisen Ultra-Daten getroffen).

Die massierte Versenkung deutscher und italienischer Transportschiffe führte nicht nur dazu, daß die Truppen des faschistischen Deutschlands und Italiens in Nordafrika auf die unentbehrlichen Lieferungen an Waffen, Gerät, Treibstoff und anderem Nachschub verzichten mußten. Sie waren auch gezwungen, den Geleitschutz der Konvois zu verstärken, eine Entscheidung, die wiederum den Bestand der operativen Flotten schwächte.

In der Geschichte des Seekrieges im Mittelmeer gibt es auch dunkle Punkte, die der Klärung bedürfen. So weist Santoni darauf hin, daß verschiedentlich italienische Schiffe mit westalliierten Kriegsgefangenen – meist Briten und Soldaten anderer Commonwealth-Länder – versenkt wurden, obwohl die britischen Kommandos davon wußten. So versenkte man am 14. Februar 1942 das italienische Schiff «Ariosto» mit 150 englischen Kriegsgefangenen und am 13. Oktober 1942 die «Loretto» mit etwa 100 Indern an Bord. Nicht weniger tragisch war die Versenkung des italienischen Schiffes «Scillin» durch das U-Boot «Sahib P.212» am 14. Dezember 1942, als 806 britische Kriegsgefangene und 79 italienische Bewachungssoldaten den Tod fanden.

Die im OIC aufbewahrten Dokumente liefern eindeutige Beweise dafür, daß die britische Admiralität über die Anwesenheit einer großen Anzahl alliierter Gefangener auf diesen Schiffen informiert war und auch genügend Zeit hatte, die operativen Einheiten der Royal Air Force und Royal Navy im Mittelmeer davon in Kenntnis zu setzen. Warum wurden die Schiffe dennoch versenkt? Aus Angst, die Informationsquelle zu verraten? Infolge von Mängeln in der Führung? Oder versagte die Verbindung zwischen London, Malta und den zu Wasser und in der Luft operierenden Einheiten, die sich in ständiger Feindberührung befanden? Wenn wir von den Auffassungen einiger britischer Autoren ausgehen, beispielsweise von der Behauptung Winterbothams, Churchill habe aus der Ultra-Quelle von dem

geplanten Luftangriff auf Conventry gewußt, aber keinen Befehl zur Evakuierung gegeben und damit bewußt den Tod von Zehntausenden Menschen verschuldet, nur um die «most secret source» geheimzuhalten, dann könnten auch bei der Versenkung der genannten Schiffe mit westalliierten Kriegsgefangenen an Bord ähnliche Motive eine Rolle gespielt haben. Andererseits weisen die erhalten gebliebenen Akten nach, daß die britischen Kommadostellen wegen dieser Vorfälle beunruhigt waren; in den Dokumenten befinden sich unter anderem Verzeichnisse von 29 italienischen Schiffen, die man zum Gefangenentransport einsetzte. Es ist anzunehmen, daß diese Frage geklärt werden kann, wenn eines Tages viele Dokumente aus Bletchley, die gegenwärtig noch nicht den Archiven übergeben worden sind, der Forschung zur Verfügung stehen.

Als die Waffen schwiegen

Endlich kam der Tag, den auch Marian Rejewski seit Jahren herbeigesehnt hatte: die Kapitulation des faschistischen deutschen Staates, das Ende des furchtbaren Völkermordens in Europa. Damit rückte für ihn die Stunde der Heimkehr in greifbare Nähe. Er wollte nicht wie sein Kollege Henryk Zygalski im Ausland bleiben.

Am 20. September 1946 betrat er wieder polnischen Boden. Es war keine unbeschwerte Rückkehr nach einer «normalen» Weltreise. Seit jenem 6. September, da er sich von seiner Familie auf eine Fahrt ins Ungewisse verabschiedet hatte, waren über sieben Jahre vergangen.

Irena Rejewska erinnert sich, daß er die ersten Monate nach seiner Heimkehr wie aus tiefer Lethargie erwacht verbrachte, gleichsam nach einem langsam weichenden Schock.

Er war in ein durch Krieg und faschistische Okkupation zerstörtes, gesellschaftlich verändertes Land gekommen. Nie war er ein homo politicus gewesen, allerdings auch kein unkritischer Lobhudler der Vorkriegsmacht, die im übrigen auch von General Władysław Sikorski in der Emigration scharf verurteilt wurde. Doch die Veränderungen waren so radikal, daß er sich nur mit Mühe zurechtfand.

Mit seiner Gesundheit stand es nicht zum besten, obwohl er die Gefahren und Schwierigkeiten des Krieges mannhaft ertragen hatte. Jetzt, da die Anspannung gewichen war, trat dies und jenes zutage – starke rheumatische Gelenkbeschwerden, hervorgerufen durch die Betonzellen der Gefängnisse in Seo de Urgel und Lérida sowie durch das feuchte englische Klima.

Die Familie wohnte in Bydgoszcz, im Hause der Eltern seiner Frau. Diese war nach dem Aufstand von den Okkupanten aus

Warschau vertrieben und mit den beiden Kindern wie Tausende andere Einwohner westwärts gejagt worden. Marian Rejewski scherzte, als er ein wenig zu sich gefunden hatte, er habe eine Witwe geheiratet.

Der Sohn Andrzej war inzwischen Schüler der fünften Klasse, und das 1939 erst wenige Monate alte Töchterchen hatte sich mittlerweile in ein aufgewecktes Mädchen verwandelt.

Rejewski mußte irgendeine Arbeit aufnehmen, um die vierköpfige Familie zu unterhalten. In Universitätskreisen hatte man Marian Rejewski nicht vergessen, und Professor Krygowski schlug ihm vor, an seiner Hochschule zu arbeiten. Größere Chancen noch als in Poznań boten sich Rejewski in der neueröffneten Pädagogischen Hochschule Szczecin, deren Mathematische Fakultät empfindlichen Mangel an qualifizierten wissenschaftlichen Kadern litt.

Bereits vor dem Kriege hatte er als junger Mathematikassistent eine Reihe interessanter Ideen zur additiven Zahlentheorie entwickelt. Jetzt war er knapp über vierzig und konnte wissenschaftlich noch vieles vollbringen. Gleichzeitig verspürte er aber die Last der jahrelangen Trennung von der Familie; er war von Krieg und Konspiration erschöpft, vom Leben in geheimen, hermetisch abgeschlossenen Enklaven, zu dem ihn sein so seltener Beruf als Kryptologe seit mehr als zehn Jahren verurteilt hatte.

Doch selbst jetzt, nachdem er aus den Kriegswirren heimgekehrt war, ersparte ihm das Schicksal schwere Schläge nicht. Im Sommer 1947 erkrankte der elfjährige Andrzej im Kinderferienlager. In jenen Nachkriegsjahren hielt die damals unheilbare spinale Kinderlähmung überall in Europa schreckliche Ernte. Der nach nur fünf Krankheitstagen so plötzliche Tod des einzigen Sohnes beschleunigte Rejewskis Entschluß, in Bydgoszcz zu bleiben. Er wollte sich nicht mehr von Frau und Kind trennen, von den Freunden seiner Jugendzeit.

Um Geld zu verdienen, nahm er die erstbeste Arbeit auf. Er ging in eine Kabelfabrik, später in ein Verkaufsbüro. In den letzten zwanzig Jahren – bis zu seiner Berentung im Februar 1967 – war er in der Zentrale der Handwerksgenossenschaft tätig.

Irena Rejewska mit den beiden Kindern (um 1946)

Erst jetzt, im Alter von 61 Jahren, entschloß sich Marian Rejewski, seine für den Historiker so wertvollen Erinnerungen zu schreiben. Kurz zuvor hatte er Verbindung mit dem Militärgeschichtlichen Institut in Warschau aufgenommen, wo man sein Vorhaben unterstützte.

So entstand innerhalb weniger Wochen ein für die Forschung grundlegendes Dokument, das inzwischen weltbekannt ist.

Auf rund 100 Manuskriptseiten legte er den exakten Beweis vor, der eindeutig erkennen läßt, daß die Maschinenchiffre der Enigma bereits einige Jahre vor Kriegsausbruch entziffert war. Gleichzeitig wies er auch andere polnische Erfolge auf diesem Gebiet nach. Er beschrieb verschiedene kryptologische Verfahren und Methoden, die bei der Entschlüsselung anderer deutscher Chiffren angewandt wurden, ferner die Hilfsmittel, derer man sich bediente, und ähnliches.

Wie wenig schrieb er jedoch über sich selbst, über die Odyssee der polnischen Gruppe, die den Kampf gegen das Chiffriersystem der deutschen Faschisten in den Kriegsjahren weiterführte! Viele Angaben dazu mußte man später aus Gesprächen mit ihm oder mit anderen Teilnehmern dieser wissenschaftlichtechnischen Aufklärungsoperation rekonstruieren.

230

1973 begann für den fast 70jährigen Marian Rejewski, der einige Jahre zuvor mit seiner Familie nach Warschau übergesiedelt war, ein neues Kapitel in seinem arbeitsreichen Leben. Das Buch von General Bertrand über die Geschichte der Enigma und spätere britische Publikationen bewirkten, daß er sich von nun an gleichsam in einem historischen – wenn auch manchmal verzerrenden – Spiegel betrachten konnte.

Nunmehr fühlte er sich auch verpflichtet, nicht nur in seinem eigenen Namen, sondern im Namen seiner Mitstreiter, insbesondere Jerzy Różyckis und Henryk Zygalskis, zu sprechen. Der eine war im Kriege umgekommen, der andere lebte in Großbritannien, war nach einer schweren Krankheit seit Jahren gelähmt.

Rejewskis Bescheidenheit und Abneigung gegen «publicity» und Aufsehen erschwerten auch dem Autor dieses Buches das Kennenlernen von Fakten, Dingen und Problemen, die ihm zu weit entfernt oder zu belanglos erschienen, als daß man sie festhalten müßte. Als ich nach dem Erscheinen meiner Arbeit «Schlacht um Geheimnisse» 1967 den ersten schriftlichen Kontakt zu Marian Rejewski aufnahm, antwortete er in zwei, drei Sätzen, daß er vor dem Kriege im Chiffrenbüro des Generalstabes gearbeitet hätte, wahrscheinlich aber «kaum etwas Interessantes» zu sagen hätte. Später allerdings, in den siebziger Jahren, faszinierte auch ihn das plötzlich enthüllte Geschichtspanorama.

Seit 1973 wuchsen die Veröffentlichungen, wissenschaftlichen Konferenzen, Zusammenkünfte und aus dem In- wie Ausland eingehenden Korrespondenzen lawinenartig an. Es gab Besuche von Historikern und Mathematikern, ehemaligen Mitbeteiligten an antifaschistischen Aufklärungsaktionen, von Journalisten aus Presse, Rundfunk und Fernsehen aus Großbritannien, Schweden, der DDR, aus Belgien, der UdSSR, aus Jugoslawien, ja selbst aus Brasilien und anderen Ländern. Die erste große Pressekonferenz mit Beteiligung von akkreditierten Korrespondenten aus aller Welt fand bei Interpress in Warschau am 21. April 1975 statt.

Es bleibt ein psychologisches Geheimnis, wie Marian Rejewski bei dem Trubel, da seine abgelegene Wohnung in Żolibórz nicht nur Ort ernsthafter Beratungen mit Historikern, sondern plötzlich auch ein Mekka oftmals skrupelloser Sensationshascher war, noch Zeit für das Entschlüsseln von Chiffren fand. Wiewohl ein «Veteran, zum Dienst geholt, da die Enkel sein schweres Schwert von der Wand nehmen» – wie es in unserem Nationalepos «Pan Tadeusz» heißt –, entschloß er sich, obwohl er lange «das Schwert nicht gehandhabt hatte», auszuprobieren, ob sein im jahrelangen Kampf mit der Enigma geschulter Verstand auch tauglich sei, einen völlig anderen Code aus dem Jahre 1904 zu besiegen. Es handelte sich um ein dreiseitiges Fragment einer Geheimschrift, die während des Russisch-Japanischen Krieges von einer Auslandsorganisation der Polnischen Sozialistischen Partei nach Polen geschickt worden war.

Das Material, das Marian Rejewski 1976 erhielt, wurde von ihm vollständig entschlüsselt. Mehr noch, die dieser Korrespondenz zugrunde liegenden Verschlüsselungsmethoden ermöglichten auch die Enträtselung der übrigen Teile dieses historischen Dokuments, die sich in einem anderen Polonia-Archiv im Ausland befanden. Damit wurde die Quellengrundlage für Forschungen zur Geschichte der sozialistischen Bewegung und zur neuesten Geschichte Polens erweitert. Als man Rejewski aus diesem Anlaß beglückwünschte, meinte er, als handele es sich um die normalste Sache der Welt: «Nun ja, von einem, der sich für einen Kryptologen hält, darf man wohl einiges erwarten.»

Jetzt kamen auch Titel und Auszeichnungen auf ihn zu. In den dreißiger Jahren sowie in der Kriegszeit waren ihm – gemessen an seinen überragenden Leistungen – nur bescheidene Ehrungen zuteil geworden: das Goldene Verdienstkreuz 1938, das Silberne Verdienstkreuz mit Schwertern und eine Erinnerungsmedaille, die er von Emigrantenorganisationen erhalten hatte. Nach dem Kriege bedurfte es in Polen nicht nur der einmaligen «Entdeckung» der großen Verdienste der drei Mathematiker-Kryptologen im Kampf mit der Enigma, sondern auch ihrer zweifelsfreien Dokumentierung in mühseliger historischer Forschung. Auch die Aufmerksamkeit maßgeblicher Instanzen und Wissenschaftlerkreise mußte geweckt werden, um endlich notwendige Entscheidungen zu treffen.

1977 erhielt Marian Rejewski die Medaille für Verdienste um

Urkunde über die Ehrenmitglied-
schaft in der Polnischen Mathe-
matikergesellschaft

Marian Rejewski 1976 in seiner
Wohnung

die Verteidigung des Landes, und am 12. Dezember 1978 wurde
ihm feierlich das Offizierskreuz des Ordens der Wiedergeburt
Polens überreicht. Er wurde ferner Ehrenmitglied der Polnischen Mathematikergesellschaft; die Verleihung der Ehrendoktorwürde erlebte er nicht mehr. Am 13. Februar 1980, im Alter
von fast 75 Jahren, ereilte ihn der Tod. Mit militärischen Ehren
wurde er auf dem Friedhof Powązki beigesetzt.

Die Lebensschicksale der anderen, nicht mehr unter uns weilen-
den Helden dieses Buches beziehungsweise ihrer nächsten An-

gehörigen müssen auf Grund der Kriegswirren notgedrungen fragmentarisch bleiben.

Die Ehefrau von Jerzy Różycki, der im Januar 1941 auf seinem Posten ums Leben kam, Maria B. Różycka, arbeitete viele Jahre nach dem Kriege als Formgestalterin, u. a. als Beraterin des Kulturministers. Als Rentnerin erhielt sie in Anerkennung ihrer künstlerischen Verdienste hohe staatliche Auszeichnungen. Sie widmete sich der Erziehung ihres Sohnes, der die Hochschule für bildende Künste absolvierte und dort einige Jahre als Assistent wirkte. Sein Name hatte aber vor allem in der Sportwelt einen guten Klang. In der polnischen Florettmannschaft erkämpfte er bei den Olympischen Spielen 1964 in Tokio eine Silbermedaille.

Henryk Zygalski kehrte – wie schon erwähnt – nach dem Kriege nicht in die Heimat zurück. Bis zu seinem Tode lebte er in Großbritannien mit seiner Ehefrau, einer englischen Offizierswitwe. Er führte – den spärlichen Angaben nach – das nicht leichte Leben eines Emigranten. Immerhin war er noch besser dran als Berufsoffiziere wie Langer oder Ciężki, denn er hatte einen universelleren Beruf und konnte nach relativ kurzer Umstellung an einem College Mathematik unterrichten und wurde ein geachteter Pädagoge. Ein wissenschaftliches Emigrantengremium verlieh ihm 1977, als er schon sehr krank war, die Ehrendoktorwürde. Im Mai 1978 ist er in der Fremde verstorben.

Nach dem Krieg wurde auch Näheres über die Festnahme von Oberst Langer, Major Ciężki, Ingenieur Palluth und Edward Fokczyński bekannt: Nach mehreren mißglückten Versuchen, über die französisch-spanische Grenze zu gelangen, unternahmen sie in der Nacht vom 10. zum 11. März 1943 einen erneuten Anlauf. In ihrer Gruppe befanden sich auch zwei Franzosen, der Unternehmer Humbert aus Algier und ein Chemiker namens Rosier.

Ihr Führer Gomez brachte die sechs Männer in einem Auto der französischen Garde mobile in die kleine Grenzortschaft Elnes. Von dort sollten sie zu Fuß weiter, geführt von einem anderen Ortskundigen.

Gomez verabschiedete sich mit brüderlichem Kuß von Langer, wünschte Glück und Erfolg und nahm die Hälfte der zerrissenen und quer mit Unterschrift versehenen 20-Franc-Banknote entgegen. Er händigte sie am nächsten Tag Bertrand als Beweis für die sichere Führung der Flüchtlinge bis zur Grenze aus und erhielt verabredungsgemäß 600000 Franc (100000 pro Person). Auf abgelegenem steinigem Weg zogen Langer und seine Gruppe mit einem neuen Führer weiter.

Der Oberst wußte nicht, daß sie der in größter Herzlichkeit von ihnen geschiedene Gomez bereits verraten, ihm den Judaskuß gegeben hatte.

«Etwa 3 Kilometer hinter Elnes», so schrieb Gwido Langer nach dem Krieg, «sprangen plötzlich Uniformierte aus einem Waldstück, von hinten und vorn fuhren Motorräder heran. Man beschoß und umzingelte uns. Während wir festgenommen wurden, ließ man den Führer frei. Uns brachte man nach Argelès-sur-Mer, wo uns die Gestapo das erstemal verhörte.»

So begann der mehrjährige Leidensweg der Verhafteten.

Ebenfalls erst nach der Befreiung wurde bekannt, daß einige Mitarbeiter des BS4, die sich an der Lösung der faschistischen Enigma-Chiffren beteiligt hatten, und der größte Teil des mehr als 200 Mann zählenden AVA-Personals im okkupierten Polen geblieben waren und dort am Widerstandskampf teilgenommen haben. Dazu gehörte der Kommunist Stanisław Guzicki, der sich während der Okkupation und danach, beim Aufbau der Volksrepublik Polen, große Verdienste als Funktionär der Polnischen Arbeiterpartei (PPR) erwarb. Und noch eine Tatsache wurde erst nach Kriegsende offenbar: Während der gesamten Okkupationszeit überprüften faschistische Geheimdienstexperten die erbeuteten Dokumente der polnischen Abteilung II. Als 1939 die Abteilung in aller Eile evakuiert werden mußte, war es nicht gelungen, sämtliche Archive zu vernichten. Viele Dokumente fielen in die Hände der Faschisten, die einen großen Teil des Materials in die Zweigstelle des Reichsmilitärarchivs nach Gdańsk-Oliwa brachten. Darunter befand sich aber nichts aus dem Chiffrenbüro. Diesem Umstand ist es zu verdanken, daß dem faschistischen Gegner das Geheimnis der Enigma-Entzifferung verborgen blieb. Die seinerzeit sorgfältig geplanten Sicherheitsmaßnahmen wie auch die Standhaftigkeit der Mitarbeiter haben sich ausgezahlt. Dafür mag als anschauliches Beispiel das Verhalten einer Frau stehen.

Zofia Pawłowicz war eine langjährige Mitarbeiterin im Chiffrenbüro; von 1924 bis zum September 1939 Leiterin des Sekretariats und rechte Hand des Chefs. Sie stammte aus einer Familie mit militärischer Tradition. Beide Brüder waren Berufsoffiziere – der eine bei der Artillerie, der andere bei der Aufklärung. Er fiel während des zweiten Weltkrieges in der Mandschurei.

Nach dem faschistischen Überfall war es nicht gelungen, Zofia Pawłowicz zu evakuieren. Bis Sommer 1941 hielt sie sich in Lwow auf, später in der Gegend von Tarnopol, wo sie in einer Krankenhausverwaltung Arbeit fand. Nach dem faschistischen Überfall auf die Sowjetunion ging sie zurück nach Warschau. Ihr Wohnhaus lag in Trümmern. Ohne Unterkunft und ohne Lebensunterhalt mußte sie sich als Serviererin im Café einer alten Bekannten durchschlagen, bei der sie auch wohnte.

Wenige Wochen nach ihrer Rückkehr wurde sie von einem faschistischen Spitzel erkannt und denunziert. Man verhaftete sie und brachte sie in das Warschauer Gestapo-Hauptquartier in der Szuch-Allee. Dort verbrachte sie die erste Zeit mit anderen Festgenommenen in der berüchtigten «Straßenbahn» – einem langen Korridor mit zwei Reihen Sitzbänken wie in einem Straßenbahnwagen. Die dort Festgehaltenen durften sich nicht umsehen oder sonstwie bewegen oder sich unterhalten. Stundenlang mußten sie reglos dasitzen und sich Marschmusik anhören. Heute ist dieser Raum wie alle anderen Örtlichkeiten, die die Gestapo nutzte, Museum.

Diese Tortur sollte die Verhafteten vor den Verhören «weichmachen», die im ersten Stock der Gestapo-Zentrale vorgenommen wurden. Frau Pawłowicz erinnert sich: «Ich fand mich in einem großen, elegant eingerichteten Zimmer wieder. Hinter einem langen, mit Papieren überhäuften Tisch saßen drei Offiziere in Wehrmachtuniformen, Landstreitkräfte, Flieger, Kriegsmarine. Blitzartig wurde mir klar, daß ich vermutlich Abwehroffizieren gegenüberstand, nicht Polizeikräften. Das hob mein Befinden etwas. Die Offiziere, zumindest zwei von ihnen, sprachen geläufig Polnisch. Schon nach ihren ersten Fragen wußte ich, daß sie sich in der Struktur des polnischen Generalstabes auskannten und mich sogleich mit ihrem vermeintlich überragenden Wissen matt setzen wollten. Sie nannten die Namen von Chefs verschiedener Generalstabsabteilungen sowie anderer mir bekannter Offiziere. Anfangs waren sie sehr höflich, versicherten mir, es ginge ihnen ‹lediglich› darum, bekannte Tatsachen bestätigt zu sehen und weniger bedeutsame Einzelheiten zu klären. Sie wüßten, ich sei jahrelang Zivilangestellte im Generalstab gewesen und werde nicht so unklug sein, auf der Hand liegende Fakten zu leugnen. Andernfalls sähen sie sich jedoch ‹gezwungen›, mich für längere Zeit den Händen der Gestapo zu überlassen. Ich muß meine Rolle wohl gut gespielt haben, die Rolle einer nicht sehr intelligenten, allerdings auch nicht zu tauben ‹grauen Kanzleimaus›, deren es wenigstens hundert, wenn nicht mehr gab, die der Generalstab und das Kriegsministerium beschäftigten.»

Obwohl die Inquisitoren in Wehrmachtuniform den Eindruck von Allwissenheit erwecken wollten, bekam Frau Pawłowicz sehr rasch mit, daß ihr Wissen oberflächlich war, daß sie keine Chiffren- oder Nachrichtenspezialisten waren. Sie gab sich also alle Mühe, so zu antworten, daß sie sich bei unwesentlichen Einzelheiten ihrer Büroarbeit aufhielt, die sie teils sogar erfand. Es ging ihr darum, die Aufmerksamkeit der Untersuchungfüh-

Im sozialistischen Polen wird das Andenken an die Bezwinger der Enigma lebendig gehalten; hier ein Ersttagsbrief von 1983

renden an solche Dinge zu fesseln und sie von den schwerwiegenden Fakten im Zusammenhang mit der Dechiffrierung und Funkaufklärung abzulenken. Mit aller Willenskraft bemühte sie sich, ihre Unruhe niederzukämpfen, die aufdringliche Vorstellung von einer entschlüsselten Enigma und anderen allergeheimsten Dingen des Chiffrenbüros zu verdrängen. Um solche Auskünfte zu bekommen, hätten weder die höflichen Abwehroffiziere noch die Gestapoleute auch nur eine Sekunde gezögert, mit brutalsten Methoden, einschließlich der Folter, vorzugehen.

Daß es ihr gelang, von der wirklichen Spur abzulenken, ist vor allem dem Mut und der Geschicklichkeit der erfahrenen Mitarbeiterin des Chiffrenbüros zu danken. Begünstigend mag auch der selbst im Kriege noch blinde Glaube faschistischer Instanzen an die Vollkommenheit ihrer Maschinenchiffre, an die «Unlösbarkeit» der Enigma gewirkt haben.

Die Vernehmung endete für Zofia Pawłowicz mit der Androhung schwerster Strafe, sollten ihre Angaben nicht der Wahrheit entsprechen. Bis zur Überprüfung ihrer Aussagen verbleibe sie in Untersuchungshaft.

Ins Pawiak-Gefängnis überführt und in einer Einzelzelle inhaftiert, wurde sie von schwärzesten Ahnungen und Gedanken heimgesucht. Doch der faschistische Geheimdienst muß wohl zu der Überzeugung gelangt sein, es nur mit einer unbedeutenden Person zu tun zu haben.

Ähnlich wie Frau Pawłowicz wurde ein weiterer Zivilangestellter des Chiffrenbüros nach recht oberflächlichen Verhören freigelassen. Es handelte sich um Herrn Pański. Zofia Pawłowicz traf ihn einmal auf dem Wege zur Vernehmung in besagtem Korridor. Auch er wurde als unbedeutende Person eingestuft. Keiner kam dahinter, daß dieser bescheidene «Hausmeister» des Generalstabes, der die Flure reinigte und den Offizieren zum zweiten Frühstück Tee mit belegten Broten servierte, in Wirklichkeit Offizier und Chef der inneren Sicherheit war, verantwortlich unter anderem für den Schutz des Unternehmens «Enigma».

Die Verhöre von Frau Pawłowicz und anderen Mitarbeitern des Chiffrenbüros fanden im Herbst 1941 statt, als die von den Anfangserfolgen geblendeten Faschisten jeden Tag mit der Eroberung Moskaus und dem «Endsieg» im Osten rechneten. Als der Weg zur Weltherrschaft des «Dritten Reiches» offen schien, mögen die Angelegenheiten eines nicht mehr existenten polnischen Generalstabes, eines durch den Führer von der Landkarte Europas «ausradierten» Staates den Faschisten nur noch unwesentlich vorgekommen sein.

Bezwingung der Enigma –
kriegsentscheidend?

Fragen der Nachrichtenaufklärung und speziell der Enigma-Entzifferung waren zwar schon früher in einigen Abhandlungen zur neuesten Geschichte aufgetaucht, aber erst das 1973 erschienene Buch von Gustave Bertrand, dem ehemaligen Chef der französischen Funkaufklärung, der diese Problematik sehr detailliert untersuchte, löste eine wahre Lawine von Publikationen in vielen Sprachen über die Enigma aus. Nach Bertrand meldeten sich Autoren von der anderen Seite des Ärmelkanals zu Wort – Winterbotham, Calvocoressi, Beesly und andere –, die weitere Fakten beisteuerten.

Auch polnische Wissenschaftler begannen sich jetzt lebhaft für dieses Thema zu interessieren, zweifellos angeregt durch die vom französischen Autor deutlich akzentuierte, von der britischen Seite jedoch verschwiegene Rolle der polnischen Spezialisten in einem bis dahin wenig bekannten Kapitel des Krieges. Über die Arbeit an der Enigma in Polen hatte ich bereits einige Jahre vor Bertrand in meinem Buch über den polnischen und den deutschen Geheimdienst in der Zwischenkriegszeit geschrieben.*

Zu jener Zeit, um 1967, als die französischen und britischen Teilnehmer immer noch hartnäckig schwiegen, mußte ich mich mit der nüchternen Feststellung begnügen, daß das Enigma-Schlüsselverfahren schon vor Kriegsausbruch in Polen enträtselt worden ist. Damals fehlte mir noch die Fortsetzung der Enigma-Geschichte.

Nach und nach meldeten sich nunmehr auch Personen zu Wort, die während des Krieges verantwortliche Funktionen in

---

* W. Kozaczuk, Bitwa o tajemnice ..., Warszawa 1967.

der Funkaufklärung ausgeübt hatten. In der BRD erschien zudem eine Anzahl Erinnerungsberichte und anderer Darstellungen über das faschistische Funkaufklärungssystem.

In Großbritannien entschloß sich die Labour-Regierung 1977 unter dem Druck aus Kreisen der Wissenschaft, aber auch auf Drängen der Öffentlichkeit – die Dispute gelangten sogar in die Parlamentsdebatten –, endlich einen Teil der Akten über die Enigma-Entschlüsselung dem öffentlichen Staatsarchiv zu übergeben. Dort in London konnten sie erstmals von Wissenschaftlern und interessierten Publizisten in Augenschein genommen und in Arbeiten berücksichtigt werden.

Im Verlaufe der nächsten Jahre, bis April 1980, wurden auf diese Weise über 800 000 entschlüsselte und im Krieg den Führungsstäben der Westalliierten übergebene Enigma-Funksprüche der Forschung zugänglich gemacht. Darunter befanden sich 330 000 Meldungen, die den Kampf mit den faschistischen U-Booten und andere Seeoperationen betrafen. Inzwischen haben die britischen Stellen den Hahn wieder zugedreht.

Noch größere Diskretion, wenn man so sagen darf, umgibt alle Akten, die die Arbeitsmethoden der britischen Kryptoanalytiker in Bletchley betreffen. Die erste diesen Fragen gewidmete Publikation erschien erst 1982. Es handelt sich um das Buch von Professor Gordon Welchman, einem führenden Mathematiker und Kryptologen von Bletchley, betitelt «Die Geschichte von Haus 6» («The Hut 6 Story»).

Doch neben der verhältnismäßig geringen Anzahl seriöser Arbeiten französischer, britischer, US-amerikanischer und BRD-Autoren wurde der bürgerliche Medienmarkt zeitweise mit reißerischen Publikationen zur Enigma-Thematik überschwemmt. Mantel- und Degenstücke, wichtigtuerisch mit Fußnoten versehen und mit einem vermeintlichen wissenschaftlichen Apparat ausgestattet. Krasse Beispiele dafür sind die Bücher von A. Cave Brown, «Bodyguard of Lies» (Leibgarde der Lügen), und von W. Stevenson, «The Man Called Intrepid» (Der Mann, der der Unerschrocken genannt wurde), die ein Gemisch aus viel Dichtung und wenig Wahrheit darstellen.

Der Zweck ist klar: Man möchte der Öffentlichkeit einreden, die faschistische deutsche Wehrmacht habe ihre entscheiden-

Namensgebung in einer Schule in Bydgoszcz

den Niederlagen nicht in den Schlachten vor Moskau, bei Stalingrad und Kursk erlitten – sondern im Funkaufklärungszentrum Bletchley Park.

Lassen wir die Fakten sprechen. Erstens: Die Entschlüsselung der Enigma-Funksprüche umfaßte einen Teilaspekt der Funkaufklärung, die ihrerseits wiederum nur einen Bereich der strategischen, operativen und taktischen Aufklärung bildete. Diese Tatsache schmälert in keiner Weise die Bedeutung der Enigma-Bezwingung, aber sie hilft, ihr den objektiven Stellenwert zuzumessen. Nicht eine Aufklärungsart allein, sondern erst das Ineinandergreifen aller Maßnahmen, die ein Staat trifft, um Angaben über die politischen, ökonomischen, militärischen, wissenschaftlich-technischen und moralischen Potenzen des Gegners zu erhalten, vermitteln ein reales Bild und können für militärische Entscheidungsfindungen relevant werden.

Zweitens darf in diesem Zusammenhang nicht übersehen werden, daß der Nazistaat vor und während des zweiten Weltkrieges über ein hochentwickeltes Geheimdienstsystem verfügte, darunter nicht zuletzt das modern ausgerüstete Funkspionagenetz mit leistungsfähigen Chiffrier- und Dechiffrier- sowie Kryptoanalysestellen.* Dadurch gelang es dem faschistischen Gegner, in den geheimen Funkverkehr der Westalliierten einzudringen und auf diese Weise Vorteile, die diese aus entschlüsselten Enigma-Informationen gewannen, nicht selten zu neutralisieren. Beispielsweise trifft das für die langen Monate des Seekrieges im Atlantik zu. Bis März/April 1943 vermochte der deutsche B-Dienst, viele Funksprüche der Royal Navy zu dechiffrieren und gleichzeitig den eigenen Funkverkehr vor der Entschlüsselung durch die Westalliierten erfolgreich abzuschirmen.

Drittens ist zu berücksichtigen, daß bei weitem nicht der gesamte geheime Funkverkehr der faschistischen deutschen Wehrmacht – geschweige anderer Repressivorgane – mittels der Enigma verschlüsselt wurde, sondern – wie erwähnt – durch eine Reihe anderer Chiffrierverfahren. Daraus ergibt sich

---

* Vergl. dazu: A. Charisius, J. Mader, Nicht länger geheim, Berlin 1980, insbesondere S. 87–129.

zwangsläufig, daß man in Bletchley keineswegs in der Lage war, jeden wichtigen Funkspruch mitzulesen.

Schließlich sei noch auf einen weiteren Umstand hingewiesen: Die Westalliierten waren durchaus nicht die einzigen, die in die Geheimnisse der Maschinenchiffren Deutschlands oder Japans eindrangen. Das ergibt sich folgerichtig aus dem Stand der Nachrichtentechnik und der Funkdienste der sowjetischen Streitkräfte unter Leitung von Marschall Peressypkin.* Dieser Sachverhalt wird selbst von BRD-Historikern unterstrichen.**

Bereits durch diese sehr fragmentarischen Bemerkungen dürfte die eingangs gestellte Frage beantwortet sein. Georgi Shukow, wohl einer der bedeutendsten Heerführer des zweiten Weltkrieges, äußerte sich im Zusammenhang mit der Kursker Schlacht zum Thema Aufklärung: «Aber die gute Arbeit der Aufklärung allein können wir nicht als den entscheidenden Faktor für den Sieg ... ansehen. Wer die Strategie auch nur ein wenig kennt, versteht, woraus sich der Erfolg im Krieg zusammensetzt: Sichere Beurteilung der Gesamtsituation, richtige Wahl der Hauptstoßrichtungen, eine gut durchdachte Kampfordnung der Truppen, exakte Zusammenarbeit aller Waffengattungen, hohes Bewußtsein und hohe Qualifikation der Kämpfer, ausreichende materielle und technische Sicherstellung, eine entschlossene und flexible Führung, modernes Manövrieren und vieles andere ist notwendig, um den Sieg zu erringen. Das alles zusammen bildet die Kunst der modernen Kriegführung ... Auch die gut funktionierende Aufklärung war ein Faktor in der Gesamtheit der Ursachen für den Erfolg.»***

Diese Feststellungen schließen keineswegs aus, daß die Ergebnisse der Aufklärung im Zusammenwirken mit den anderen genannten Faktoren zuweilen von besonderer Bedeutung sein können, falls die Erkundung der Kräfte und Mittel sowie der Absichten und Pläne des Gegners systematisch erfolgt und die gewonnenen Informationen sicher sind. Eine solche Bedingung

---

* Vergl. I. T. Peressypkin, Wojennaja radioswjas, Moskau 1962 und I. T. Peressypkin, Nervenstränge des Sieges, Berlin 1982.
** Vergl. W. v. Schramm, Der Geheimdienst in Europa 1935–1945, München – Wien 1974.
*** Zitiert nach: Sándor Radó, Dora meldet, Berlin 1980, S. 352.

war durch die Entschlüsselung der Enigma-Funksprüche gegeben.

Wenngleich nicht kriegsentscheidend, so haben doch die Enigma-Ultra-Informationen in den Kriegshandlungen gegen das faschistische Deutschland und seine Verbündeten eine wichtige Rolle gespielt und zweifellos die Antihitlerkoalition stärken helfen.

Deshalb wird man stets, wenn man der Kämpfer gegen den Faschismus gedenkt, auch die Leistungen von Marian Rejewski, Henryk Zygalski, Jerzy Różycki und ihrer Kollegen in den Zentren «Bruno», «Cadix», Bletchley und andernorts würdigen.

Inhaltsverzeichnis

ISBN 3-327-00423-4

Alle Rechte an dieser Ausgabe:
Militärverlag der Deutschen Demokratischen Republik
(VEB) – Berlin, 1987
1. Auflage
Lizenz-Nr. 5
Printed in the German Democratic Republic
Gesamtherstellung: Offizin Andersen Nexö,
Graphischer Großbetrieb, Leipzig III/18/38
Lektor: Dr. Gertraud Golme
Schutzumschlag und Einband: Wolfgang Ritter
Typografie: Ingeburg Zoschke
Bildnachweis: Archiv des Autors
LSV: 0549
Bestellnummer: 746 973 8
00830